21世纪经济学管理学系列教材
高等学校管理类精品教材

信息管理概论

第二版

INTRODUCTION TO INFORMATION MANAGEMENT

主　编　金新政　马敬东
副主编　蔡筱英　陈　敏
编　委　（以姓氏笔画为序）
马敬东　向　菲　刘智勇　陈　敏
张士靖　金新政　蔡筱英

WUHAN UNIVERSITY PRESS
武汉大学出版社

图书在版编目(CIP)数据

信息管理概论/金新政,马敬东主编 .—2 版 .—武汉:武汉大学出版社,2014.8(2023.3 重印)

21 世纪经济学管理学系列教材 高等学校管理类精品教材

ISBN 978-7-307-13976-3

Ⅰ.信… Ⅱ.①金… ②马… Ⅲ. 信息管理—高等学校—教材 Ⅳ.G203

中国版本图书馆 CIP 数据核字(2014)第 181990 号

责任编辑:陈 红 责任校对:汪欣怡 版式设计:马 佳

出版发行:**武汉大学出版社** (430072 武昌 珞珈山)

(电子邮箱:cbs22@ whu.edu.cn 网址:www.wdp.com.cn)

印刷:武汉邮科印务有限公司

开本:787×1092 1/16 印张:14.75 字数:345 千字 插页:1

版次:2002 年 9 月第 1 版(华中科技大学出版社) 2014 年 8 月第 2 版

2023 年 3 月第 2 版第 5 次印刷

ISBN 978-7-307-13976-3 定价:39.00 元

前　言

随着社会的进步，信息环境的改善，信息管理工作发生了巨大的变化。信息管理作为信息化社会中的一项重要工作，值得我们认真学习与研究。但在信息管理领域，特别是在卫生信息领域，能够适应这种新形势的教材非常缺乏。为了适应卫生信息及相关专业的教学对信息管理教材的需求，我们编写了《信息管理概论》(第二版)教材，旨在提炼出既适合我国国情又吸收国内外先进知识的信息管理学原理和方法，以期训练、培养和提高本科生、研究生信息管理学的科学素养。

全书共13章，在论述信息的基本概念和相关概念的基础上，立足于新的信息环境，结合医药领域的实例，系统地阐述了信息理论及实践方面的问题。主要包括信息源的组成和采集，信息交流的过程和实现，信息组织的方式和方法，信息检索与利用，信息用户及其信息需求，信息服务、信息系统原理及主要的信息系统、信息技术管理、信息经济与信息产业、信息安全、信息法规与信息伦理以及卫生信息事业管理等内容。本书不仅可以作为信息管理及其相关专业的教材，同时也可供有关专业人员参考。

参加本教材编写的教师均长期从事本学科及相关学科的教学、研究和实践工作，积累了丰富的教学、科研和实践经验。本教材在原有讲义及研究成果的基础上，大量吸收了国内外有关文献和最新研究成果，力求具有指导性、综合性、理论性和针对性。

由于我们水平有限以及时间仓促，书中缺点错误在所难免，敬请广大学子和专家批评指正。

主编　金新政

2014年6月于华中科技大学同济医学院

前言

目　录

第一章 绪 论

第一节 信 息 概 述

一、信息的基本概念

信息普遍存在于自然界和人类社会中，几千年前人类就能生产、处理、传播、利用信息。但是将信息作为一门科学研究，是在20世纪20年代。此后，它广泛地深入信息论、控制论、系统论、计算机技术与管理科学中，人们也从不同的侧面对它的概念给予了不同的解释。

香农认为信息是用来消除随机不确定性的东西，不是已知消息的重复，而是未知的内容，是新的、适用的、及时的消息；信息论奠基人维纳认为，信息是人们在适应外部世界，并使这种适应反作用于外部世界的过程中，同外部世界进行互相交换的内容和名称；经济管理学家认为信息是提供决策的有效数据；物理学家提出了信息熵的概念，用信息熵描述系统与环境交流信息的程度；电子学家、计算机科学家认为信息是电子线路中传输的信号；我国著名的信息学专家钟义信教授认为信息是事物的存在方式或运动状态，以这种方式或状态直接或间接地表述。美国信息管理专家霍顿给信息下的定义是：信息是为了满足用户决策的需要而经过加工处理的数据。简单地说，信息是经过加工的数据，或者说，信息是数据处理的结果。其他的定义还有：信息是使人们增加知识和认识事物的客观存在；信息是消息、情报、信号、数据和知识；信息是维系事物内部结构和外部联系，感知、表达并反映其属性和差异的状态和方式；信息是通过文字、数据和各种信号来传递、处理和表现客观事物特性的知识流；就工程技术界而言，信息被认为是一种信号传输。

哲学家从产生信息的客体来定义信息，认为事物的本质、特征、运动规律通过一定的媒介或传递形式(声音、文字、图像等)使其他事物感知。这些能被其他事物感知的、表征该事物特征的信号内容即为该事物向其他事物传递的信息。所以，信息是事物本质、特征、运动规律的反映。综上，我们将信息定义为“信息是指应用文字、数据或信号等形式通过一定的传递和处理，来表现各种相互联系的客观事物在运动变化中所具有的特征性内容的总称”或“信息是一种已经被加工为特定形式的数据。这种数据形式对接收者来说是有确定意义的，对人们当前和未来的活动产生影响并具有实际价值”。

二、信息的相关术语

信息是构成自然界和人类活动以及正在到来的信息化社会的最基本元素。随着科学技术的进步以及经济和社会的发展，围绕着“信息”这一基本概念，产生了许多相关的重要概念。近50年来，现代文明社会谈论最多的是信息产业、信息文化、信息经济、信息素养、知识管理等。下面将对这些基本概念作一简要介绍。

(一)信息产业

信息产业产生于20世纪后半期。美国信息产业协会对信息产业的定义是，依靠新的信息技术和信息处理的创新手段，制造和提供信息产品和信息服务的生产活动组合。欧洲信息提供者协会认为信息产业是提供信息产品和信息服务的电子信息工业。我国学者刘昭东概括信息产业时指出，信息产业是从事信息技术的研究、开发、应用，信息设备与器件的制造以及为经济发展和公共社会的需求提供信息服务的综合性生产活动和基础结构。我国数量经济学家和信息经济学家乌家培教授认为信息产业是为产业服务的产业，是从事信息产品和服务的生产、信息系统的建设、信息技术装备的制造等活动的企事业单位和有关内部机构的总称。因此，可以将信息产业归结为从事信息资源的研究、开发、应用，利用信息技术进行产品生产、提供信息服务的行业，是一个行业多、领域宽、涉及面广的不断发展壮大的现代产业群的总称。

(二)信息文化

对于信息文化的关注最早可以追溯到20世纪70—80年代，一是未来学家对信息社会的文化的研究，二是企业管理信息系统和信息资源管理研究中的概念，它研究企业采用计算机系统进行管理后，形成的新型企业文化与传统企业文化之间的区别。此后，随着网络信息技术的发展和广泛应用，人们对于网络文化和赛博文化的关注逐渐丰富和发展着信息文化的研究。在中国，信息文化研究始于20世纪90年代。1990年卢泰宏的《信息文化学导论》是国内第一本全面论述信息文化的专著。随后关于信息文化的研究逐渐丰富起来。信息文化就是指在现代社会活动中以信息技术的广泛应用为特征而形成的一种新文化形态。这种新的文化也同其他文化一样，涵盖了物质形态、社会规范、行为方式和精神形态等四大层面的文化。

信息文化除具有文化的一般特征外，还有一些特性，主要表现在：数字化、全球化体现了信息时代的物质文化特征；虚拟性、交互性体现了信息时代的行为文化的特征；开放性、自治性、自律性成为信息时代制度文化的特色；信息交流自由、平等、共享的理念正逐渐演化为信息时代精神。

在信息科学日益发达的今天，信息文化对社会乃至整个人类都产生了重大的影响。经济的发展，社会的进步以及人们生活中的各种需求都离不开信息文化的作用，它将产生出越来越强大的作用，为人类和社会的进步做出突出的贡献。下面将从积极和消极两个方面介绍信息文化给人类社会带来的各种影响及其解决措施。

1. 信息文化的积极作用

(1)信息文化加快了社会发展的节奏，人际交往表现出速度快捷、效果显著、联系紧密、成本低廉的特点，并且呈现出格式化、规范化和即时化的特征。我们可以通过信息的快节奏达到我们追求实效的效果，从而从争分夺秒中缩短距离和减少时间的限制。

(2)信息文化在心理层面上影响着人们的行为，导致个性化进一步发展。由于信息文化的广泛普及，人们潜移默化中受其影响较大在网络虚拟环境中，人们的心理必然受到一定程度的干扰，例如现如今出现的“偷菜”、宅家一族，这些反映了人们的一些心理问题。

(3)个人道德观念的多元化。信息文化必然给人们道德观念深深地打上信息的烙印。很多人因为网络而走红，虽然他们违背了道德观念，但是人们为什么要把他们捧红，人们是出于对网络的娱乐性而将道德底线降低还是有其他的目的，这需要我们进一步研究。

(4)交往平等化。网络是开放的文化，是一种新的文明。它解决了由于地域和空间的阻隔带来的文化交流或文化交融困难的问题，任何人只要在网上，就可以与不同国度、不同民族的人交往，可以面对面交流，也可以虚拟式交流，可以实时实地交流，也可以跨时空交流。人的价值观可以相互影响，人的物质财富和精神成果可以有更广度的交流。网络为人们提供了广阔的交往活动的空间，没有高低贵贱之分的平等交流互动，而且在网络中我们可以用虚拟的自我与人交往，这些都是平等的表现。

2. 信息文化的消极作用

然而，世间万物都是有利也有弊的。信息文化也是一把双刃剑，在其以浪潮之势深刻地影响着社会，给人类带来福祉的同时，其负面作用也渐露端倪。

(1)在信息技术及其应用方面。信息爆炸和信息过载，信息选择困难，信息安全问题严重，高科技违法犯罪造成重大社会危害，个人的隐私权受到侵犯，信息贫富鸿沟加大等。

(2)在精神观念和社会文化方面。殖民文化的入侵使得保存民族文化成为难题，高雅文化趋弱，大众文化泛滥，人文科学陷入窘境等。

(3)在制度规范方面。信息权威形成，专家成为社会权力的主体，信息歧视等。

(4)在社会心理及行为方面。信息文化环境中所产生的各种信息疾病，数字化人和网络人出现，个性消失，消费心理盛行，信任危机对社会造成腐蚀，人与人之间的关系疏离化等。

3. 信息文化负面影响的解决对策

要消除信息文化的负面影响必须从制度、经济、技术等方面着手进行综合治理。归纳起来主要有以下3个方面。

(1)人文管理手段。即国家运用政策、法律、道德手段来规范信息行为，打击信息犯罪，保护信息产权，加强对信息的合理利用与管理。

(2)经济管理手段。即国家运用经济手段，按经济规律的要求来管理信息资源。运用经济管理手段可以做到：①协调信息市场各参与主体间的经济利益，保证信息产业的公平竞争；②引导人、财、物的合理流动；③调节经济结构；④调整信息产业的所有制结构；⑤促进信息产业经营管理。通过这些手段可以避免并解决信息文化的一些负面影响。

(3)技术管理手段。即运用信息技术手段，以最快的速度、最低的消耗，得到最完整、最准确的信息，最终实现社会信息化的有序管理。例如：为解决Internet的安全和性能问题，软件厂商们做出了巨大的努力，提供了各种产品，如防火墙、性能加速器、Internet内容过滤器等，通过技术管理手段来保证网络信息的完整性、保密性和安全性。

(三)信息经济

信息被视为一种经济成分并且迅速形成信息经济是从20世纪60年代开始的。最早提出“信息经济”概念的是美国学者马克卢普(Fritz Marchlup)教授。他在信息经济的经典论著《美国的知识生产与分配》中首次提出了“知识产业”，它包括教育、科学研究与开发、通信媒介、信息设施和信息活动等五个方面。信息经济的形成是工业社会生产力发展的必然结果，是信息、技术积累和发展并且极大地推动科技、经济和社会发展的必然结果。在实现了工业化的国家里，人们有史以来第一次感到维持他们生活的物质财富已经充裕，甚至某些物质产品出现了生产过剩，他们发现物质财富充裕或过剩的原因之一是信息技术和信息产业发挥了巨大作用。与此同时，人们感到超越物质的大量需求是以信息、知识为核心的精神需求，是信息、知识和技术密集型的信息产品。这种社会现象的出现意味着信息经济开始形成了。

“信息经济”也是一个很难界定的新概念。有关信息经济的定义很多。普遍认为，信息经济是以现代信息技术等高科技为物质基础，信息产业起主导作用的，基于信息、知识、智力的一种新型经济。

(四)信息素养

1974 年，美国信息产业协会主席 Paul Zurkowski 首次提出了信息素养(Information Literacy)，认为经培训后能够在工作中运用信息的人即被认为具备了信息素质，他们在掌握了信息工具的使用及熟悉主要信息源的基础上，能够解决实际问题。在未来十年中信息素养将是国家发展的目标。1989 年美国图书馆学会对信息素养的解释是“能够判断什么时候需要信息，并懂得如何去获取信息，如何去评价和有效利用所需要的信息”。

信息素养的内涵包括信息意识(跟踪学科前沿的能力)、信息能力(包括信息知识)和信息道德(保护尊重知识产权)。不同的人对信息素养有不同的理解和定义，但大致上可分为以下四个主要部分：确认所需信息、寻获信息、评估信息、应用信息。

(1)确认所需信息。①理解问题所需要用的信息，并筹划如何寻获。②利用脑力激荡法、六何法、脑图等方式描绘出问题。③预备问题所需的先备知识。

知识的来源并非独一，而格式也各有不同，诸如：印刷式的书本、报纸、杂志，或非印刷式的电视节目、录影、数据库、网站等。所以，作为一个信息素养(信息文化)人，需要知道为何、何时及如何使用各种不同的信息工具，并对所获取的信息做出批判性思考。

信息素养的提高不可能一蹴而就，需要慢慢培养。就好像说话及写作技巧一样，要通过不断练习，取得经验以后，才会做得更好。而经验的累积，正是通过对所研究问题的数据及见解的搜索、选取、评估而获得的。

(2)寻获信息。①网上：如何利用搜索器查找所需知识。②图书馆：如何利用图书馆内的分类目录找到所需要的内容。③从人身上取得信息：如何利用方法(如问卷法、访谈法等)从人身上取得第一手信息。

(3)评估信息。①辨别信息的来源及真伪。②判断信息是否符合使用需求以解决问题。

(4)应用信息。①对信息版权的认知及了解。②记录、摘要、改写已取得的信息。③综合、创造产生新知识。

在我国，针对国内教育的实际情况，学生的信息素养培养主要针对以下方面的内容。热爱生活，有获取新信息的意愿，能够主动地从生活实践中不断地查找、探究新信息；具有基本的科学和文化常识，能够较为自如地对获得的信息进行辨别和分析，并正确地加以评估；可灵活地支配信息，较好地掌握选择信息、拒绝信息的技能；能够有效地利用信息、表达个人的思想和观念，并乐意与他人分享不同的见解或信息；无论面对何种情境，都能够充满自信地运用各类信息解决问题，有较强的创新意识和进取精神。

（五）知识管理

知识管理(Knowledge Management，KM)是指在组织中建构一个人文与技术兼备的知识系统，让组织中的信息与知识，透过获得、创造、分享、整合、记录、存取、更新等过程，达到知识不断创新的最终目的，并回馈到知识系统，使个人与组织的知识得以永不间断地累积。从系统的角度进行思考这将成为组织的智慧资本，有助于组织做出正确的决策，以因应市场的变迁。知识管理是未来人力资源管理的核心，是建设学习型组织的最重要的手段之一。

知识管理是针对个人及社群所拥有的显性知识和隐性知识的确认、创造、掌握、使用、分享及传播进行积极和有效的管理。其主要涵盖的固有理论及应用层面包括学习型组织、企业文化、资讯科技应用及人事管理等。由于知识管理的概念通常与企业有关，知识管理在现今企业上的实践愈来愈受到重视，也因此为顾问和科技公司带来了不少商机。

知识管理的实施步骤如图 1-1 所示：

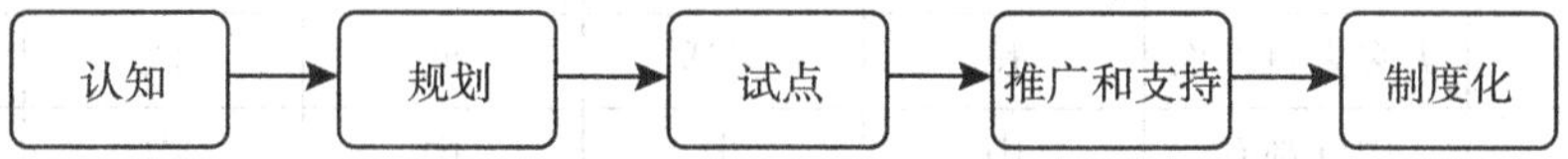

图 1-1　知识管理的实施步骤

第一步：认知。主要任务是统一企业对知识管理的认知，梳理知识管理对企业管理的意义，评估企业的知识管理现状，帮助企业认识是否需要知识管理，并确定知识管理实施的正确方向。

第二步：规划。知识管理的推进是一套系统工程，在充分认知企业需求的基础上，详细规划也是确保知识管理实施效果的重要环节。这个环节主要是通过对知识管理现状、知识类型的详细分析，并结合业务流程等多角度地进行知识管理规划。

第三步：试点。此阶段是第二阶段的延续和实践，按照规划选取适当的部门和流程依照规划进行知识管理实践。从短期效果来评估知识管理规划，同时结合试点中出现的问题进行修正。

第四步：推广和支持。在试点阶段不断修正知识管理规划的基础上，知识管理将大规模地在企业推广，以全面实现其价值。

第五步：制度化。制度化阶段既是知识管理项目实施的结束，又是企业知识管理的一个新开端，同时也是一个自我完善的过程。要完成这一阶段，企业必须重新定义战略，并进行组织构架及业务流程的重组，准确评估知识管理在企业中实现的价值。

知识管理成功的关键因素有：知识管理与企业经营战略的结合、高层领导的全力支持、全部员工的积极参与、重视知识共享的企业文化、鼓励知识共享的激励制度、扁平化柔性化的组织架构、易于使用的知识管理软件。

三、信息的主要特征

物质在使用中是消耗的，能量就其个体而言在使用中也是消耗的，就其整体而言则是守恒的；而信息在其传递和使用过程中却具有自己的特性，即随着时间延移而流失，信息价值由于重复使用和自身老化可能失值，也可能随着重复使用和再加工而产生信息增值。因此信息虽然是一种资源，但是它是不同于物质和能量的一种特殊资源。这种资源具有以下主要特征：

(1)真伪性。这是信息的第一个基本性质。信息有真实和谎言之分，真实而准确的信息可以帮助人们做出正确的决策，从而实现信息的价值。谎言信息不但不能帮助人们做出正确的决策，反而会带来严重后果，其价值为负。

(2)层次性。信息的层次性主要针对管理而言，不同管理层需要不同的信息。主要有：战略层、策略层、执行层。不同层次信息的来源、加工方法等都有所差异，如表1-1所示。

表1-1 不同层次信息的特征

特征 层次	信息来源	信息寿命	加工方法	使用频率	加工精度	保密要求
战略层	大多来自外部	长	灵活	低	低	高
策略层	内外都有	中	中	中	中	中
执行层	大多来自内部	短	固定	高	高	低

(3)价值性。其价值在于它的知识性和技术性。不论自然信息还是社会信息，没有意义的信息是不存在的，存在的信息都有其特定的意义和价值。鸟啼蚁动、雁飞鸡鸣、信号脉冲、声光电磁、行文走墨、人际交流都在传递着各种有意义、有价值的信息。

(4)可传输性。信息由信源发出以后可以借助于载体以相对独立的形式运动，也就是说信息可以脱离其信源进行传输。信息在传输过程中可以转换载体而不影响其内容。

(5)可存储性。信息借助于载体可在一定条件下存储起来。存储的信息也可在适当条件下进行传输。信息的可存储性为信息的积累、加工和不同场合下的应用提供了可能。

(6)可加工性。信息可以通过一定的手段进行加工，如扩充、压缩、分解、综合、抽取、排序等。加工的方法和目的反映信息接收者获取和利用信息的特定需求。加工后的信息是反映信息源和接收者之间相互联系、相互作用的更为重要和更加规律化的因素。应当注意的是，信息的内容是语法、语义和语用三者的统一体。信息在加工过程中要注意保证上述三者的统一而不致受到损害，以免造成信息的失真，即原始信息(加工前的信息)的有些内容丢失或被歪曲。信息的可加工性为人类利用信息、认识与改造客观世界与主观世界开辟了广阔的前景。

(7)共享性。一个信息源的信息可以为多个信息接收者享用。一般情况下增加享用者不会使原有享用者失去部分或全部信息。有的信息涉及商业、政治、军事秘密，扩大对这类信息的享用者可能影响某些享用者对这类信息的利用，但不会改变信息本身的内容。

(8)增值性。在加工与使用信息的过程中，经过选择、重组、分析、统计以及其他方式的处理，可以获得更重要的信息，使原有信息增值，从而更有效地服务于不同的对象或领域。

(9)普遍性。只要有事物的地方，就必然存在信息。信息在自然界和人类社会活动中广泛存在。

(10)客观性。信息是客观现实的反映，不随人的主观意志而改变。如果人为地篡改信息，那么信息就会失去它的价值，甚至不能称之为“信息”了。

(11)动态性。事务是在不断变化发展的，信息也必然随之运动发展，其内容，形式，容量都会随时间而改变。

(12)时间滞后性。任何信息从信息源传递到接收者都要经过一定的时间。信息接收者所得到的与自己有关的信息都是反映信息源已经出现的状况。时滞的大小与载体运动特性和通道的性质有关。信息的传输、加工与利用都必须考虑这种时滞效应，特别对于需要实时或及时处理与利用的信息，必须通过合理选用载体与通道来把这种时滞控制在允许的范围内。

第二节 信息环境与信息社会

一、信息环境与信息生态

(一)信息环境

就人类而言，信息环境是指与人类信息活动有关的一切自然、社会和心理因素的总和。就社会而言，信息环境即社会信息环境或社会信息生态，是与社会信息交流活动有关的社会因素的集合，是影响整个社会信息交流活动的具体社会条件和社会基础的表征。

信息环境作为一个系统由多种要素构成。①信息：信息是构成信息环境的基础。②信息人：人是信息环境的主体，是信息环境系统的主导性要素，具有产生信息、传递信息、接收信息的功能。③信息技术：在信息环境中主要表现为各种各样的信息媒介，是信息环境系统中必不可少的信息处理、存储、传递手段的基础。④信息管理：信息管理将信息发挥作用、信息人利用信息和信息技术高速发展有效地结合起来。

社会信息环境是由社会多种因素合力作用的结果，表现出相应的结构性特征。社会信息环境是信息生产、传播、加工、利用和再生的循环过程的“全部活动舞台”，构成社会信息环境的要素具有多元化、开放性和包容性的特征。

(二)信息生态

信息生态是用生态学的视野考察人所生活的信息环境而形成的概念，也被用来表达生态观念与日益变得重要和复杂的信息环境之间的关联。

任何事物都有两面性，如同工业技术的发展给自然生态环境带来了许多问题，信息技术在推动社会发展的同时，也给信息生态带来了一些负面影响，这集中表现在新型生态问题上。

(1)信息超载。指个体接收信息的程度已经到了无法承受的地步。信息超载的原因主要是信息的海量增长和人为利用现代信息传播工具随意发布信息。

(2)信息污染。指信息垃圾、色情信息、电脑病毒等充斥信息环境，使人们在信息海洋中不但难以找到真正需要的信息，而且会受到欺骗性、误导性、威胁性信息的严重影响。

(3)信息犯罪。包括信息骚扰、信息诈骗、信息破坏、信息盗窃、信息渎职、信息攻击等内容。与常规犯罪相比，信息犯罪具有犯罪人员智能型、犯罪手法隐蔽性、手段多样性、后果严重性、行为复杂性等特点。

(4)信息综合征。信息技术还可能对人们的身心健康带来各种不良影响。如，长期使用电脑而又不注意自我调节，很容易引起颈椎疼痛、视力下降以及鼠标手等病症。心理方面，人们如果不具备一定的信息甄别能力，很容易受到不良信息的影响，从而引发信息焦虑症或信息恐惧症。

二、社会信息化与信息社会

(一)社会信息化

社会信息化有广义和狭义之分，狭义的社会信息化是指与国民经济信息化并列的社会领域的信息化；而广义的社会信息化指当今社会发展的一种新的模式即发展的信息化模式。

当今社会中，随着以经济信息化、政治信息化、军事信息化、教育学习信息化、生活信息化等为主要内容的社会信息化的发展，人类已步入信息化社会。

(二)信息社会

信息社会的概念是20世纪中后期提出来的，又称为信息化社会、超工业化社会或后工业化社会，是以知识型劳动者为主体，以高度发达的信息技术为基础，提供知识和信息产品的一种继原始社会、农业社会、工业社会之后的社会新形态。

人类社会的文明历程是从农业社会到工业社会，再到信息社会。在农业社会和工业社会中，物质和能源是主要资源，人类所从事的是大规模的物质生产。而在信息社会中，信息成为比物质和能源更为重要的资源，以开发和利用信息资源为目的，信息经济活动迅速扩大，逐渐取代工业生产活动而成为国民经济活动的主要内容。在信息社会中，信息经济在国民经济中占据主导地位，并构成社会信息化的物质基础。以计算机、微电子和通信技术为主的信息技术革命是社会信息化的动力源泉。

信息社会的主要特征有：

(1)在信息社会中，信息、知识成为重要的生产力要素，和物质、能量一起构成社会赖以生存的重要资源。

(2)信息社会是以信息经济、知识经济为主导的经济，它有别于农业社会是以农业经济为主导，工业社会是以工业经济为主导的经济。

(3)在信息社会，劳动者的知识成为基本要求。

(4)科技与人文在信息、知识的作用下更加紧密地结合起来。

(5)人类生活不断趋向和谐，社会可持续发展。

信息社会也常被称为知识社会，但两个概念的侧重略有不同。信息社会的概念建立在信息技术进步的基础之上，知识社会的概念则包括更加广泛的社会、伦理和政治方面的内容，信息社会仅仅是实现知识社会的手段。在信息社会中，信息社会阶段资本主义国家将不断调整其生产关系从而延长资本主义寿命，社会主义国家有可能实现跨越式发展，生产力变得更加发达。信息社会前提下，随着生产力的发展，社会组织管理结构也逐渐发生着改变，由代议式民主、间接民主开始向参与民主、直接民主演变，由传统的金字塔形组织管理结构向网络形的组织管理结构转变。信息社会中，生产力的发展还带动了社会生产方式的变革，自动化生产方式逐渐取代了机械化生产，刚性生产方式逐渐转变为柔性生产方式。数字化的生产工具得到普及和应用，电子商务的应用范围不断扩大，人们的生活方式也向数字化生活方式转变。此外，信息社会中还催生了一批新兴产业——信息产业。信息产业的迅速发展和壮大以及智能工具的广泛使用进一步提高了整个社会的劳动生产率，物质生产部门效率的提高进一步加快了整个产业结构向服务业的转型，信息社会将是一个服务型经济的社会。

第三节 信 息 管 理

一、信息管理的概念

所谓信息管理是指在整个管理过程中，人们收集、加工、输入、输出信息的总称。信息管理的过程包括信息收集、信息传输、信息加工和信息储存。

信息收集就是对原始信息的获取。信息传输是信息在时间和空间上的转移，因为信息只有及时准确地送到需要者的手中才能发挥作用。信息加工包括信息形式的变换和信息内容的处理。信息的形式变换是指在信息传输过程中，通过变换载体，使信息准确地传输给接收者。信息的内容处理是指对原始信息进行加工整理，深入揭示信息的内容。经过信息内容的处理，输入的信息才能变成所需要的信息，才能被适时有效地利用。信息送到使用者手中后，有的并非使用完后就无用了，有的还需留做事后的参考，这就是信息储存。通过信息的储存可以从中揭示出规律性的东西，也可以重复使用。

二、信息管理原理

信息管理不仅是信息工作的一部分，而且已被认为是各种现代化生产活动和现代管理的重要组成部分。信息管理这一概念大体有两个层次上的含义。一是就信息自身而言的信息管理；二是就整个社会和每个机构中的信息有效流通和利用而言的信息管理。前者更为信息工作者、图书馆人员、文献档案人员、数据加工服务人员所重视；后者则被包括以上人员在内的整个社会的管理、决策人员所重视。

就第一个层次上的含义而言，信息管理是为了达到对信息的最佳采集、加工、存储、流通和服务效果的一种管理，也是对信息本身实行的计划、预算、组织、引导、培训和控制；就第二个层次上的含义而言，“信息管理”是一种将各种专门管理就范于标准管理程序和控制，来实现信息活动价值和利润的一种管理。

信息管理的基本内容是：数据加工、文字加工、电讯信息、纸品文件和记录品的管理，图书馆和信息服务中心的管理，信息系统和网络的管理，信息服务管理，信息活动的经费管理，信息产品的开发、经济和市场管理等。

根据信息学家 W. J. 马丁的分析，信息管理的效果取决于信息管理的三个要素：一是对整个信息管理进行规划，任何信息活动都必须重视质量、价值和成本的管理；二是对所有信息活动实行预算管理；三是要进行信息活动的成本核算。

信息管理可以根据以下五种方法进行分类：

按管理层次分类：宏观信息管理、中观信息管理、微观信息管理。

按管理性质分类：信息生产管理、信息组织管理、信息系统管理、信息产业管理、信息市场管理等。

按应用范围分类：企业信息管理、政务信息管理、商务信息管理、公共事业信息管理等。

按管理手段分类：手工信息管理、信息技术管理、信息资源管理等。

按信息内容分类：经济信息管理、科技信息管理、教育信息管理、军事信息管理等。

三、信息资源管理

(一)信息资源的概念

狭义的信息资源指人类社会活动中大量积累起来的经过加工处理的有序、有用信息的集合，也就是各种文献资料、数据和多媒体等信息内容本身，无论它以何种形式出现，其信息内容都是一样的，可以看做有意义的数据。广义的信息资源指信息内容、与其密切联系的信息生产者、信息技术等各种信息要素，其中信息只是构成信息资源的一个要素。

基于以上两种观点，可以说，所谓信息资源，就是人类社会信息活动中大量积累起来的以信息为核心的各类信息活动要素(信息生产者、信息技术、设备、设施、资金等)的集合。

(二)信息资源管理

信息资源管理(Information Resource Management，IRM)是20世纪70年代末80年代初在美国首先发展起来然后渐次在全球传播开来的一种应用理论，是现代信息技术特别是以计算机和现代通信技术为核心的信息技术的应用所催生的一种新型信息管理理论。它有狭义和广义之分。狭义的信息资源管理是指对信息本身即信息内容实施管理的过程。广义的信息资源管理是指对信息内容及与信息内容相关的资源如设备、设施、技术、投资、信息人员等进行管理的过程。

1. 信息资源管理的基本思想和基本类型

(1)信息资源管理的基本思想。Horton 和 Marchand 等人是美国信息资源管理学家，是 IRM 理论奠基人、最有权威的研究者和实验者。其基本观点有：①信息资源与人力、物力、财力和自然资源一样，都是重要资源，因此，应该像管理其他资源那样管理信息资源。IRM 是所有管理的必要环节，应纳入管理的预算。②IRM 包括数据资源管理和信息处理管理。前者强调对数据的控制，后者则关心管理人员在一定条件下如何获取和处理信息。③IRM 是管理的新职能，产生这种新职能的动因是文件资料与各种信息的激增、各级管理人员获取有序信息和快速简便地处理信息的迫切需要。④IRM 的目标是通过增强获取信息的能力来提高管理的效益，IRM 追求“3E”，即高效、实效、经济。

我国学者从 20 世纪 80 年代末开始涉及信息资源管理研究领域，不仅积极引进和传播西方信息资源管理的研究成果，而且在此基础上提出了许多新的见解。综合各种观点，我们认为信息资源管理既是一种管理思想，又是一种管理模式，其管理对象主要是信息活动中的各种要素(包括信息、人员、技术、资金等)，其管理内容是对信息资源进行组织、控制、加工等，其管理目的是有效地满足社会的各种需求，其管理模式是将信息技术、人文和经济手段相结合以实现信息资源的最佳配置和有效利用。

(2)信息资源管理的基本类型。从管理的层次来划分，信息资源管理活动可以划分为宏观、中观和微观三个层次：①宏观的信息资源管理是一种战略管理，一般由国家信息资源管理部门运用经济、法律和必要的行政手段加以实施，以确保该国家信息资源的充分开发、有效利用以及信息事业的蓬勃发展；②中观的信息资源管理是介于宏观和微观之间的一种管理活动，具有承上启下的功能。它是针对本地区、本行业范围的信息资源开发利用而言的，具有明显的区域和行业性质；③微观的信息资源管理是针对组织而言的，属于组织层面的管理活动，包括信息的采集、整理、存储、加工(变换)、检索、传输和利用等环节。从信息资源所涉及的经济活动的类型来划分，可以将信息资源管理分为：①信息资源的生产与创新管理；②信息资源的流通与分配管理；③信息基础设施的建设与运用管理(即信息资源的配置与运用的管理)；④信息服务的管理。从信息资源管理的目的来划分，可以将信息资源管理分为：①面向一般社会组织(包括企业)信息资源的管理，目的在于促进组织目标的实现；②面向信息产品生产与信息服务业的信息资源管理，目的在于满足社会上广大用户对信息产品和信息服务的需求；③面向政府部门的信息资源管理，目的在于使政府部门更好地实施其宏观调控和信息服务的职能。

2. 信息管理与信息资源管理的关系

目前对于信息管理与信息资源管理之间的关系，存在三种不同的看法：①等同关系，将信息管理与信息资源管理视为同义词，认为两者之间存在着等同关系。英国学术界常以信息管理代替信息资源管理。我国近年出版的有关信息资源管理的专著大多没有严格区分，有的专著也将信息管理等同于信息资源管理。②从属关系，认为信息管理与信息资源管理是从属关系，也就是说，信息资源管理是信息管理的组成部分，是信息管理的一个环节。③发展关系，认为信息资源管理是信息管理的一个发展阶段，从信息资源管理的历史沿革角度看，信息管理分为传统管理阶段、技术管理阶段和信息资源管理阶段。

第四节 知识管理

一、概述

(一)知识概述

知识在不同的历史时期和不同的人文、社会、技术背景下有着不同的内涵，从古希腊至今，知识的概念也一直是哲学和社会科学领域持续讨论的命题。信息科学领域认为知识是信息经过处理后的产物，因此存在数据—信息—知识—智慧的迁移模型。

哲学史上第一个有关知识的概念来自于柏拉图的描述，即知识是经过证实的真的信念。而休谟认为知识来自于对经验的感知。

《辞海》将知识界定为知识是人们在社会实践中积累起来的经验，从本质上而言，知识属于认识的范畴。

《现代汉语词典》对于知识所下的定义为知识是人们在改造世界的过程中所积累的认识和经验的总和。

《韦氏词典》则指出知识是人们通过实践对客观事物及其运动过程和规律的认识，是对科学、技术和艺术的理解，是人们获得关于真理和原理的认识的总和。强调知识是对一件事实的熟练程度，是一种知觉和了解，其必须经过人类心智的认知和学习才能获得，是人类心智所积累的一些事实与原则。

德鲁克认为知识就是一种信息，这种信息能够改变某些人或某些事物。这种改变可能表现为某人或某事物内发的行为的变化，也有可能表现为变化的行为改变了人或事物本身。

达文波特认为知识来源于智者(知者)的思想创见，是一种具有动态性的综合体，包括结构化的经验、价值以及符号化的信息等。同时，他还认为知识不仅存在于某一个具体的体系或系统中，也蕴含于日常生活、工作、流程、规范中。专家具有独创性的认知，对新的经验的评定和集成也都属于知识的范畴(邱均平，2006)。此外，达文波特还整合了知识的形态、组成、功能和存储等多方面元素，认为就形态而言，知识是一个流动混合体，随着外部刺激和内部学习随时改变和更新；就组成而言，知识包含经验、价值观、情景信息和专业洞察能力；就功能而言，知识提供了一个以供参考的框架来评定和集成由新的刺激带来的信息和经验，形成新的功能与结构，有助于决策和指导行为；就存储而言，知识由智者的心智创见性地产生并由其或其他组织与个人乃至社会加以利用，知识不仅存在于具体的可表达的物理载体中，更存在于工作流程、具体实践和组织文化中。

贝尔(Bell，1973)认为知识是一种数据或思想通过组织的具体表达，这种表达是一种推理、判断或实验的结果，并可以通过某种媒介、载体向外传递，同时，贝尔指出知识是通过某种社会认知证明的客观的存在，属于一种产权。而扎克(Zach，1999)则简单地认为知识就是有意义的信息。

野中郁次郎(Nonaka，1995)、阿拉维、莱德那(Alavi & Leider，1999)等认为知识是向着客观的真实存在证明个人信念的行为过程，这样的行为由个人信念产生并反过来强化个人信念。哈里斯(Harris，1996)认为知识是信息、文化脉络和经验的组合。

虽然对于知识，各个学者都有不同的界定，但是我们可以发现：

①知识是客观世界在人脑中的主观反映，因此它拥有主观和客观双重属性；

②知识可能是蕴含于人脑中的抽象的存在，也有可能是记录于物理载体的具体的表达，因此它具有抽象和具体的双重属性；

③知识是人们从客观世界获得的经验和认识，又反作用于人类主观世界的发展和改变客观世界的行为。

(二)知识的类型

依据存在方式、内容属性、表达特征或不同学科的分类逻辑，可以将知识进行不同层面的划分。

理论知识和实践知识。理论知识是指利用科学方法整理、推理、演绎、归纳客观资料和实践结果而形成的抽象性成果，也可以将其称为陈述性知识或者描述性知识；而实践知识则是指具体操作、实验、应用和实践所形成的相对具体的方法或结论，也可以将其描述为程序性知识。

隐性知识和显性知识。波兰尼(Polanyi，1958)认为人类的知识包括两种，一种是被描述出来的知识，这里的描述可能是以书面文字、图表、数学公式(当然，当前的技术条件下我们具备了更丰富的表达和表述方式)加以表述的，这些属于显性知识；而另一种是未被表述出来的，而存在于人脑中的经验，这些属于隐性知识。隐性知识具有默会性(不能客观地明确表达)、个体性、非理性(不一定通过了理性的或逻辑的推论)、情境性、文化性、相对性、稳定性、整体性等特征。

个人知识和集体知识。个人知识指个体所拥有的知识，包括知觉、习惯、技能、经验、价值观等；集体知识指组织所拥有的知识，例如组织内部的文档、资料、工作流程、规范、系统、文化等。

“4W”知识。经合组织(OECD)于1996年发布了《以知识为基础的经济》报告，报告中指出，知识包括4类：解决“是什么”问题的知识(Know What)，这类知识用以叙述事实；解决“为什么”问题的知识(Know Why)，用以阐述自然原理和规律；解决“怎么做”问题的知识，主要包括有关客观事物的技能和能力；解决“谁来做”(Know Who)问题的知识，主要指谁知道和谁知道如何做某些事的知识。

此外，知识还可以依据具体实践分为内部知识和外部知识，战略性和非战略性知识(梁林梅，2011)等。

二、知识管理概述

知识管理是由于社会经济发展的具体需要在管理学、经济学、信息科学、计算机科学等多门学科发展的共同推动下产生的。当前有关知识管理的理解和解释，各学科、各行业和领域仍有不同的声音，除了对于知识已然存在各种理解外，一方面因为知识管理仍属于新兴事物，另一方面因为不同领域的研究和实践人员从自身立场和角度出发，必然导致各自定义的差异性。本书主要列举国内外一些典型的知识管理概念。

野中郁次郎等(竹内弘高，野中郁次郎，2006)认为知识管理是在组织内持续创造新知识、广泛地传播这种知识，并迅速地将其体现在新产品和服务、新技术和新系统上的过程。

巴斯(Bassi，1997)认为知识管理是为了增强组织能力、提升组织绩效而创造、获取和利用知识的过程。

丹尼尔(Dneil，2000)认为组织将其通过多种来源最终能够获得的信息转化为知识，并将这些知识与组织和个体相互联系的过程称为知识管理，这种管理是对知识所进行的一种正式的管理，其目的是促进知识的生产、获取和重新利用。

大卫(David, 2004)认为知识管理是组织或组织成员对重要知识的创造、收集、处理、利用等一系列过程的科学系统的管理，组织或组织成员通过这个过程能够获得新的认知或经验，并再将其反映出来以便于组织内部的共享。大卫的知识管理定义注重知识从个人到组织的转化和在组织中适当的利用。

信息技术分析公司加特纳集团(Gartner Group)认为知识管理是通过对组织能力的提升，成功达到对组织信息的掌握、鉴别、检索、分享和评价，这些组织信息不仅包括数据、文档，也包括组织成员所掌握的隐性知识。

伊利亚斯(Elias, 1998)认为企业所具备的知识能力表现为人、过程和技术的融合能力，这样的融合能力可以利用企业内部和信息相关的要素为企业提升其价值、竞争优势和运营利益，因此这样的融合能力也可以称为知识财富，同时伊利亚斯还认为知识管理实际上是一种文化、生活和工作的方式。

斯威比(Sveiby, 1986)认为知识管理是利用组织集体智慧提升组织应对变化的反应能力和组织创新能力，是显性和隐性知识共享的新的途径。

马斯(Masie, 1998)认为知识管理是发现、获取、整理、过滤和表达信息的系统化过程，其目的是改善组织内部成员对相关特定问题的理解能力和解决能力。

美国生产力和质量中心(American Productivity and Quality Center, APQC)对知识管理所做的定义为：知识管理是组织采取的一种有意识的战略，这种战略能保证在最恰当的时间将最合适的知识传递给最需要人，以促进组织的信息共享，从而通过各种方式将知识应用于实践，最终达到提升组织绩效的目的。

欧洲标准化委员会对知识管理的定义为，它是对一系列活动和过程的管理，通过这些活动和过程能够更好地应用和创新个人及组织的知识资源，从而使知识价值最大化，提升组织竞争力。

我国知识管理框架国家标准 GB/T23703. 1-2009 中对知识管理的定义为，它是对知识、知识创造过程和知识的应用进行规划和管理的活动。同时该标准还指出知识是通过学习、实践或探索所获得的认识、判断或技能；组织是职责、权限和相互关系得到安排的一组人员及设施；管理体系是建立方针和目标并实现这些目标的体系；显性知识是以文字、符号、图形等方式表达的知识；隐性知识是未以文字、符号、图形等方式表达的知识，存在于人的大脑中。

三、知识管理的演进

一般认为，知识管理是社会经济向信息经济和知识经济发展的背景下产生的，在文献中可以追溯的知识管理术语最早出现于 20 世纪 60 年代，此外由于 20 世纪末到 21 世纪初，知识管理理论和实践都有着突飞猛进的发展，因此本书以 20 世纪 60 年代和 20 世纪末为两个时间节点将知识管理的演进过程分为前知识管理时代、知识管理萌芽时代和知识管理发展时代。

前知识管理时代包括 20 世纪 60 年代以前的漫长的管理科学发展时期。从古希腊学者对知识的认知，到科学管理的出现，再到信息经济的崛起，人们在日常工作生活中其实已经开始自发地利用知识管理的某些原理和方法。如学徒对师傅技艺的学习和传承，就是很典型的知识迁移过程的实例。然而在漫长的历史时期里，由于人们对客观世界和方法论研究的限制，几乎所有的学者都仅仅探讨了知识的内涵与外延问题，并未就其本质和管理进行研究，至少在波兰尼和德鲁克的相关研究出现以前，这些认识都还未真正涉及知识管理范畴。

知识管理萌芽时代是指20世纪60年代到20世纪末期。这个时期的主要特征是人们对知识的研究从表层深入底层，能够从认知论层次开始深入探讨知识的基本属性及其利用问题，更重要的是知识管理术语正式被提出，涉及知识管理的论著得以发表，并开始出现和知识管理相关的实践活动。

20世纪60年代，哲学家波兰尼在其著作《人类历史》和《个人知识》中对知识进行了具有创见性的论述；管理学家德鲁克在其论著中提出知识将取代资本、机器、原料及劳动力等生产要素，成为真正的资本和首要的财富；经济学家马克卢普在《美国的知识生产与分配》一书中正式提出了"知识产业"的概念，给出了知识产业的一般范畴和最早的分类模式，并在此基础上建立起对美国知识生产与分配的最早的测度体系，即马克卢普信息经济测度范式。

20世纪70年代，社会学家贝尔(Bell，1973)发表了文章《后工业社会的来临》，该文以工业社会为中轴，把人类文明划分为前工业社会、工业社会和后工业社会3个时期，后工业社会是围绕着知识组织起来的，目的在于进行社会管理和指导革新，从而产生新的社会结构；亨利(Henry，1974)在《公共管理评论》发表了文章《知识管理：公共管理一个新的问题》。

20世纪80年代，德鲁克(Drucker，1988)在哈佛商业评论发表了著名的文章《新型组织的出现》，该文预言了一种新型组织，这种组织是以知识为基础的信息型组织，由各式各样的专家组成，这些专家根据来自同事、客户和上级的大量信息自主决策、自主管理。未来学家托夫勒(Toffler，1984)出版了《第三次浪潮》，书中把人类文明划分为农业时代、工业时代和超工业时代；随后又出版了《权力的转移》，书中指出随着西方社会进入信息时代，社会的主宰力量将由金钱转向知识，也就是从这时候起，信息时代或信息社会开始替代后工业社会/超工业社会等概念；经济学家罗默(Romer，1983)提出了新经济增长理论，他认为必须承认知识能够提高经济效益，在计算经济增长时，必须充分认识知识是一个重要的生产要素，对知识的投资不仅能增加知识本身的积累，而且还能提高其他经济要素的生产能力。此外，在本时期还出现了第一篇有关知识管理的学位论文《纺织品中的知识管理与问题解决》(Jayaraman，1984)，第一部知识管理专著《知识型企业的管理》(又译作《管理诀窍》、《知识管理》)(Sveiby & Lloyd，1987)，第一次有学术会议提及知识管理观点，第一个知识管理系统(美国军队保险公司USAA，1983)出现并开始运行。

20世纪90年代经合组织发布了《以知识为基础的经济》的研究报告，报告指出，以知识为基础的经济术语的出现，表明了人们对知识和技术在经济增长中的作用有了更充分的认识，知识作为蕴含在人力资本和技术中的重要成分，向来都是经济发展的核心；1989年，国际知识管理网络(IKMN)在欧洲成立，1995年美国建立了知识管理论坛，1996年欧洲知识管理协会成立。更重要的是在本时期彼得·圣吉出版了知识管理领域里程碑式的专著《第五项修炼——学习型组织的艺术与实践》，野中郁次郎和竹内弘高出版了《知识创造的企业：日美企业持续创新的动力》。

知识管理发展时代指20世纪末至今，这个时期知识管理从理论架构到具体实施都出现了快速的发展，知识管理也从现实意义上成为一门专业学科。在这段时期，大量的知识管理专业杂志或其他杂志的知识管理栏目出现，知识管理专业协会纷纷建立。

四、知识管理的主要理论

由于知识管理是一门涉及哲学、社会学、管理科学、信息科学、组织行为学、心理学等学科的跨专业领域，其相关的主要理论非常繁杂，而且由于不同学科和学者的研究出发点和研究方法的区别，在发展过程中形成了创新学派、行为学派、经济学派、技术学派等不同的流派。本书主要介绍对于知识管理的出现和发展具有重大意义和价值的两个基础理论：德鲁克的知识型组织理论和野中郁次郎的知识转移与创新理论。

知识型组织理论。德鲁克在《新型组织的出现》中指出，21世纪的企业，特别是大型企业，管理层级将减少一半，管理人员减少2/3。这些企业里，工作将由跨部门的专家小组来完成，协调和控制将会更多地依赖雇员的自律意识。这些变化出现的原因在于信息技术、计算机使企业的内部沟通速度更快、效率更高，中间层次的管理人员就不再需要，同时计算机应用也要求员工能够将数据转换成信息。在知识型组织理论中，德鲁克实际上预言了扁平化管理、项目管理等新型管理模式的出现，但最为重要的是，该理论认为组织内部驱动力和核心竞争力是掌握于组织成员和组织实体的个人知识与组织知识，这些知识通过共同愿景和信息责任实现在组织内部的有效流动，从而提升组织整体运行效率。

知识转移与创新理论。野中郁次郎在《知识创新型企业》一文中提出了知识转移与创新理论。该理论认为，促进知识在企业内部有序高效地流动是企业提升其知识创新能力的重要保障，现代知识创新型企业应通过企业自我认知、企业文化、信息流管理等方面的积极因素，有效激发雇员的信息共享意愿和知识创新动力。知识转移与创新理论在隐性知识和显性知识分类的基础上提出了SECI模型，即知识迁移的4种基本模式：社会化（Socialization）、外化（Externalization）、组合（Combination）与内化（Internalization）。与这4种模式或4个过程相对应，知识转化发生于初始场（Originating Ba）、交互场（Interacting/Dialoguing Ba）、系统化场（Cyber/Systemizing Ba）和练习场（Exercising Ba）。

社会化是指从隐性知识到隐性知识的过程，一般出现于个体之间的知识转移过程中，这样的转移过程并不需要依赖具体表达和载体，而是通过潜移默化的方式进行。

外化是指从隐性知识到显性知识的过程，即将未通过文字、符号、图形、声音等表达出来的人脑中的信息通过某种载体或者形式表达出来，这实际上就是隐性知识的显化过程。

组合是指从显性知识到显性知识的过程，即首先整理、综合或者重新组织已经表达出来的显性知识，然后通过某种载体或者形式重新表达的过程。

内化是指从显性知识到隐性知识的过程，即通过吸收已表达出来的显性知识，加上自身知识储备和理解，变为储存于人脑中的知识或能力的过程。

当隐性知识K1通过外化转变为显性知识K2，K2通过组合转变为显性知识K3，K3通过内化转变为隐性知识K4，就完成了知识转移的一个循环，而通过这样的循环，隐性知识 K4 应比初始的隐性知识 K1 具有进步性，如此以往，每经过一次循环就会出现新的知识或能力，或产生新知识/能力的要素，这就是知识螺旋的运作过程。

如何加速企业内部的知识转移和创新，野中郁次郎提出了隐喻—类比—模型的知识创新推动模式，首先通过隐喻连接可能激发创新点的要素，然后通过类比分析这些要素，尤其是解决其中可能出现的矛盾问题，最后建立一个模型，显化整个创新成果，以利于组织成员学习和掌握。

思考题

1. 简述信息的基本概念及你对信息的理解。
2. 信息文化的作用有哪些？结合实际环境你认为它还有哪些作用？
3. 信息素养是什么？去网上查查中国目前关于信息素养的研究有哪些。
4. 信息有哪些特征？结合生活实际针对每种特征进行说明。
5. 简要说明信息环境有哪些构成要素以及信息环境具有什么样的特征。
6. 信息资源管理有哪些类型？它们与信息管理有哪些异同点？
7. 什么是知识？什么是知识管理？
8. 知识可以分为哪些类型？
9. 知识管理发展过程中有哪些里程碑式的重要成果？
10. 知识在组织内部如何转移并创新？

第二章 信 息 源

在当今这个信息密集的世界，信息的复杂程度之高、语言载体之多、信息数量之大，使得信息的搜集、获取绝非易事。信息源的确定是信息搜集的最重要的内容之一，其目标是按照信息搜集者的信息需求寻找信息源，或者说，是在广泛分散的信息源与特定的用户信息需求之间寻找切入点。所以，了解信息源的含义、信息源的构成以及信息源的类型及分布，对信息的有效收集是非常必要的，同时也为信息的利用打下良好的基础。

第一节 信息源引论

信息源是产生、持有和传递信息的一切人、物体和机构。信息可以来自于任何地方、任何载体，如一个人的经历、一次演讲会、一本图书、一篇期刊文章、一次展览会或者因特网等，凡是人类社会活动中的各类信息，都构成信息源。

一、信息源的含义

什么是信息源(Information Source)？不同学科领域有着不同的理解：在通信领域，研究者认为，信息源就是消息的来源，可以是人、机器、自然界的物体等，也可是一个事件。在传播领域，研究者认为传播的来源是指生成、制作和发送信息的源头或起点，传播的来源可以是个体，即某个具体的制作、传递信息的人；也可以是群体，即发生信息的部门或机构。在图书情报领域，研究者认为，信息源是人们在科研活动、生产经营活动和其他一切活动中所产生的成果和各种原始记录以及对这些成果和原始记录加工整理得到的成品。

比较而言，上述各领域对信息源的认识互有区别，各有侧重，但可以肯定，它们所论述的都是一类信息源，即信息产生的源头。

原苏联出版的《俄英情报学词典》认为：“产生信息或为了传递而持有信息的任何系统，均称为信息源”。

英国牛津大学出版社出版的《现代英语高级学习者字典》认为，“Source”具有三种含义：一是“河之源头”；二是“来源或出处”；三是“原始文件”。

我国的《辞海》认为，“源”本作“原”，指水流所从出，因指水流起头的地方，故写成“源”，引申为“事物的来源”。《简明信息词典》是这样写的：“信息的发生源，简称信息源。”这里指的是原始数据的产生地。

联合国教科文组织1976年出版的《文献术语》把其定义为：组织和个人为满足其信息需要而获得信息的来源，称为“信息源”。一切产生、生产、贮存、加工、传播信息的源泉都可以看做信息源。

对信息管理者而言，我们从信息搜集的角度出发认为：凡是能够产生、生产、贮存、加工、传播信息的源泉都可以看做信息源。在某些特定环境下，如网络站点、新闻发布会等，信息源和信息媒介融为一体，信息接收者往往把传播信息的媒介看成是信息源。故“信息源”从字面上可解释为信息的来源。

需要指出的是，信息源不等同于信息资源，信息源是蕴涵信息的一切事物，信息资源则是可利用的信息集合；信息资源可以是一切高质量、高纯度的信息源，但信息源不全是信息资源。

在理解信息源这一含义时应注意下面几点：

(1)信息源、信道、信宿的关系

研究信息源、信道以及信宿的基本规律是进行信息管理的基础。

根据传播学原理，信息源和信息的接收者是传者和被传者的关系。从信息收集的角度理解，信息源是信息的发出者，是信息搜集的目标；信宿是信息传播的归宿，即信息的接收者；信道是信息传播流通的渠道，是信息传输的媒体。

我们可以把一切能为我们提供所需信息的来源都视为信息源，而不论这个来源是否为信息初始的发生源。这就如同当我们灌溉需要用水时，无论是江河里的水，水库里的水，还是沟渠里的水都可作为水源利用，而不必强调只有大江大河的发源地才是水源。这种理解比那种单纯从理论和字义论证，更有实际意义，可以指导我们放开眼界，从需求出发，多途径收集信息。当然，“问渠那得清如许，为有源头活水来”，“源头”的作用也是显而易见的。

(2)信息源拥有相当数量的信息量，能形成信息势和信息流

作为信息源，必须能产生或拥有较多的信息量，与信息吸收者相比，至少有一个或几个方面的信息优势，能和信息吸收者之间形成一个信息位差，这就是信息势。由于有了这种“势”，一旦条件具备，信息就会按一定的方向向吸收方向流动，形成信息流，即信息流量，就好像电源有了电动势就会产生电流一样。把信息源比作电流并不意味着将它们等同看待。因为信息不是能量，它并不像电能那样遵循能量守恒定律，相反，若利用得当，信息会越用越多，不断增值。比如，人们可以从一条已知信息出发，通过推导、移植、组合及分析等方式，产生出新思路、新点子、新发现，从而产生出新的信息。

一个信息咨询机构，我们把它看做信息源是因为它拥有许多信息资料，拥有具有知识与智力优势的信息咨询人员，必要时，它能通过各种服务手段向信息需要者提供有关信息，为他们解决疑难。

(3)信息源和吸收方是相对的、变化的

任何信息源和吸收方都不是孤立的。一个信息源在不断输出信息的同时，也必须不断吸收外界的信息来充实自己，以保持自己的信息势，保证信息顺利地向接收方流动。当它接收外来信息时，本身又成了其他信息源的接收方。如咨询部门是信息的提供者，同时它也是各种有关信息的吸收者。只有不断丰富自己，它才有可能发挥自己信息源的功能。

是否成为信息源，取决于信息势。富有者，溢出；贫乏者，吸收。当信息的吸收者不断吸收、积累信息，达到信息势与信息源接近或持平时，信息源向它的信息传递就会停

止；一旦吸收方的信息势高于信息源，信息传输的方向就会发生逆转，信息吸收方反而变成了信息源。对于读者来说，出版社出版的文献是信息源，当读者从文献中不断收集信息并积累到一定程度后，对有关问题产生了新的认识，将这些认识写成文章发表或著作出版，这时，他又成了出版社和其他读者的信息源。

一个人如果是信息的创造者，他就是信息源，如果是把别人的创造转告给另一个人，他起的是信息通道的作用。信息用户直接从信息源获取信息的机会是不多的，一般都是通过信息通道获取信息，所以用户获取的信息有失真、误差等问题。信息的创造者也是经由信息通道把信息传给用户，不大可能直接传给用户。

信息是一切物质的属性，一切物质的状态变化、组合、分裂、生生灭灭，人类的各种活动等都会形成某种信息，所以都是信息源。信息源是知识和智慧的源泉，凡是人类社会活动中的各类信息，都构成信息源。

二、信息源的类型

深入地分析可以发现，信息源概念是与信息概念紧密联系在一起的，信息有不同的层次和类别，信息源也有不同的层次和类别。为了清楚地、恰当地选择和利用不同的信息源，人们根据需要，按不同的标准对信息源进行了划分和归类。它不仅包括传统印刷型文献资料，也包括现代电子图书报刊；不仅包括各种信息储存和信息传递机构，也包括各种信息生产机构。

(1)按信息产生的时间划分

①先导信息源：指信息产生时间先于社会实践活动，可对实践活动起引导和警告作用，为决策提供信息依据，减少决策的风险和不确定性，如天气预报、市场预测、股市展望、科学动向分析、未来学、预测学等。

②实时信息源：指在社会活动过程中产生的信息源，如实验记录、产品测试报告、股市行情、病历等。在网络环境下，这种信息源的“实时”性得到了充分的体现。

③滞后信息源：指在某一社会活动过程之后产生的反映这一活动结果的信息源。如报刊、会议论文等。如飞机失事后，对于那些想了解失事原因的人们来说，黑匣子就是典型的滞后信息源。这类信息源占信息源种类的绝大多数。

(2)按信息源的层次及其加工集约程度划分

①一次信息源：一次信息源也称为原始信息源，它是人类社会实践活动中直接产生或得到的各种数据、概念、知识、经验及其总结。从一次信息源中提取信息是信息资源生产者的任务，信息资源管理者一般不直接从一次信息源中采集信息。

以知识的直接生产者在各种实践活动中记录的最初发现、发明、新理论、新方法、新见解为内容出版的原始文献，没有经过信息机构加工处理的，均称为一次信息，如期刊论文、研究报告、市场调查报告、专利文献等。这些文献具有创新性、实用性和科学性等明显特征，是科技查新工作中进行文献对比分析的主要依据。

②二次信息源：二次信息源也称为加工信息源，对于信息资源管理者而言，二次信息源既是其重要的信息来源之一，又是其最主要的开发对象之一。

二次信息由信息机构对大量分散、零乱、无序的一次信息进行整理、浓缩、提炼，著录其特征，并按照一定的逻辑顺序和科学体系重组而成(有序化)。如书目、索引、文摘、网络导航系统、搜索引擎等形式的检索工具。二次文献具有明显的汇集性、系统性和可检索性，它汇集的不是一次文献本身，而是某个特定范围的一次文献线索。其作用不仅在于报道，更重要的是为查找一次信息提供线索。

③三次信息源：三次信息源也称再生信息源，是指根据二次信息提供的线索，查找和使用一次信息以及其他材料，进行综合、分析、浓缩、整合后产生的信息。它通常是围绕某个专题，对其内容进行深层揭示和报道(有序化+创造性)，人们常把这类信息称为信息分析研究的成果，如综述、述评、年鉴、手册、进展报告、文献指南、书目之书目等参考工具书。其作用是对现有成果加以评论、综述并预测其发展趋势。在学习和研究中，可以充分利用反映某一领域研究动态的综述类文献信息，在短时间内了解其研究历史、发展动态、水平等，以便能更准确地掌握学习和学术研究领域的技术背景等。

归纳：一次信息是基础，是检索的对象；二次信息是检索一次文献的工具；三次信息是一次、二次信息的浓缩和延伸。

(3)按信息的存在形式划分

①记录型信息源：记录型信息源包括由传统介质(纸张、竹、帛等)和现代介质(如磁盘、光盘、缩微胶卷、胶片等)记录和存贮的知识信息，又称文献信息源。如各种书籍、期刊、数据库、网站等。记录型信息源的特点是便于保存、积累和利用。它是信息存在的基本形式，也是信息管理的主要对象。

②实物型信息源：实物信息源是指能够为人们提供信息的一切物质实体。它包括自然实物信息源和人造实物信息源两大类：第一类是自然实物信息源，如植物、动物、江河、山川、宇宙、大气、矿产和土地等。它们是未经人加工过的自然存在，能直接反映事物的原初状态，人们从中可获得有关自然界的信息，如气象的变化、矿产的蕴藏、动植物的繁衍等。第二类是人造实物信息源，是经过人类有目的地加工而形成的物体，如建筑物、机器、仪表、设备、样品以及动植物的标本等。它们的形成，凝聚着人类的思想、知识和智慧，能给人们提供有关实物的成分、结构、用途、设计、工艺和使用方法等技术信息。因此，它们常是信息搜集的主要目标。

与其他信息源相比，实物信息源最大的优势就是真实、直观、生动、便于观察等。利用实物收集信息不用通过别人的描述，可以直接通过自己的感官去接收实物中的信息，如用眼睛观察物体的形状、结构，用手触摸感觉物体的质地、温度，用鼻子闻气味，用耳朵听物体发出的响动，这样获得的是第一手资料，信息更为真实可靠。但是实物信息源集聚的信息具有隐含性，需要经过拆解、分析、比较才能被识别、开发出来。比如一块矿石，它是否具有开发价值需要经过技术鉴定和分析才能确定。一个新产品，只有在分析它的成分或对它进行拆卸研究后才能认识它潜在的技术信息。实物信息源是反求工程的基础。

③智力型信息源：又称为思维型信息源。这类信息源主要指由人脑存贮的知识信息，包括人们掌握的各类知识、诀窍、技能和经验，有的可以用语言和文字明确表达和记录，有的则难以被明确表达和记录，故又被称为隐性知识(Tacit Knowledge)。这种信息源是人脑隐性知识管理的基础和对象。随着现代咨询业的崛起和知识经济的出现，这类信息源变得越来越重要。由于这类信息源主要由人脑携带，绝大多数内容难以捕捉，因此，管理起

来具有相当大的难度。在实际操作时，可借鉴和吸收人力资源管理的理论方法。当前，知识管理对智力型信息源特别关注。

(4)按信息的控制使用情况划分

①公开信息：公开信息是指传递和使用的范围没有限制、可在国内外公开发表的信息。如，政府事权方面的信息、政府财权方面的信息、人事权方面的政府信息、内部政府信息的公开(如领导成员廉洁自律情况)。

②内部信息：内部信息是指不能公开传播、只供内部掌握和使用的信息。如，政务专网是指政府部门内部以及部门之间的各类非公开应用系统，其中涉及的信息应在政务专网上传输。主要包括各类公文、一般涉密数据、行业政策法规、重大事件以及政府部门之间的各类交换信息。这些信息必须依据政府内部的各类管理权限传输，防止来自内部或外部的非法入侵。主要应用如下：从中央政府到地方各级政府间的公文信息的审核、传递系统；从中央政府到地方各级政府间的多媒体信息的应用平台，主要包括：视频会议、多媒体数据实时调度与监控等；同级政府之间的公文传递、信息交流等。

③机密信息：机密信息是指必须严格限定使用范围的信息。机密信息可以进一步划分为秘密信息、机密信息和绝密信息等类型。如，政务部门大量的内部办公业务信息资源，涉及国家政治、经济、国防、外交等各个领域的国家秘密信息，包括在对外交往与合作中经审查、批准与境外特定对象合法交换的国家秘密信息以及对外承担保密义务的信息；国家事务的重大决策中的秘密信息；国防建设和武装力量活动中的秘密信息；国民经济和社会发展中的秘密信息；科学技术中的秘密信息；维护国家安全活动和追查刑事犯罪中的秘密信息；其他经国家保密工作部门确定应当保守的国家秘密信息等。

三、信息源的选择

信息源是信息查找与获取的对象，不同类型和形式的信息源，在信息传递与交流中具有各自的特点，所起的作用也各不相同，可满足不同的信息需求，因此鉴别信息源是有效地获取信息的首要条件。

(1)选择信息源

信息源的选择目标就是针对不同的信息需求，最终达到信息的全面性和准确性的统一。信息源的选择过程无论对用户还是专业检索人员，都是通过对课题的分析和研究进行的。因此，选择信息源首先应明确选择的目的和要求，确定研究性质，了解所需信息的学科及文献类型等(见表2-1)。

表2-1 **信息源的选择**

信息需求	选择的信息源
查找某一条新闻报道	选择报纸、网络新闻
查找某一本书或期刊的收藏地	选择图书馆或信息机构的馆藏图书查询系统
查找某个概念的定义和解释	选择图书、百科全书、网络

续表

信息需求	选择的信息源
为撰写学位论文而查找相关文献	选择图书专著、期刊论文、学位论文、会议论文等学术信息源
查找发表的论文被引用的情况	选择引文索引数据库
为申报某领域科研项目而查找相关文献	选择学科领域内收录全面、年限较长、更新较快的文献数据库及包含最新学术资料的学术信息源
解决某个技术难题，需要查找关键性的技术资料	选择工程或技术类文献数据库、事实数据库，查找技术研究论文、关键性技术数据，选择专利数据库查找技术专利
为申报专利或鉴定成果，需要查找文献参考依据	选择国内外专利文献数据库、成果数据库
为进行贸易与技术引进、合资谈判等，需要了解国外市场、产品与公司的行情	选择科学数据库以了解技术的先进性，选择市场、产品、公司等商情数据库，以理解对手的情况

(2)选择信息源的要点

在信息检索的实践中，在分析和明确信息需求的基础上，需熟悉各类信息源，有针对性地选择恰当的信息源，才能做到有的放矢。

①区别内容雷同的信息源。内容雷同的信息可能在不同的信息源中出现，应正确选择主要的信息源。信息源雷同主要表现在两个方面：

相同的信息可能在不同类型的信息源中出现。同一个人研究的相同主题的论文可能被会议录收录，可能发表在学术期刊上，也可能在个人网站上发布。选择信息源时应注意，学术期刊相比于会议论文和网络更加正式和权威，所发的文章都要经过同行专家的评审，相对具有可靠性。但在期刊论文还没有发表前，会议论文是寻找最新成果的重要渠道。而网络论文可能是更新最快的信息源，作者在发表了期刊论文后，可能又有了新的思想并以其他形式发布，如在个人博客上发布，但新的信息在可靠性方面可能存在问题，需要批判性地思考。

相同的信息在同类型信息源中出现。如查找中文学术期刊，可以了解到国内有清华同方中国知网、维普、万方三大系统电子期刊，其收录范围都非常广泛，应在了解和比较数据库学科收录特点、收录范围、年限等特性的基础上选择数据库。

②熟悉学科领域特定的信息源。信息用户学习或工作的学科领域，是影响其信息需求的主要因素之一。不同领域本身所固有的学科特点，势必会影响用户的信息需求。因此熟悉和了解所在学科领域的主要信息源、特定的信息源是非常必要的。

自然科学、技术科学领域。自然科学发展较快，工程技术的更新换代更为迅速，使得自然、技术科学领域的信息需求具有如下特点：一是十分关注行业内的新信息。对于新理论、新发现、新解释、新动向、新技术、新工艺、新应用等，用户表现出相当敏感的关注；二是所需信息的时间跨度很小。一般而言，用户对于信息的新颖性和及时性，有着较高的要求。工程技术人员信息需求的时间性更强，较之理论原理的突破，技术工艺的更新要快得多；三是更重视从期刊文献中获得信息。根据美国、日本和联合国教科文组织的调查，在科学家和工程师利用的文献类型中，科技期刊占65%~70%的比例。比较而言，理论研究者更偏重于学术期刊所提供的信息，而工程技术人员则偏向于应用性期刊、专利、技术标准等文献信息。

社会科学、人文科学领域。社会科学和人文科学与自然科学有着不同的发展特点，在理性认识不断纵向深入的同时，常常还有各学派的横向扩展和交叉反复。因此，社会科学和人文科学领域的信息需求具有如下特点：一是对文献信息的依赖性较大。相对而言，自然科学的用户除了需要信息之外，还要依赖于设备、仪器等实验条件，而社会科学和人文科学的用户，则大部分依赖文献信息进行研究和工作；二是所需信息的时间跨度很大，覆盖面很广。由于社会科学和人文科学领域的发展模式与自然科学不同，用户时常需要较早年代的文献信息；同时，学派林立、常说纷呈的研究格局，也使得用户信息需求面很广，要求涉及各种学派、学说或观点；三是除利用期刊之外，还非常重视利用图书获得信息。对于社会科学和人文科学领域的用户，图书和期刊是同时并重的两种主要信息来源，有时图书甚至比期刊更为重要。

工商、经济贸易领域。工商、经贸领域的用户，主要从事产品和服务的生产和经营活动，其信息需求具有鲜明的特点：一是更需要各种数据、事实、政策等信息。工商经贸领域的用户，对于各种调查数据、统计资料、市场分析、经济措施、社会动态等信息，具有很高的依赖性和强烈的需求；二是所需信息的时间跨度最小。工商经贸领域的用户，对于信息的实时性要求极高，比如金融证券信息，是以秒为单位来发布和传递信息的。与此同时，用户需要不断地更新信息，因而越是强调信息的时间性，其信息需求量也越大；三是更重视利用各种统计资料、市场分析报告、会计审计报表、报纸、产品样本、企业内部出版物等信息源。

第二节　信息源的评价

信息源的评价是有效地选择和利用信息的前提。由于信息源数量大、质量参差不齐，不同的信息用户对信息源有不同的要求，如，从事前沿医学研究的用户往往对专业领域内的核心期刊和网上的最新学术信息源感兴趣；而一般大众则会关注寻医问药类的科普性信息源，这就给信息源的评价带来了一定的难度。

一、信息源的评价目标

信息源的评价要客观两个目标：①确定信息是通过哪种信息载体、从什么样的信息源获得的；②确定信息发出者的意图和信息的可靠性。

二、信息源的评价方法

信息源的评价方法主要有定性和定量评价两种：

(1)定性方法——通常是由信息管理机构组织专家针对各个评价指标，从不同的角度和侧面对信息源的价值给予评分评定。这种方法无需做大量的调查和数据分析，而是由评判者根据自己的判断直接打分，简单易行，在实际工作中使用率非常高。

(2)定量方法——由于定性评价法主要借助于专家的主观判断，评价所产生的结论与信息源的实际使用状况往往还存在一定的偏差。因此，信息管理部门常常结合使用定量方法来保证评价的客观性。信息源的定量评价方法主要是通过调查信息用户对信息源的实际利用情况，并对有关的数据进行统计分析，从而对信息源的价值做出判断。

三、信息源的评价指标

内容是评价与选择的核心和重点，可以反映信息源的本质。评价信息源的内容因素主要有：

(1)信息量

信息量大小是衡量信息源的重要标准。用户总是希望从一个信息源中得到尽可能多的有用信息。所谓信息的"量"包括两个方面：一是信息的绝对数，如信息源中包含多少个数据、多少条消息，信息本身对社会有多少意义；二是信息的含量，它取决于对事物不确定性的消除程度，也就是看用户从信息源中能知道多少他过去所不知道的东西，能为他解决多少问题。

由于各类用户有不同的信息需求，他们对同一信息源的信息量会有不同的感受。从客观标准看，经过整序、浓缩的二、三次文献信息量一般大于无序、离散状态的原始文献。信息机构和计算机系统可以将大量分散、无序的信息集中、整序、浓缩、存贮，可为人们提供的信息量相对来说就比较大。

(2)权威性

在本学科领域具有一定的影响、较高的学术水平和较高的知名度。

主要关注如下问题：所收集的网站(页)的主办者是否为有声誉的大学、学会/协会、实验室？网站是否经权威评价机构评价过？所选的站点是否被多个 Internet 站点链接？网站是由某公司、机构还是某领域的著名的权威或专家赞助？信息提供者的教育背景和职业背景及其研究方向？责任者有知名的出版物吗？信息是否经过过滤？信息是否经同行评议过？资源是否由相关的权威机构推荐？是否有与权威机构的页面的共同链接？出版社是否知名和有声望？出版社是否为公认的出版界权威？出版社是否为大学的出版社？是否有原创作品？选择的资源与其他作品有相关性吗？

如：.edu 是教育类网站，既可能是严肃的学术研究机构，也可能是学生随意制作的主页；.gov 或 .gov.cn 是政府网站，一般比较权威、可靠，不会随意发布不准确的信息；.com 或 .com.cn 是商业网站，最常见，在介绍自己的产品时往往会夸大其词，所以要注意批判性地接受；.net 是网络服务公司，为商业或个人用户提供服务；.org 一般是非营利性组织，其观点可能带有倾向性。

(3)新颖性

新颖性表现在信息源发出的信息能反映新的事物、新的思想、新的观点、新的设计、新的产品、新的技术、新的发明创造和新的决策计划。新颖性因素包括：信息源是否有出色的创新方案及内容，与其他同类相比是否有新颖与独特之处，是否能最先提供最新的信息，其内容是否有自己的特色，能否给用户以鲜明的印象，是否具有从其他信息源中无法获得的信息，是否对过时无用的信息及时进行了处理等。

比如，在文献信息源中，一般情况下，报纸比期刊的内容新颖，期刊比图书新颖，日报比周报新颖，而从电视、广播中收集信息比从文献中获得的信息更新颖。专家们在学术会议上，通过相互间的交流，则可以获得有关科学领域最新的研究动态。应当看到，一些信息在被利用到一定程度后，会出现老化现象，失去其使用价值。又如，中央台《新闻联播》中报道的新闻对我们来说是新颖的，有价值的，因为过去我们不知道这些消息，它消除了我们认识中的不确定性。但是，当大家都知道了这条消息后，对大多数人来说，它就失去了新颖性，价值逐渐减弱，成了“过时新闻”。因此，能否不断更新信息内容，是评价一个信息源优劣的主要标准。

(4)准确性

信息源需严肃正规、准确无误、完整规范。一方面是内容的准确性，另一方面是格式和链接的准确性。对资源的导航要能正常访问。

主要考虑所选网站(页)提供的信息是否准确？是否提供了信息的来源和出处以备用户进一步核查？网页引证的书目或提供的参考能否证实信息的准确性？页面的句法和拼写是否准确？有否排印错误？提供的信息是否完整规范？

(5)可获得性

信息源揭示信息的层次中，至少一个能无障碍地获得。

信息的使用者非常看重信息源的可获得性。比如，公开的信息源与保密的信息源相比，公开的信息源更能被广泛利用；距离近的信息源与距离远的信息源相比，人们总是先使用距离近的；同类信息源中，分散无序的信息源和经过整理有序的信息源相比，有序的信息源更便于使用。

主要考虑是题名信息、文摘信息还是全文信息？是否有对信息结论的阐述标准？是否给出了表明信息内容的关键词或主题词？希望在该网页上找到何种信息？主题的涵盖面是否全？索引或目次页是否隐含了综合性的内容？是否免费？是否注册？是否国际流量？是否符合标准？是否有其他格式或镜像？某种类型的信息有使用期限制吗？访问资源的方式是否依赖用户使用的设备？是否需要专门软件(如浏览器)？是否有方便的导航？是否容易链接所需的信息？是否有清晰的链接标签？是否能分别打印页面和文献的某一部分？是否能发送到电子邮箱？是否提供多种检索方式？检索信息的效率如何？是否有语种的限制等。

(6)稳定性

信息源需有较长的稳定期或有稳定运行的保障机制。

互联网上的信息资源处于变动频繁之中，其信息源的存在状态是评价的一个重要指标。长期存在且各项性能和指标都较为稳定的信息源，可使用户从中获得较为系统和全面的信息。稳定性主要看所选网站(页)提供信息的时间、更新频率、最近的修改日期、链接速度、断线率，地址是否经常变动，信息的链接是否稳定，有效信息资源是否长期保存，特殊情况需要变动时是否通过多种方式及时告知用户，是否不间断地提供网络信息服务等。

除上述内容评价外，有些形式指标也可作为参考。形式指标反映了外部特征以及操作使用等方面，是为提示内容服务的，主要包括：美观性、条理性、查检性、帮助性、快捷性、低耗性等。

四、信息源的价值评定

对各种类型信息源的价值进行评定，是一个既有理论意义又有实际意义的问题，同时也是一个较为复杂的问题。了解各类信息源的价值和效用，对于信息源的合理开发与利用有着现实意义。信息源的价值和效用是一个相对概念，它取决于信息用户所从事的工作的范围和性质。例如，从事理论研究的科研人员对期刊评价很高，从事技术开发和产品开发的工程技术人员更喜欢专利和产品样本等。这给信息源的价值评定增加了难度，使得我们不可能制定一个统一的标准，对各类信息源排列出一个适应于各行各业用户的优劣顺序。但这并不妨碍我们从对信息源的一般要求出发，对信息源的价值进行评定。

目前，对信息源价值的评定一般采用两种方法。一种方法是信息工作者根据对信息源的一般要求对信息源进行评分评价，称为直接评定法；另一种方法是调查信息用户对各种信息源的利用情况，或由信息用户根据自己的实践需要来评定信息源，称为间接评定法。

(1)直接评定法

直接评定法就是按照对信息源的一般要求制定一些标准或指标，从不同的角度和侧面对信息源的价值给予评分评定。这种方法的特点是简单易行，带有主观色彩。直接评定法一般使用下列指标。

①及时性：能在尽可能短的时间内将新产生的信息报导和传递出去。对印刷型信息源而言，就是指出版发行周期短，报道速度快。

②完整性：含有各种重要的信息，从不同的侧面描述信息对象。

③新颖性：含有大量的最新信息。

④可靠性：含有的信息同实际成果或实践最为接近而极少偏差，数据准确可靠。

⑤简明性：内容简明扼要，易于理解。

我们可以用上述五项指标对常见的信息源进行评分。各种信息源的上述五项指标得分相加，便是该信息源所得的总分。按总分多少可对信息源进行排序。

如果考虑信息用户的工作性质对上述五项指标的不同要求，还可按重要性程度给各指标一个仅值。这样，每个指标的得分分别乘以权值后再相加所得的总分将更能说明信息源实际被利用的情况和价值。

总的说来，这种评定方法还是十分粗浅的，不能准确地揭示信息源的真正价值。这是因为：第一，对各指标的评分带有极大的主观性，完全取决于信息工作者个人对信息源的认识和了解。即使用加权对各指标加以区别，也还是由信息工作者本人主观判定的，因此评分是否准确，加权是否合理都值得推敲。第二，信息源的价值只有在实际利用中才能得到真正体现，这种评定方法完全不考虑信息源在实际利用中的真正动态，因而不能正确反映信息源的价值。第三，上述五项指标也还是不够完备的。如信息的可获得性就没有列入评定指标之列，信息用户是否利用某一信息源在很大程度上取决于该信息源是否容易获得。要判断某一信息源是否容易获得却是困难的，因而它又不是很适合于作为一个评定指标。同样，一些其他指标未能列入也是由于受这样或那样的限制。这就是上述评定指标不够完备的原因。

尽管如此，我们还是可以用这种方法对信息源做出评定，作为采集和传递信息的一个参考判据。

(2)间接评定法

间接评定法是通过信息用户来评价信息源。以调查表的方式调查用户对信息源的需求和利用情况，然后由信息工作者对调查所得到的数据进行统计分析和对比，从而对信息源的价值做出评定。这种方法的特点是需要信息用户密切配合，工作量较大，但评定结果较为客观。

用户对信息源的需求、利用和评价一般只局限于自己的工作性质和范围，且受到许多因素限制。应当对调查结果进行充分分析，提出问题，查明原因，改进信息源的交流传递模式。

利用间接法评定信息源，可以把调查和评分结合起来使用。在调查表中要求用户根据自己利用信息源的情况对所要评定的信息源评分，根据需要可采用10分制或其他评分制。每个用户的评分虽是主观的，但最后由信息工作者对大量用户的评分进行统计分析将会得出较为客观的结论。

第三节 医学信息源

按照医学信息学本身所拥有的内容、性质、特点和作用等，医学信息源的组成主要有医学检诊信息、医学数据信息、医学文字信息、医学语言信息以及医学图像信息和医学标本信息等六方面。按其特性或应用价值的不同，每一方面又有更具体的内容。

一、医学检诊信息

医学检诊信息(Medical Examination and Diagnosis Information)，是指通过视、触、叩、听、嗅等常用医学检诊手段所获得的医学信息。如医生通过视诊发现病人神志不清、面色萎暗、皮肤及巩膜黄染等异常情况；通过触诊发现病人体温偏高、脉搏细数无力、全身浅表淋巴结肿大以及肝脾肿大和腹部有一明显增大包块等异常情况；通过叩诊发现病人心界增大、一侧肺部呈实音、腹部有明显的移动性浊音等异常情况；通过听诊发现病人心音弱、心律不齐、各瓣膜区有明显的病理性杂音以及肺部呼吸音减弱和肠鸣音不甚明显等异常情况；通过嗅诊发现病人不仅痰液有血腥味、呕吐物有粪便味，而且尿液有明显的氨味和呼气带有肝腥味等异常情况，等等。这些被我们发现的异常情况，便是我们通过视、触、叩、听、嗅等常用医学检诊手段所获取的医学检诊信息。这些信息，对于我们在临床上准确完成对病人的疾病诊断、正确判断和评估病人的病情以及科学合理而有效地对病人的疾病实施治疗，以求最后帮助病人摆脱疾病和痛苦的折磨，尽快恢复健康，都至关重要。根据医学检诊方式与方法的不同，我们常常把医学检诊信息分为视诊信息、触诊信息、叩诊信息以及听诊信息和嗅诊信息五类。

(1)视诊信息：视诊是指医生用视觉来观察人的全身或局部，通过视诊从病人身上所获得的以异常表现为主、又包括正常表现在内的一些医学情况即视诊信息。视诊信息能为医学诊治提供重要的诊治依据。疾病的临床征象即通过视诊所能寻觅的医学信息极为繁多，每一位医生都必须以丰富的医学知识和临床经验为基础，通过深入、细致、敏锐的医学观察(即视诊)来获取。

(2)触诊信息：触诊是指医生直接通过手对病人身体(以病变部位和器官为主)的接触而产生的感觉，来对病人疾病或病情做出判断的一种诊断方法。通过触诊从病人身上所获取的医学情况特别是异常情况即触诊信息。通过触诊，医生可以从病人的体温、皮肤湿度、肿块有无波动以及包块的位置、大小、轮廓、移动度、表面性质、硬度状况和有无压痛、反跳痛及疼痛程度大小等方面，收集到大量的富有重要价值的医学信息。

(3)叩诊信息：叩诊是指医生用手指叩击病人身体表面某部，根据震动所产生的声响的特点来判断被检查部位脏器是否存有异常而用的一种诊断方法。通过叩诊从病人身上所获取的医学情况特别是异常情况即叩诊信息。叩诊方法多用于确定肺尖的宽度、肺下缘的边界、胸膜的病变及胸膜腔中液体或气体的多少，肺部病变的大小与性质；纵隔的宽度，心界的大小与形状；肝脾的边界，腹水的有无与多少以及子宫、卵巢、膀胱有无胀大等情况。这实质就是通过叩诊来搜寻能反映病变异常的医学信息，以助于尽快而正确地完成对病人疾病的诊断和对病情轻重、缓急以及良恶和是否复杂等方面的判断。

(4)听诊信息：听诊是指医生依靠听觉(包括使用听诊器)来听取人的身体各部所发出的声音而判断是否存有异常或存有怎样的异常的一种诊断方法。通过听诊从病人身上所获取的医学情况特别是异常情况即听诊信息。听诊信息来源于人的语声、呼吸声、咳嗽、呃逆、嗳气、肠鸣、关节活动音、骨擦音、呻吟声、啼哭声、呼(尖)叫声等。这些声源中所蕴藏的医学信息，对医学上判断病情或完成诊断相当重要。

(5)嗅诊信息：嗅诊是指医生凭借嗅觉来判断来自病人皮肤、黏膜、呼吸道、胃肠道、呕吐物、排泄物、分泌物、脓液及血液等方面的异常气味，从而判断病情和为完成诊断而找到线索的一种诊断方法。通过嗅诊从病人身上所获取的医学情况特别是异常情况即嗅诊信息。嗅诊信息与疾病关系十分密切，如从病人身上嗅到酸性的汗味，就提示着病人可能患有风湿热或在长期服用水杨酸、阿司匹林等解热镇痛药物；如嗅到病人的痰液有血腥味或恶臭味，就预示着病人在大量咯血或可能患有支气管扩张、肺脓肿等病；如嗅到病人的呼气中带有浓烈的酒味或刺激性蒜味或烂苹果味或氨味或肝腥味，就提示着病人处在醉酒状态，或患有有机磷中毒，或患有糖尿病酮症酸中毒，或患有尿毒症，或正处于肝性昏迷状态之中；如果嗅到病人身上正散发着明显的面包味、禽类羽毛味、蜂蜜味或鼠臭味等特殊的异常气味，则说明病人可能正患有伤寒、麻风、鼠疫或精神错乱等危急性疾病。因此，嗅诊信息对疾病的诊断也至关重要，不可轻视。

二、医学数据信息

医学数据信息(Medical Data Information)，是指在医学领域之中以数据为形式而存有的医学信息，包括资料性数据信息、检诊性数据信息、护理性数据信息、实验性数据信息等。

(1)资料性数据信息：指在各种医学资料如医学理论书籍、医学杂志、医学报纸以及医学磁带、录像带等文献资料中所载有的数据信息，如在《人体解剖学》中记载的有关人体由多少块骨头组成的数据，在《生理学》、《病理学》中记载的有关反映人体各系统或脏器正常生理或异常病理指标方面的数据以及在《内科学》或《外科学》中记载的有关反映人体内科或外科疾病轻、中、重等异常状态的指标数据和在《药理学》或《药物学》中反映药物性质、性状、用法、用量、用途等方面必须了解或掌握的有关数据，等等。资料性数据信息是被人用于医学科学研究、教学、服务、管理以及健康教育等方面不可缺少的重要文献信息。对于从事这方面工作的人员，要想使工作富有成效，就必须充分地随时了解和掌握相关的文献信息。

(2)检诊性数据信息：指医生在为病人进行医疗检诊过程中所捕捉到的数据信息，如通过检诊所获取的身高数、体重数、呼吸及心率的每分钟次数以及体温度数、血压数值和外伤病人伤口的长度、宽度、深度等。它们是医生进行疾病诊断和病情判断时不可缺少的依据或条件。

(3)护理性数据信息：指护理人员在为病人进行护理时所应了解和随时注意搜集的、诸如病人体温、脉搏、呼吸、血压等信息。护理过程中应随时注意收集病人体温变化度数、呼吸变化次数、脉搏变化次数和血压变化值数以及注意审定注射液浓度、剂量及观察液体滴数和尚余的液体总量数等。护理性数据信息，对于观察和掌握病人的病情变化以及判断对病人的治疗效果，都十分重要，故要注意及时收集和利用。

(4)实验性数据信息：指在为病人进行诊治或进行某项医学研究课题以及医学教学、管理等过程中，通过实验手段而获取的数据信息，如血常规及生化实验信息，包括红细胞数、白细胞数、血小板数、血红蛋白数、出凝血时间数以及钾、钠、氯、钙等离子数和血糖、肌酐、非蛋白氮、二氧化碳结合力、血脂、胆红素等数值；如尿液检测所获取的信息，包括尿比重、渗透压、pH 值、蛋白定量等数值；如胃液、脑脊液、血气分析及其临床免疫学和骨髓象等方面检验所获取的数据信息等。无论对完成疾病的确切诊断，还是判断病情和评估治疗效果以及成功完成某项医学课题的研究，实验性数据信息都是不可缺少的依据。我们要注意及时、全面、科学而准确地收集和利用。

综上所述，医学数据信息涉及的面比较广，存在的区域也比较繁多，但它的科学性、真实性比较强，可信度比较高，与实际也比较贴近，对获取或占有者的相关工作能起到较大的作用。

三、医学文字信息

医学文字信息(Medical Character Information)，指医学领域中以文字为形式或载体而存有的医学信息，包括陈旧性文字信息，新鲜性文字信息等。不论是陈旧性文字信息，还是新鲜性文字信息，它们都以各种医学文献为载体而存在，如医学图书、报刊及各种档案资料等。它们以其自身所富有的价值，启发和引导人们从事各种医学研究、教学、服务、管理等工作。

(1)陈旧性文字信息：指信息载体出现过早而在医学领域流传为时已久的信息，如古代的《本草纲目》及《上右无真论》、《管子·禁藏篇》、《灵枢逆顺篇》、《饮膳正要》等历史医学文献所载有的文字信息；清光绪 20 年间的《检疫章法》和清宣统年间的《海港卫生规则》等医学文献所载有的文字信息以及现代早期出版的《内科学》、《外科学》和各种医学、报刊等医学文献中所载有的文字信息。它们的参考使用价值面对日新月异的医学发展而言不免显得低微。但如果站在宏观上来全面、系统研究整个医学的形成与发展等过程，则它们的价值就会大大提高。而从借鉴或追溯渊源的角度出发，它们常常在价值上显得无可估量。所以，我们应对此类文献加倍珍惜、爱护、贮存和占有，以便进行某医学理论或技术课题的研究时借鉴和利用。

（2）新鲜性文字信息：指信息载体出现不久或刚刚出现而在医学领域中流传时间不长或尚未流传的信息。如出版、发行不久而被美国《医学与哲学》杂志主编兼美国莱斯大学及贝勒医学院教授恩格尔哈特先生称为"献身、研究和学识的硕果"和"全部医学的希望"的专著《预防疾病学》一书，其中所载有的关于指导人们怎样全方位、全过程做好对疾病的预防方面的文字信息；如每季或每月一期向全国公开出版、发行的《医学与哲学》、《中国健康教育》等各类医学杂志中所载有的最新文字信息，如每天一份向全国公开出版、发行的《健康报》、《健康导报》等各类医学报纸中所载有的最新文字信息。由于它们常以最新的面孔出现甚或月月更新及日日更新，所以，文字中所反映的各种医学信息就最具有新鲜性，对启发、引导和帮助人们进行医学研究、教学以及全方位、全过程地有效预防疾病，也就最具有参考和利用价值。因此，新鲜性文字信息最受人们欢迎和喜爱。这也是促使人们争先恐后购买最新医学图书和积极订阅各类医学报纸和杂志的最根本原因。新鲜性文字信息将伴随人们走向未来。

四、医学语言信息

医学语言信息（Medical Language Information），是指在医学领域中以语言为形式而存在的医学信息，包括患者语言信息、医疗服务者语言信息、医学研究工作者和医学教学工作者语言信息、医学防病者语言信息、医学管理者语言信息等。医学语言信息不仅具有一过性或瞬时性特点，而且要求相关人的大脑具有敏锐的反应性、较强的记忆性和高度的概括性等潜在的能力与智慧。

（1）患者语言信息：指以病人的语言为载体而存有的医学信息。它时刻与患者相伴随，直至康复。典型的患者语言信息由入院时、治疗中和出院时 3 个阶段的语言信息组成。入院时的语言信息，主要反映患者何时发病、怎样发病、何部位或什么器官不舒服、怎样不舒服以及是否求医诊治、如何诊治和诊治效果如何等方面的情况。它为医务人员的检诊和尽快做出确切的诊断以及准确判断病情等提供重要的依据或线索；治疗中的语言信息，主要反映患病者入院以来经一系列治疗后感觉如何，是否继续愿意接受或是否有能力及条件来继续接受治疗，此外其他一些辅助治疗方面如饮食、供水、保暖等及与护理关系极为密切的其他方面还有哪些要求等情况。它为医务工作者正确评估临床治疗效果、准确判断病情变化和认真总结治疗方案的优劣以及科学预测患者治疗后的转归趋向（包括好转、痊愈、无效、死亡等）和随时进一步合理修正、完善治疗方案等将提供重要的依据和帮助；而出院时的语言信息，则主要反映患者在终止治疗时的自身感觉如何、是否还或多或少地存有入院时的不良感觉，对入院以来的治疗（包括护理）评价如何以及出院时对医务人员还有哪些要求，要求的理由是什么等情况。它为医务人员正确评估治疗后的疾病转归、治疗效果和确定出院后的有关治疗、复查等将提供不可缺少的依据。患者语言信息还可分为自述性语言信息和代述性语言信息两部分。其中，自述性语言信息是指患者自己以亲口叙述为方式向医务人员提供的信息。而代述性语言信息，则是指在患者意识不清或障碍或意识清楚但自述困难的情况下，由护送和陪伴者(包括家属、亲戚、朋友、同事等)代述其发病原因、过程或发病情况时所提供的医学信息。对于昏迷、休克或言语十分困难的病人来说，代述性语言信息对于医生快速准确判断病情和完成诊断，也可谓至关重要而不可缺少。对于医务人员，有时既需要收集、占有自述性语言信息，又要注意收集代述性语言信息，以保证工作周密、严谨。

(2)医疗服务者语言信息：指以临床医生、护士和技师等各种医务人员的语言为载体而存有的医学信息。如临床医生告诉病人："您患的是某某病，需要住院接受某某项目、方式及内容的治疗，您需要准备某某数额的住院押金，您还需要如何配合我们的治疗"等情况时所带有的对于病人来说十分重要又迫切需要明确和掌握的医学信息；如临床护士告诉病人："您要注意每日3次、每次多少品种和数量口服这些药物"或通知病人："您明日手术，您明晨需要禁止饮水"或"您的病经我们治疗已痊愈，您明日可以出院了"等情况时所带有的从护理方面必须传递给病人的医学信息；如透视技师或检验技师告诉病人："您的检查未发现任何异常"时语言所带有的信息，等等。医疗服务者语言信息在医院的各个场合及空间可谓无处不有。它从病人入院开始到出院，基本有着固定而专一的传递者(多指医生)及接收对象(多指病人)。因此，医务工作者在进行语言信息的传递过程中，要注意及时、全面和准确，即不带有任何误解性与曲解性等。

(3)医学教学者语言信息：指在医学教学单位工作中以从事教学工作人员的语言为载体而存有的医学信息，如各医科大学或院校的教授等在课堂上与学生面对面地讲课，医院临床医生、护士结合对病人疾病的诊治而对实习、进修人员的教学或对有关医学问题的讲解以及临床科主任或护士长结合重点或危急病人对全体医生或护士所进行的床头教学，等等。医学教学者语言信息存有的最重要空间或场所，依次是医学院校、医院和病房。有时，医学教学者语言信息还含有被教育者(学生或学员)因请教而形成的语言信息在内，如某大学教授向校领导反映的某某学生针对医学教学提出的某某意见、建议和要求等。当然，被教育者的语言信息也可间接促成医学教学者语言信息发挥功效或作用。它所占的比重是微小的，不值得重点研究，但要认真对待，审慎应用，以求医学教学工作的完美。

(4)医学防病者语言信息：指在医学防病工作中以参与防病的工作人员语言为载体而存有的医学信息，如疾病预测者语言信息，疾病监测者语言信息，各卫生防疫站、检疫部门等工作者的语言信息以及参与防病工作的其他人员(包括医生、护士等)的语言信息。有时，还包括被间接传递的个体或群体发病者的语言信息在内。医学防病者语言信息，可直接向人们传递收集到的关于疾病流行方面的情况，也可直接向人们介绍或传递有关对流行疾病进行有效预防的方式、方法等方面信息。当然。医学防病者语言信息也包括为保护自身健康而亲自参与具体疾病预防工作的其他任何组织及个人的语言信息在内。它是医学防病者语言信息的重要组成部分，故不可忽视。

(5)医学管理者语言信息：指以参与医学管理工作的人员的语言为载体而存有的医学信息，如医学院校机关工作人员的语言信息，医学研究单位领导者的语言信息，医疗服务单位即以医院为主的医院各级行政领导、业务领导等的语言信息以及社会各卫生部门、教学单位、科研单位有关领导者的语言信息等。医学管理者语言信息分布于医学所有相关部门的各个单位。它对于把握医学的各个系统的各种行政与业务管理工作，起着至关重要的主导或统帅作用。即医学的进步与发展，在很大程度上缺少不了医学管理者语言信息的直接参与并发挥作用。医学管理者语言信息还包括间接传递的被管理者语言信息在内，它仅占较小的一部分。

五、医学图像信息

医学图像信息(Medical Image Information)，是指在医学领域中以图像为载体而存有的医学信息，包括医学诊疗图像信息、医学研究图像信息、医学教学图像信息和医学防病图像信息以及医学管理图像信息等。医学图像信息不仅具有其他信息无可比拟的真实性，而且具有其他信息所没有的感召性和生动性。

(1)医学诊疗图像信息：指以诊疗图像为载体而存有的医学信息，包括诊疗中的X线、B超、CT、心电、脑电、血管造影、显微镜检验、纤维内窥镜等一系列医学图像中所载有的各式各样的医学信息。医学诊疗图像信息，对于诊疗工作中及时完成诊断与病情判断和评估治疗效果极为重要。如X线片可直接反映肺部及骨髓的病变，CT片可直接显现人脑、胸、腹等部位的肿瘤；B超图像可直接显示肝、胆、脾、胰及胃肠的占位性病变；心电、脑电、纤维内窥镜及血管造影等图像可为临床提供或传递相应器官是否存有病变及病变如何等有参考、利用价值的医学信息。

(2)医学研究图像信息：指以医学图像为载体而存有的医学信息，主要指一些带有科研性的实验图像所载有或反映的医学信息。此外，还包括一些供研究工作参考、利用的幻灯、录像及电影等图像所载有或显示的医学信息。医学研究图像信息，对于指导、帮助医学研究工作的顺利实施与开展以及尽快取得最佳成果，至关重要。

关于医学教学、管理以及防病、健康教育等图像信息，它们同医学诊疗图像信息一样，也对其相应的医学工作有着不可低估的价值。这里不再赘述。

六、医学标本信息

医学标本信息(Medical Specimen Information)，是指在医学领域中以标本为载体而存有的医学信息，包括人体解剖学标本信息、生理学标本信息、病理学标本信息、组织胚胎学标本信息以及微生物和寄生虫等标本信息。医学标本信息以最真实不过的特性，向人们展示了其中存有的医学价值。

(1)人体解剖学标本信息：指由于人体解剖学教学与研究需要而以其标本为载体存有的医学信息。解剖是指为了研究人体或动植物体各器官的组织构造，用特制的刀、剪把人体或动植物体按一定的方式与要求进行剖开。而人体解剖学，就是指以按一定方式与要求解剖开的人体为目标，来研究人体形态结构包括各组织、器官的构造的科学。以研究中使用的人体解剖学标本为载体而存有的信息，就是人体解剖学标本信息。这是在基础医学的教学当中必须首先予以充分占有及利用的医学信息。标本种类按人体的神经、呼吸、循环、消化、泌尿、运动以及内分泌和生殖等8大系统来划分，并要求每一标本具有完整性，如完整的人脑、肺、心脏、肝、脾、胰、肾等。人体解剖学标本向人们传递的信息，带有最为真实的特性。无论人体解剖学研究工作，还是基础医学教学工作，都将带来最佳或可观的效果。因为只有在充分地认识人体形态结构的基础上，才能正确认识和理解人的生理现象和病理过程。否则，就无法判断人体的正常与异常，区别不开生理与病理状态，更不能对疾病进行正确的诊治，特别是显微外科手术。

(2)生理学标本信息：指在医学研究和教学工作中，以研究人的生理特点、生理功能等需要为出发点而以其标本为载体存有的医学信息。生理是指机体的生命活动以及体内各器官的机能状态。而生理学则是指研究和阐述机体机能的学科。供研究使用的生理学标本很多。这样的标本，多以不同年龄段如婴幼儿、少年、青年、中年和老年等和按全身各大系统，来分别进行划分、组合、准备。其向人们传递或反映的医学信息，主要是人的不同系统的器官在人生不同年龄段时期的生理特点与功能等情况。当然，也将性别的差异作为信息载体标本划分或准备的特殊基线，来供医学界研究男性或女性特有的生理特点与功能。研究人是如何生长、发育和走向成熟的，包括从生理角度来研究人的免疫功能等在内，都是靠生理学标本所载有的信息进行的。生理学标本信息，对于从整体上来科学、系统地研究人的各个系统及器官的生理特点与功能以及如何结合人的生理特点与功能来有效进行疾病的预防与治疗和解决医学工作中遇到的其他新情况、新问题等，都是不可缺少的重要医学媒介与条件。

(3)病理学标本信息：指在医学研究、教学和防病等工作中，以研究人的各种疾病病理机制和特点为目的而以其标本为载体存有的医学信息。病理是指疾病发生与发展的过程以及相关的原理。而病理学(Pathology)则是指研究疾病病理的科学。病理学标本是按不同系统、不同组织或器官的不同疾病为单位或焦点进行准备的。标本可能是患病或存有病理变化的完整的一个器官如肝、脾、肾等，也可能是带有病变性质器官的一部分组织。但不管怎样，它向人们所反映的都是某个病变器官或其组织的一部分围绕某种疾病所存有的性质及特点等方面情况，也就是病理标本所载有的病理学标本信息。它对人们进行医学研究、教学以及全方位、全过程地进行疾病防范、控制与消除，都是不可缺少的医学信息。

(4)组织胚胎学标本信息：指在医学研究与教学工作中以组织胚胎标本为载体而存有的医学信息。组织是指由许多形态与功能相同的细胞按一定的方式联合在一起而形成的细胞群，它是人体器官构成的单位。而胚胎，则是指在母体内由卵受精后发育而初期形成的生命体。由此可见，以组织胚胎学标本所载有的医学信息为依据，来研究人的萌生、生长与发育及其过渡过程中的生理特点及功能等，是必不可少的一项工作。特别是对于研究人的高度进化以及优生优育等方面，更是至关重要。

(5)微生物学标本信息：指在医学研究、教学、诊疗、防病等工作中，以各类致病微生物标本为载体而存有的医学信息。微生物是一种形体微小、构造简单、繁殖迅速而广泛分布于自然界中的生物，包括细菌、真菌、病毒等。医学微生物学是研究微生物(包括致病的和非致病的)与外界环境之间的相互关系以及如何影响或损害人体健康和人类怎样才能消除其危害，从而达到主动预防疾病目的的科学。显而易见，以微生物学标本为载体而存有的医学信息，是当今医学研究、教学与疾病防治等工作中必须占有并加以重视的医学信息。微生物学标本在医学研究、教学和医院以及防病研究所和检疫站等单位，基本都有贮存、珍藏。这些标本都是经过医学特殊处理了的并需要借助显微镜才能看清或识别，以利用镜下观察来搜寻或占有相关的医学信息。

(6)寄生虫学标本信息：指在医学研究、教学及防病等工作中，以各种寄生虫标本为载体而存有的医学信息。寄生虫是指寄生在人或其他动物或植物体内及体外的虫类，如跳蚤、虱子、蛔虫、姜片虫、小麦线虫、绦虫、钩虫等。它们可借助各种机遇及条件(如直接叮咬、混入或潜入食物等)而侵入人或动物体内导致发病。用医学手段将各类寄生虫进行灭活处理制成标本，在寄生虫的形态与大小等方面可向人们提供一定的信息，故常被用于医学研究、教学及防病等研究工作。

医学标本信息，除微生物为显微标本信息的载体外，其余均为肉眼和显微标本信息的双重载体。认识这一点，对于研究医学标本信息的特点十分重要。因为我们的研究有时既需肉眼标本提供信息，又需要显微标本提供信息。

第四节　医学信息的获取与利用

一、医学信息的捕捉与收集

医学信息的捕捉与收集，就是运用或依靠捕捉手段使有利用价值的医学信息聚集在一起。不同类别的医学信息，有着不同的来源、内容和途径，更有着不同的捕捉方式与收集方法。但它们却有着相同的聚集空间，也就是医学领域。按医学信息的不同类别，可以分为6个方面：

(1)医学检诊信息：指在医学检诊过程中，运用视、触、叩、听、嗅等常用检诊手段来收集和获取的各种医学信息。主要靠医疗单位的各位医生充当“捕猎”角色，来进行寻觅和捕获。在医学检诊工作中，他们应注意抓住每一个机遇，科学、合理和周密地运用视、触、叩、听、嗅等检诊手段，来获取一切有研究、参考和利用价值的医学信息。具体的信息内容，依据不同的检诊方法，会有不同的侧重面与着重点。

(2)医学数据信息：指对以数据为载体而存有的医学信息的搜寻与获取，包括资料性数据信息、检诊性数据信息、护理性数据信息和实验性数据信息等。主要从4个方面入手，一是认真查阅各种医学文献资料，如各种医学书籍、报刊等；二是注意医学上的认真检诊，不要漏掉每一个疑点；三是严谨、周密地进行医学护理，抓住每一个反映异常的医学信息；四是准确、无误地进行医学实验，使每一个数据信息都十分真实、可靠。只有把这4个方面有机地结合起来，所采集、获取的医学信息才能全面、周到，并为医学研究或探索工作做好准备。

(3)医学文字信息：指对以文字为载体而存有的医学信息的搜寻与获取。主要靠认真阅读各种医学书刊和报纸等文字资料而获取，应注意认真阅读，反应灵敏，并随着阅读的继续而不停地进行科学性的思考和有意义的信息搜寻、收集与贮存，包括对有价值文字资料的复印、抄写和记笔记等。必要时，以购买信息原始文字资料为形式来收集或存储医学信息。我们大脑中所贮存的一切医学信息，都是来自于对文字资料即各种医学文献材料的阅读和记忆。

（4）医学语言信息：指对以语言为载体而存有的医学信息的搜寻与获取。主要以医学领域里各种与医学相关的语言为信息获取的目标，应随时注意监听，以完成对各种医学信息的采集，包括认真听取医务人员围绕病人或疾病所进行的各种交谈，认真听取病人或病人家属围绕某种疾病的产生、变化与发展等所进行的自我介绍或代述以及认真听取医学组织或部门围绕某种疾病的诊断与治疗是否恰当、科学、合理等所发表的医学观点或意见等。医学语言信息的采集，对于临床正确完成诊断与实施有效治疗至关重要。

（5）医学图像信息：指对以医学图像为载体而存有的医学信息的搜寻与获取。其获取的主要途径及方法，就是注重对各种医学影视图像进行认真、审慎的观看，从中搜寻、获取到对医学研究有利用价值的医学信息，如观看一些预防医学教育影片来获取医学信息，观看一些健康教育影视录像来获取医学信息，观看一些有关疑难病、垂危疾病等特殊病例诊治方面的影视图像来获取医学信息等。

（6）医学标本信息：指对以医学标本为载体而存有的医学信息的搜寻与获取。其获取的途径主要是利用人体标本（包括生理与病理两方面）进行医学知识的教育与灌输。

综上所述，无论哪一方面或哪一种类型医学信息的捕捉与获取，都离不开人的主观能动性和对新事物的快速反应能力。

二、医学信息的汇总与分析

医学信息的汇总与分析，就是将各种医学信息（多以它们的载体为形式）汇集到一起，并将其分成若干概念相同的较简单的组成部分，找出它们的本质属性和联系。这是完成医学信息获取过程的第二步。要实现对医学信息的获取，就必须在捕捉与收集到医学信息的基础上，对医学信息进行富有集中性的汇总与分析。

根据医学信息的不同组成，医学信息的汇总与分析可分为如下6个方面：

（1）医学检诊信息；（2）医学数据信息；（3）医学文字信息；（4）医学语言信息；（5）医学图像信息；（6）医学标本信息。

医学信息的汇总与分析，尽管针对的内容上同医学信息的捕捉与收集相一致，但也需要人动用大脑和付出艰辛来完成，如按不同类别，时间及内容等，来分别进行带有实际区别性的汇总和分析，也就是把各色各样的医学信息汇集到一起，并按着相同的特点和内容以及从相同的概念出发，把它们分成若干个较简单的组成部分，运用人的大脑（实为人的聪明才智）对它们进行科学合理的研究，从而找出它们的本质属性和彼此间的相互关系。要想真正实现对医学信息的获取，这一工作必须进行，并要实实在在地做好。

三、医学信息的鉴定与取舍

医学信息的鉴定与取舍，指对汇总与分析后的医学信息进行带有科学性的辨别，从而确定信息的真伪与优劣，完成合理的选择。这是完成医学信息获取过程的第三步。要实现对医学信息有价值的获取，就必须在对医学信息进行汇总与分析的基础上，对它们进行认真的鉴定与合理的取舍。否则，不分真伪与优劣一味地盲目获取医学信息，不仅会使获取的医学信息贬值，还会影响医学信息高效率的利用。因此，医学信息的鉴定与取舍，是医学信息获取过程中最重要、最关键的一环。

医学信息的鉴定与取舍，同医学信息的汇总与分析一样，也是按着医学信息的不同组成，分为如下 6 个方面：

(1) 对医学检诊信息的鉴定与取舍：要求检诊者有较深、较新、较先进的医学理论知识作基础，在对检诊中获取的医学信息进行鉴定与取舍时，注意理论与实践的结合，依靠科学的理论来认定哪些医学信息是真实的、优质的、可利用的，哪些医学信息是虚伪的、劣质的、不可利用的。

(2) 对医学数据信息的鉴定与取舍：要注意数据信息的来源、出处及所处的年代和所关联的具体医学领域。

(3) 对医学文字信息的鉴定与取舍：要注意概念的完整性、阐述的逻辑性、内涵的通俗性以及相关的先进性。

(4) 医学语言信息的汇总与分析：要注意语言的原本性、可靠性和高度的概括性。

(5) 医学图像信息的鉴定与取舍：要注意图像的时间性、清晰性和生动性。

(6) 医学标本信息的鉴定与取舍：要注意标本的及时性、准确性以及新鲜性。

无论哪一类医学信息的鉴定与取舍，都要首先做到科学性、准确性和全面性，强调其利用的最先进性和高价值性。这样才会为医学信息向真正获取与利用方面的顺利过渡创造条件。

四、医学信息的掌握与丰富

医学信息的掌握与丰富，指经过鉴定与取舍后对医学信息的真正了解与认识，这不仅是实现对医学信息获取的最后一步，也是走向医学信息利用阶段的最关键的一环。要真正实现对医学信息有价值和有意义的获取和利用，就必须多种类、大数量地完成对医学信息的掌握与丰富。这样才能真切保证医学信息的占有，使医学信息在利用上得心应手，运用自如。

医学信息的掌握与丰富，同前述内容一样，也分为如下 6 个方面：

(1) 医学检诊信息的掌握与丰富：主要靠详细、全面、系统、认真的检诊来实现；

(2) 医学数据信息的掌握与丰富：主要靠对各种医学数据信息的收集和汇总来实现，包括认真检诊、阅读医学文字资料、听取医学语音交谈、观看医学影视图像和观察或审视医学标本等过程中所捕捉和收集到的所有载有信息的医学数据；

(3) 医学文字信息的掌握与丰富：主要靠随时或经常阅读各种医学文献资料来实现；

(4) 医学语言信息的掌握与丰富：主要靠认真听取医务人员与病人(包括病人家属或陪护者)以及医务人员间或从医者间的语音交谈来实现；

(5) 医学图像信息的掌握与丰富：主要靠及时或经常观看与医学相关的大量医学图像(包括医学研究、医学教学、卫生防病、健康教育、病例分析、诊治服务等)来实现；

(6) 医学标本信息的掌握与丰富：主要靠认真观看各类医学标本来实现。

不论哪一方面的医学信息，在掌握与丰富上都不外乎是在认真完成信息的鉴定与取舍基础上，靠多种类或大数量地捕捉、收集和汇总来完成。只有真正地做到了这一步，医学信息的占有过程才可以说是全部完成。

思 考 题

1. 什么是信息源？信息源的类型有哪些？

2. 根据自己的理解画出选择信息源的流程图。

3. 根据什么选择信息源？最终应实现什么目标？

4. 信息源的评价方法及指标是如何确定的？

5. 为什么要对信息源进行评价？

6. 哪些资源可以通过网络找到？

7. 医学信息源的获取途径有哪些？

8. 信息源与信息资源的区别有哪些？

9. 如果写一篇学术性论文，以下资源你最喜欢用哪两种？（　　）

A. 学术期刊　B. 杂志　C. 报纸　D. 数据库　E. 搜索引擎

10. 根据要求从下面各类型中选择合适的信息源：图书、报纸、期刊、百科全书、网络、黄页、企业名录。

A. 查阅 2014 年巴西世界杯决赛中德国队与阿根廷队的比分

B. 求职时了解某一公司的信息

C. 查阅关于某一电影的评论

D. 查找晶体管的简史

E. 了解前一天台风过后的情况

F. 对大范围的问题获得一般性的知识或对陌生的问题需要初步了解

第三章 信息交流

第一节 基本概念

一、信息流的概念

信息流是指信息在生产、流通和利用过程中的运行状态和形式。考察信息交流的全过程，所有信息都会进入或成为这种“流”，因此，信息流实际上包括正式信息交流和非正式信息交流过程中所有信息的总和。

人类社会在不断进步，社会系统中的信息流动也在不断加速。我们把社会系统中的一切信息流动统称为社会信息流，其包括 3 种类型：人际信息流、组织信息流和大众信息流。

人际信息流指的是个人与个人之间的信息交流。人是社会人，人类要生存和发展，就必须交流信息，结成各种各样的关系，如夫妻关系、朋友关系、同事关系、师生关系，等等。为了建立、维持和发展这些关系，人与人之间在不停地进行着信息交流活动。

组织信息流指的是组织内成员与成员之间或部门与部门之间的信息交流。随着组织结构日益复杂化，组织信息流也日趋复杂多样。正是由于存在着这种永不停顿的组织信息流，社会组织才能得以存在并不断发展壮大，才能永远充满活力。组织信息流就其交流通道而言，有正规通道和非正规通道之分；就其传递方向来看，有上行流和下行流以及横向流。

大众信息流指社会信息的大规模传递过程，其中，少数人作为信息的发送者在整个传递交流过程中占据着主导地位，而绝大多数人只是作为信息的接收者参与该过程，并不能或很难将信息及时反馈给发送者，从而使交流中的信息流向带有非常明显的“单向传报”和“广泛播布”的特征。正是在这种意义上，人们通常将大众交流称为大众传播。当然，大众信息流的各种内容与形式都是相互联系相互影响着的。大众传播自然以报道各种最新的社会公众消息为主要目的和任务，舆论性、教育性、广告性和娱乐性信息流都必须以此为基础而存在。同对，这些信息流又丰富了大众信息流的构成，促进了它的全面发展。

二、信息交流的概念

在人类社会发展的任何阶段，信息活动都是一种普遍和必要的社会现象。无论是要认识外部世界的事物，还是要表达内在的思想感情，都必须接收、利用或发出信息。从原始社会的结绳记事，到现代的网络通信，无论信息技术如何发展，人类都是通过信息活动才得从分散的、孤立的个人联结为社会。因此，维纳说，信息是人类社会的“黏合剂”。

信息交流指处于不同时间或空间的认知主体之间的信息交换过程。既然是一种交换过程，就意味着信息交流是一种交互式的信息过程，但如果仅就其中单一流向的信息流而言，我们可以认为接收信息可以导致认知主体的状态变化；如果我们把变化前后的状态分别表示为(K1)和(K2)，则可把信息传递的过程表示如下：

$$S \to M1 \to M2 \to I+K1 \to K2$$

信息源S发出信号M1，并通过一定的渠道传输，在传输过程中M1可能被修正为M2，当信号到达接收者并从中吸取信息I后，接收者从状态K1转变为K2。

在诸如人体的有机体内，这种信息传递往往是连续进行的，对于感官S，例如视觉，外界刺激信号M1通过神经系统给大脑一定的信号M2，大脑从该传输信号中提取信息I形成概念，并接着做出相应反应，使大脑的初始状态由K1转变为K2。

信息交流广义上而言包含自然信息交流、生物信息交流、人类社会信息交流等不同类型。本书所主要讨论的是人类社会的信息交流，社会信息交流有以下三个特点：其一，信息传递中的传递者和接收者是有意识有思想的人，信息源有意识地发出希望告知别人的信息，而接收者则积极寻求可获得的信息；其二，人类信息传递中的信息是经过人脑处理的；其三，在人类信息传递活动中，传递渠道是人为控制的，因此能不断改进传递技术与手段，提高传递效率。因此，在人类社会信息交流中，信息接收者接收有关信息后，将从原来的状态K1转变为K2。对人类社会来讲，这就意味着信息交流将促使社会的变革，推动社会的进步。因此探索人类信息交流的规律，研究发挥交流功能的对策，使信息交流在推动人类社会进步中起到应有的作用，这些正是研究信息交流的重要意义所在。

三、信息交流模式

信息交流由于涉及不同认知主体之间相互的、反复的信息交换过程，其模式分析比较复杂，然而我们可以从描述其单向传递模式入手来研究其交流模式，不同领域的学者则从社会学、信号学和情报学等不同角度对信息传递模式进行了阐述。

(一)拉斯韦尔模式

1948年，美国政治学家拉斯韦尔(D. Lasswell)在其论文《传递在社会中的结构与功能》中提出：“描述传递行为的一个简便的方法，是回答下列5个问题：由谁传递？说了什么？通过什么渠道？向谁传递？产生了什么效果？”这句话被称为“拉斯韦尔模式”(见图3-1)。

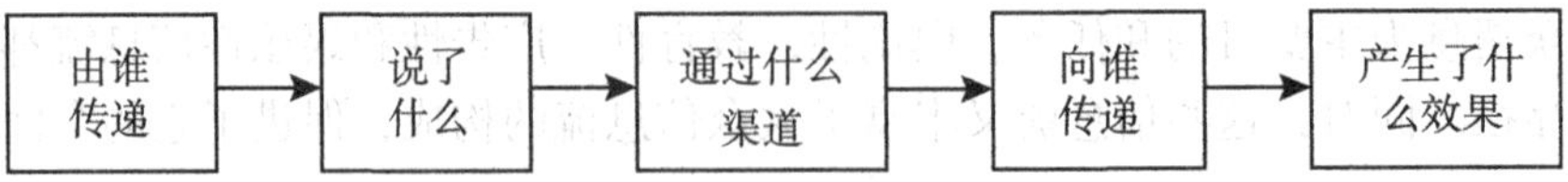

图3-1 拉斯韦尔模式

这个传递模式基本上概括了传递研究的各个领域：“由谁传递”代表控制研究，“说了什么”属内容分析，“通过什么渠道”是媒介研究，“向谁传递”属受众分析，“产生了什么效果”则是传递者、内容及媒介对接收者产生的影响的效果分析。

（二）申农与韦佛模式

1949年，美国贝尔电话实验室的申农及其合作者韦佛（Weaver）在《通信的数学理论》中提出了一个通信系统的模型，被人们视作信息论的基本模式，如图3-2所示。

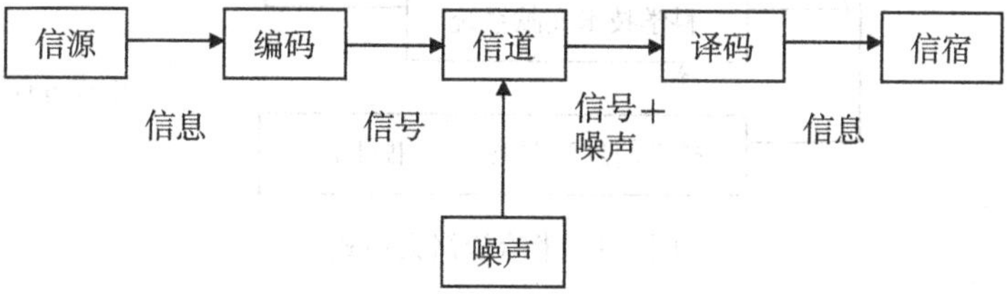

图3-2 申农与韦佛模式

在该通信系统模型中，信源发出信息，经过编码器，把信息变成信号。信号在传递过程中会受到噪声的干扰，所以接收端接收到的实际上是“信号+噪声”。经过译码器，把信号还原成信息，传递给信宿——信息的接收者。

（三）施拉姆模式

著名传递学家施拉姆（W. Schramn）1955年提出的信息传递模式是一个循环性模式，如图3-3所示。

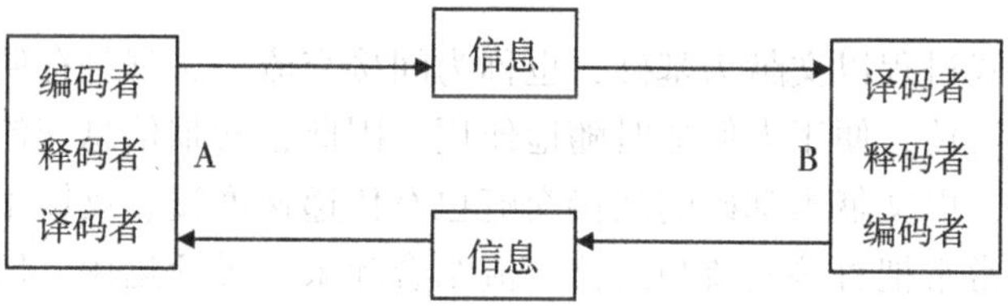

图3-3 施拉姆模式

在施拉姆模式中，A、B双方都必须将要表达的意义制成代码，传递给对方，同时须将对方传送来的信息译码。通过信息交流，A、B两者之间形成了信息互动。A的信息输出，对B来说是一种输入；而B的输出，即对于A所发出的信号的反应，实际就是一个对于A的反馈。如果站在B的立场上，A对B所发出的信号的反应，也可视为对B的输出的反馈。从这个意义上说，信息交流是一个循环过程。

（四）米哈依洛夫模式

前苏联信息学家米哈依洛夫认为，科学信息活动是科学交流的组成部分。科学交流可以归纳为：（1）非正式过程，如科学家和专家之间的谈话，参观同行的实验室、展览会，交换书信、出版物预印本和单行本，等等。这些传递交流活动有明显的个体性质，不大可能与研究活动分开。（2）正式过程，如科学出版物的编辑出版和印刷发行过程、图书馆书目工作和档案事务、科学信息工作等，基本上是与科学文献有关的。由此，米哈依洛夫提出了如图3-4所示的信息交流模式。

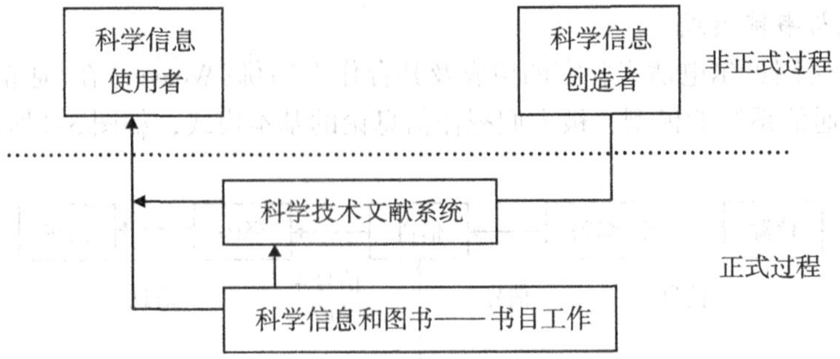

图 3-4 米哈依洛夫模式

信息交流的非正式过程基本上由科技人员自己来完成，也称为直接交流。直接交流传递速度快，针对性强，反馈迅速，易于理解，并且可以了解通常不写进论文中的细节。正是因为直接交流具有上述优点，非正式过程才在信息交流中占有重要的地位。研究结果表明，信息交流中相当大的部分是通过非正式过程进行的，人们在产生信息需求时也往往先着眼于非正式通道。普赖斯指出，科学家使用的资料"80%左右是他在这些资料正式报道之前通过非正式通道从其他研究人员那里得到的。即通过代表会议、讨论会、预印本或者通过现在被称为'无形的集体'的其他一些场合和手段得到的"。但是，直接交流也有明显的缺点，如传递、利用范围有限，缺乏有效的社会监督。因此，我们也不能过分夸大直接交流的作用。

信息交流的正式过程以文献为基础，也称为间接交流。文献是存储型的传递媒介，可以广泛散布，长期流传，便于人们随时随地使用。因此，文献信息交流成为当代信息交流的重要形式。当然，以文献为基础的间接交流也有传递速度慢、反馈不及时等缺点。人们在信息交流实践中常常把直接交流与间接交流结合起来，灵活运用，以扬长避短，取得最好的交流效果。

(五)兰开斯特模式

美国信息学家兰开斯特(F. W. Lancaster)提出了一个"信息传递循环圈"，来说明文献信息的正式交流过程，如图 3-5 所示。

图中的"用户群"是指在特定学科领域里工作的人们，他们中间有的人从事研究发展活动，有的人从事应用开发活动。从某种意义上说，他们都是信息用户，并且其中有些人也是信息产品的创造者。这意味着，假如用户群中某些人的活动使另外一些人感兴趣的话，那么这些人则以报告的形式，阐述他们的经验、研究或看法。这便是循环圈中"著者的作用"。把著者的著作大量复制并广为分发(即出版发行)，则是"一次出版物的作用"。一次出版物可以是图书、杂志、技术报告、学位论文、专利等。

在信息传递循环圈中，"信息中心采集"指图书馆、各类信息机构和二次出版社(商)对采集到的文献信息进行编目、分类、标引及其他组织管理，形成二次出版物，并根据用户需要，提供各种形式的信息服务。显然，信息中心在循环圈中发挥着极为重要的作用。

循环圈中的最后阶段是用户吸收信息的阶段，通过吸收过程，用户可以获得能用于他

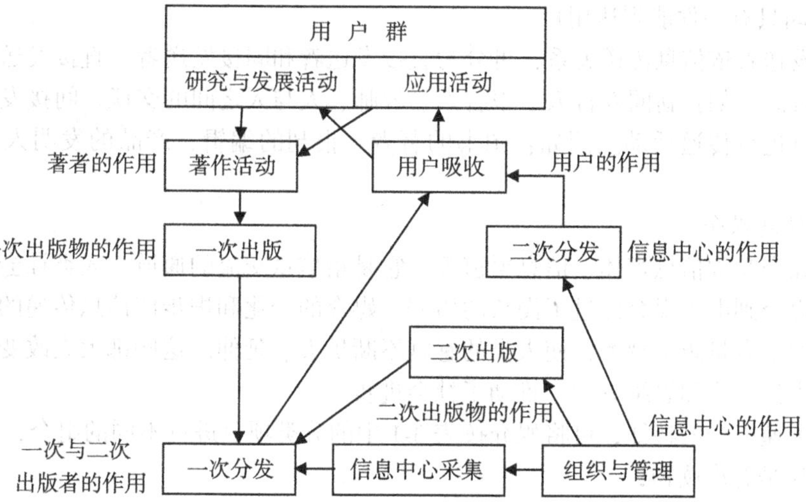

图 3-5 兰开斯特模式

的研究与发展、应用开发活动中的信息。这些活动又会产生出新的著作和出版物，从而使循环圈继续下去。

四、信息交流的要素

对于信息交流要素的阐述，比较有代表性的人物与观点有：

亚里士多德的三要素说：①传递者；②信息；③受传者。

美国著名传递学专家拉斯韦尔的五要素说：①由谁传递（Who）；②说了什么（Says what）；③通过什么渠道（In which channel）；④向谁传递（To whom）；⑤产生了什么效果（With what effects）。以上五点也可简称为：信源、信号、信道、信宿、信效。

美国大众传递学教授贝尔洛的六要素说：①传递源；②译送者；③信息；④通道；⑤收译者；⑥受传者。

以上观点和说法虽有不同，但基本概括了信息传递的几个要素，即：①信息源；②发送者；③信息媒介；④接收者。

（一）信息源

信息是传递活动中的主要因素，传递是信息的流动，信息是传递的内容，没有信息就没有传递。然而，信息必须以一定的载体形式传递，因此在一定意义上可以说信息存在的载体形式即为信息源。

（二）发送者

发送者是信息交流行为发生的主体之一，即信息流出发的起点。这意味着一方面信息的交流始于发送者，另一方面信息发送的内容、对象等也取决于发送者。由于信息发送者对信息的传递有选择及控制权，因此国外的一些著作中把信息传递者称为信息传递活动的“守门人”。例如，在美联社，每天流入该机构的新闻不计其数，然而在传递过程中的每一步，选择和控制都在起作用，各路“守门人”集体对信息流通施加影响，结果平均每2500件新闻只有一件能到达用户。

信息发送者依信息传递关系，可分为直接发送者和间接发送者。直接发送者一般直接面对接收者。例如：新闻发言人、报告人、教师、人与人之间的交谈。间接发送者一般通过信息工具进行传递活动。例如：图书的著者、报刊的编辑、产品的发明人、网站的编辑等。

(三)信息媒介

信息媒介又称信息媒体、信息渠道等，它是指信息交流的通道。人类社会信息的交流从原始的媒介到电子媒介经过了漫长的历程。媒介的变化和进步使信息传递的速度越来越快，传递的信息量越来越大，使人类的感官不断扩大、延伸。这些都大大改变了人类的工作方式、生活方式和思维方式，推动了社会进步。

根据传递媒介的特征，可将媒介按表3-1中的分类项目进行不同的组合，例如：

A和B是有声读物；

A和D是有声静止图像，如可视电话或其他形式；

A和C是机读有声产品，如磁带、光盘唱片；

B和D为带有图片的文本；

B和C为机读文本；

A和B和D为有声的幻灯片；

A和B和C和D和E为多媒体媒介等。

表3-1 **传递媒介的分类**

语言			图像	
A. 声音	B. 文本	C. 机读	D. 静止	E. 运动的
会话 演讲 电话 广播 录音 网络	手稿 印刷品 复印件 传真件 网络	模拟信号 数字信号	图纸 图画 照片 印刷品 网络	电影 电视 录像 网络

一般来说，组合越多，媒介制造的技术越复杂，成本和使用要求就越高。

信息媒介是影响信息交流的重要因素，从历史来看，媒介的变化往往会引起信息交流方式的重大变革。从电报电话的出现，到网络的出现，再到网络信息交流方式的不断变革，媒介的变化已经对人类社会生活中信息交流方式产生了重大的影响。

(四)接收者

接收者是信息传递的对象，也是信息的用户，因此也被称为用户。接收者并不完全是被动地接收信息，而是主动参与者，因为信息只有符合接收者的需求才能被接收者接收和使用。信息只有通过接收者的使用才能表现其价值，因此可以说一切信息活动都应围绕接收者而组织。继而我们认为，信息的内容、方式等只有与用户的职业、水平、心理、目的等各项因素相匹配才有使用意义。

五、信息交流的障碍

在信息交流过程中，有多种因素阻碍着信息的正常流通，产生了所谓“信息障碍”的现象。形成障碍的原因有社会政治、经济、文化、历史诸方面的背景，也有信息环境中各种因素互不协调所产生的副作用；有信息及其载体本身所带来的影响，也有信息生产者、传递者与利用者所引发的问题。信息泛滥与信息污染，也是产生信息障碍的原因。

（一）语言性障碍

（1）自然语言障碍。自然语言是人类交流信息的基本手段，但不同语种的用户在进行交流时必然会遭遇自然语言障碍。克服自然语言障碍的途径主要有：选择一种或几种现在世界上比较通用的自然语言作为公共语言，如当前在科技文献中最常用的语种英语；创造某种人工语言作为统一的国际公用语言，如 1887 年柴门霍夫（Zamenhof）创造的“世界语”；提高翻译效率，加强翻译服务，包括人工翻译和机器翻译。

（2）学科专业语言障碍。科学专门化使得学科越分越细，分支学科越来越多，每一门学科应用的术语、词汇也随之越来越专，各门类的科技工作者相互了解越来越少。科技工作者在从事综合性或跨学科研究时，要利用许多其他门类的科技刊物，必然会碰到来自各学科专业的语言障碍。

（3）检索语言障碍。信息工作者由于本身专业知识和外语能力的限制，如对文献中信息理解不充分，就会出现对主题分析不全面、不准确的现象，从而影响概念标引。信息工作者对检索语言的掌握与熟悉程度和标引的技巧，往往会影响“符号标引”的质量。这样就会给信息的交流与传递带来障碍。用户检索能力不足，对检索语言不理解，会带来检索语言障碍。信息检索语言本身的功能及适应性也严重影响着信息的标引和检索，进而影响信息交流传递。

（二）技术性障碍

（1）信息时滞。信息时滞是指信息从生产到被利用者获取所需的时间间隔。从研究工作获得成果到论文发表，文献从编辑出版到被收录于二次文献，或者在信息中心和图书馆直接为信息利用者所利用，都存在着不同的时滞。

（2）信息失真。在任何类型的信息交流过程中，信息发送者所提供的信息都有可能需要经过多种载体、多种媒介、多种渠道发送给接收者，在这样的过程中，信息内容有可能出现变化，从而导致信息失真。信息失真有可能由于物理性技术或通道失效或失误导致，也有可能是在社会性通道进行内容转换时出现。具体而言，信息失真主要包括 3 种形式：物理失真，指信息交流过程中所经历的物理通道或载体出现失真，如电台广播在播放过程中出现的噪声，再如图像文件在传递过程中如降低分辨率会导致信息丢失从而出现失真等。语义改变，指不同的发送者和接收者在传递信息时，对同一内容信息有可能由于不同认知个体价值观、认知水平等因素出现不同的语义理解导致的失真。如在翻译过程中出现的失真，或在计算机理解自然语言时出现的失真等。语用衰减，语用是指信息接收者获得的信息所产生的价值，在信息传递过程中，信息接收者获取某条信息 A 所产生的价值，不仅与该信息A和信息接收者的个人认知能力相关，还与信息接收者是否已经接收与A相关的信息B等有关联，如果信息接收者已经接收信息B，那么信息A在传递给信息接收者时的语用便会衰减，从而导致信息失真。

(三)社会性障碍

在信息传递过程中，除了上述几种典型的障碍外，还有来自政治、版权、专利、保密、经济问题和进出口控制等方面的障碍，我们称之为社会性障碍。如以版权与专利制度为核心的法律性障碍，不同国家政治、体制、外交等因素导致的人为限制科学信息的交流传递的政治性障碍，信息获取、加工成本造成的经济性障碍等。

(四)心理性障碍

人们在借助信息来了解外界事物的过程中，某些社会心理因素的影响会使这一过程产生歪曲或阻碍。妨碍人类信息交流的主要社会心理因素有：

(1)既存的经验。人们总是用自我经验作为标准来选择接收外界信息。这种选择不可避免地带有某种主观性色彩，极易形成各种偏见，如民族、地域、性别、职业、年龄等方面的偏见。

(2)价值观念。不同的价值观念深刻影响着人的认识体系，使人们对外界事物的理解、分析、综合、抽象、概括、判断与推理，都出现了明显的差异。外界信息内容如与接收者的信念价值观相违背，就很容易招致反感，遭到误解、曲解甚至拒绝。

(3)符号迷信。人在考察外界事物的时候，常常是以自己对于表征的符号所特有的意义的理解为基础的，而不是根据客观存在的事物和实际运作的情况来考察。最明显的例子如数字迷信等。

(4)马太效应。信息交流中的马太效应表现在名人名家的言论、作品等能很快进入交流系统，并得以迅速传递，也容易引起信息接收者的注意；而无名小辈则受到诸多压制：言论不被重视，作品难以发表，社会也不会给予积极的评价。这种不平等现象也成为社会信息交流中的一种障碍。

(五)素质性障碍

在现代社会信息环境中，一个人如果不具备一定的信息素质，就不能有效地进行信息交流。目前在信息素质方面妨碍人类交流的主要问题是文化水平、计算机应用水平和信息检索水平。

第二节 信息交流过程

一、信息传递过程

图3-6描绘了广义的信息传递过程图。

由图3-6可见，信息传递过程包括非正式信息传递过程和正式信息传递过程两部分。在信息传递过程中那些由信息创造者直接将信息传送给信息接收者的过程称为非正式的信息传递过程。这是一种直接联系的自发过程，在这种过程中，信息接收者收到的是信息创造者送出的全部信息，这种自发的传递往往是无序的和没有组织的。随着社会的进步和发

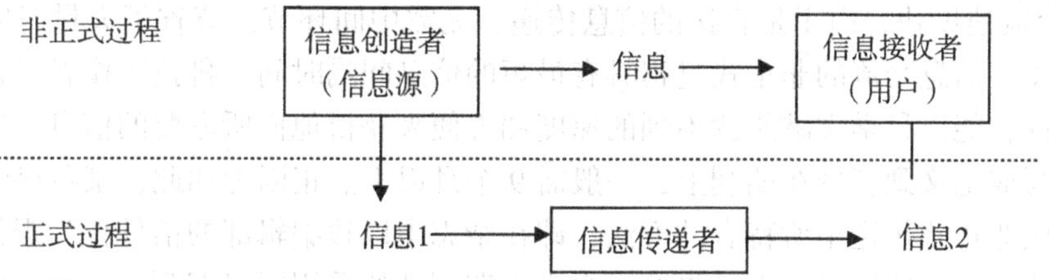

图 3-6　广义的信息传递过程

展，出现了另一种信息传递过程，即正式的信息传递过程，在此过程中，信息通过信息传递者进行传递，即信息传递者从信息创造者那里取得信息，再由他们把这些信息传递给信息使用者(即用户)。信息传递者从信息源处得到的信息是“信息 1”，而他们向接收者发送的信息是“信息 2”，一般来说，由于传递者对信息的筛选和加工，信息 1 总是大于信息 2，即在正式信息传递过程中，信息创造者发出的信息不可能被信息接收者全部收到。此外，因信息传递者做中介，从信息源到信息接收者之间的信息传递有时滞。

在信息传递系统中，非正式传递是最活跃最及时的组成部分，正式传递则是接收者获取信息的有效而可靠的途径。两者互不排斥，互为补充，使整个系统充分地发挥其总体的传递功能。同时，信息传递过程包括这两种类型也引发了信息交流过程的同质化分类，即分为非正式信息交流和正式信息交流。

二、非正式的信息交流

非正式的信息交流主要是指信息创造者与信息接收者双方自己来完成的信息交流过程，又可称为直接信息传递过程。它主要有如下一些方式：面对面的或通过不同媒介的直接对话(如电话、信件、网上交流等)、社交活动、会议交流、内部集会、参观访问、演讲会、信息发布会等。这些方式都有一个共同的特征，即交流活动都带有自发的个体性质，具有极大的灵活性。

非正式信息交流是信息用户之间直接完成的信息传递过程，与正式过程比较，它具有如下一些明显的特点：

(1)非正式交流所传递的信息一般不是在正式传递中流通的一次、二次、三次信息，而是零次信息。所谓零次信息，就是未纳入正式信息传递渠道的信息，这类信息的特点在于未经加工、不具载体、在非正式信息传递渠道中进行着“瞬时”横向传递。人类社会信息活动的内容丰富、范围广泛、形式多样，最终被记录并存储起来的仅是其中的一小部分，但却可能是人类知识的核心部分。

零次信息含有较大的原始信息量，为信息接收者的信息分析提供了广阔的活动领域，但同时，也增加了提取信息的难度。信息行为是人们日常进行的基本活动之一，零次信息通常伴随着其他非信息过程散见于人类的各种活动之中，因此，它们分布的离散程度与无规则性较之其他信息更为显著；同时，零次信息虽然可以重复出现，但存在的时间短促，往往一现即逝，所以，捕获有价值的零次信息必须具备强烈的信息意识和卓越的信息能力，从人们通常视而不见、听而不闻的现象中分析信息线索。

(2)交流速度快，由于是直接的信息传递，无需中间环节，节省了大量时间，因此它的时滞最短。信息交流的非正式过程具有最短的信息间隔时间。科技工作者进行个人接触或交换信件，能以科学文献所达不到的速度和方便来获得他们所需要的信息。据调查，从研究成果写成论文到刊登在期刊上，一般需 9 个月以上。正因为如此，某些科学杂志正力图采用一些非正式传递中所特有的方法，即在杂志中以致编辑部的信件作为提供最新材料的基本形式。在互联网环境下，更有不少学术期刊开始采用网络期刊、开放获取期刊等方式缩短正式发表论文的时滞。

(3)非正式交流过程具有高度的选择性和针对性。由于是直接信息传递，接收者了解传递者掌握的信息内容而传递者也明确接收者的信息需求，双方有明确的针对性、目的性和选择性。从同行研究者那里获取所需的信息，较之去查找散见于数以百计的科学杂志上的有关论文，显然要容易得多。目前在一些国家发展起来的定期定题信息服务系统，部分地吸取了个人接触的一些优点。

(4)非正式交流过程信息反馈迅速。非正式信息交流过程往往是双向交流，双方可同时是信息创造者又是信息接收者，对任何问题均可立即询问，得到明确和证实，并可根据对方真正的信息需求不断调整交流内容。科技工作者通过直接交谈或交换信件获取信息，可以随时澄清、校正和解答问题。

(5)非正式交流过程提供的信息生动、直观，表达充分，易于理解和接受。在直接传递过程中，信息创造者可以选择最合适的方式来表达有关的信息内容，例如可用手势、语气等，使所传递的信息更易被接收者理解。例如，科技工作者在进行个人交往和出席学术会议时，在他们的发言中可能包含许多生动的细节。谈话、演讲的气氛，听众的反应，发言人表情和手势等也能促使听众更好地理解或评价其思想，全面了解问题研究的现状。通过个人交往和学术讨论交流信息，较之理解和消化刊物上的论文会更使人受到启发，从而产生新的信息综合。此外，在应用科学和工程领域，有许多细节是不写入学术论文的。例如为说明某设备或装置的功能，现场讲解显然比写成文章更容易被听者理解。

非正式信息交流的缺点包括：①范围小。由于是直接信息传递，只有少数人才有机会介入，因此信息传递的范围非常有限。②不易累积。在非正式信息传递过程中语言往往是传递信息的主要媒介，但它没有正式载体记录无法积累，而只能依靠人脑的记忆。③难以核实。直接信息传递往往是一对一的个别信息传递。因此传递信息的可靠性、真实性等往往难以核实。

三、正式的信息交流

正式的信息交流过程是指借助信息发送者来进行信息传递的过程，一般可分为如下 4 种形式：多向主动信息传递——信息发送者主动将信息传递给不确定的接收者；多向被动信息传递——信息发送者根据不确定的接收者提出的要求进行信息传递；单向主动信息传递——信息发送者主动将信息传递给确定的接收者；单向被动信息传递——信息发送者根据确定的接收者提出的要求进行信息传递。具体而言：

(1)多向主动信息传递，即信息发送者向广大的、不确定的信息接收者主动提供自己选定的信息。这种类型的传递中最重要的方式有报刊、广播、电视、网络等大众媒介传递；图书、杂志等各种类型和各种载体的出版物；信息发布会，展览会、信息市场等。

(2)单向主动信息传递，信息发送者向事先确定的接收者主动提供自己选定的信息。其主要形式有：信息中心或基层信息机构向特定用户提供的各种服务，如向特定人员提供的情况通报、简报、定题信息服务(SDI)、跟踪服务等。

这种传递方式是信息中心在调查了解用户需求的基础上，把信息主动传递给事先确定的接收者。这可以说是信息传递中的高级阶段，所提供的信息具有针对性和及时性，能充分发挥信息的效用。这种信息传递方式比较适合于科研单位和企业的信息部门。这些信息部门的信息工作者与信息利用者长期合作，最了解本单位用户的信息需求，从而及时准确地提供信息。这种信息传递方式至今尚未形成比较固定的形式。

(3)多向被动信息传递，这类信息传递事先并没有确定的接收者，它面向整个社会或一定范围的广大用户，并且信息传递是被动的，接收者根据自己的需求选择信息，传递者通过辅助性服务向接收者传递信息。其主要形式有：图书馆或资料馆的阅览和借阅服务，复印服务及数据库检索服务，门户网站服务等。

(4)单向被动信息传递，它是面向个别特定接收者，并根据他们的具体要求提供信息的一种服务。专题调研报告、咨询服务、应某企业要求而做的可行性研究、市场预测等均属这一类信息传递，信息机构根据用户的咨询向用户提供所需信息从而完成信息传递服务。这种信息传递的最主要形式是信息中心开展的信息咨询服务。信息中心往往不了解信息利用者在实际工作中所遇到的难题和课题进展情况以及需要哪些方面的信息。因此，科技工作者常常要向信息中心提出各种各样的问题。这些问题可能涉及各个方面，例如获得某一文献线索，某一具体数据或具体事实，要求能得到圆满解答。这时信息中心以回答各种信息咨询的形式来完成信息传递任务。

上述4种信息传递类型中，多向主动信息传递是最主要的传递方式；单向主动信息传递则是对接收者最理想的传递方式；单向被动信息传递则是对接收者最有效的信息传递方式；而多向被动信息传递则是满足接收者信息需求的可靠方式。

4种信息传递模式是相互补充、互不取代、协调一致的关系。例如，多向传递是为了单向传递，只有进行了单向传递才能达到信息传递的最后目的；单向传递的基础是多向传递，有了多向传递，才能使单向传递成为有源之流。

多向主动信息传递是信息中心进行的各种信息传递中最基本、最重要的信息传递。

多向主动信息传递构成科学信息工作诸环节的核心，以它为中心环节，形成信息工作的工作流程。要进行多向主动信息传递，必然要同时完成信息的搜集、加工整理和检索等各个环节的工作。以此为基础，其他几种类型的信息传递才能得以进行。此外，对于信息用户来说，有了信息中心的多向主动信息传递，才具有了解国内外信息的基础。因此，无论对于信息传递者，还是对于信息利用者来说，多向主动信息传递，即以二次文献为主的信息传递报导，是信息传递中最基本的传递模式。

多向传递一般较单向传递容易。因为单向传递具有特定目标，需要信息工作者花许多精力和时间去了解特定用户的需求，难度自然增加。与被动传递比较，主动传递较为容易，因为在这种情况下，信息工作者有较为充裕的时间进行准备。因此，多向主动信息传递，即以二次文献为主的信息传递较为容易进行。

单向传递是信息传递的理想目标。只有定向，才能将信息传递给特定的利用者，从而最大限度地发挥信息的效用。其中单向主动信息传递是信息传递的高级形式，但不易做到。

单向传递中最大量的是单向被动信息传递。单向被动信息传递的开展以多向主动信息传递为基础；反过来，又可发现多向主动信息传递中存在的问题和缺点，从而加以改进，使信息传递过程中各个环节不断地改进和完善。

第三节 信息交流的实现

一、传统信息交流方式

非正式信息交流的方式主要包括社交活动、会议交流、信息发布活动等。

社交活动是指人们之间借助于语言文字的基本交往传递信息的一种方式，它包括书信往来、访问交谈以及公共场所的各种交流。社交活动是直接信息交流的主要形式之一。在科技界，往往围绕同一课题或学科，自发聚集着一批研究人员，形成一种无形的集体，有人称之为“看不见的学院”。他们利用人际关系或在一个组织群体中的关系，通过访问、交谈、交换书信等方式进行直接的信息交流。这种直接交流很难与他们所从事的研究活动区分开来，带有明显的个体和自发性质。

会议指有组织有领导的群体性信息交流活动。会议交流活动同样是人际交流的重要方式和通道。它包括各种学术会议、经验交流会、展览会、产品推广会等。会议活动与社交活动同属直接交流，但会议活动不再是单纯的个人之间的自发交流，而是团体内部或之间有组织的信息交流活动，因此交流的内容比较成熟、完整和系统；交流的范围更广泛。许多会议印发会前文献和会后出版物，因此保留信息的功能较强，然而会议交流属于群体性活动，有时信息交流的针对性不强。

信息发布活动是个人或机构团体就某一特定事物面向社会公众的信息传递。信息发布活动所传递的信息涉及十分广阔的领域，包括经济的、技术的、科学的和商业的信息等。

信息发布活动的特点和作用：

(1)用户与信息生产者(发明人或技术持有者等)直接见面洽谈，除了信息传递快速、信息内容及时、新颖外，这种传递还具有强烈的选择性和明显的供求对应关系。对用户来说，信息也具有明显的使用价值。

(2)信息传递中作为中介的信息发布人帮助信息生产者发布信息、推广技术，也帮助用户寻求和选择项目，他们的作用可以被视为信息传递流动的催化剂。

(3)信息发布活动传递的信息多为科研成果或实用技术，它推动了科研成果的商品化，促进了成熟技术的转让，使信息传递对促进社会经济发展发挥了更大作用。

其他传统信息交流方式还包括电话、传真、大众传媒、印刷型载体(文献)等。此外，全世界每时每刻都在产生大量档案资料、内部与保密文件和资料等，这些也都是不可忽视的传统信息交流方式。

二、信息交流的数字化实现

随着计算机的出现和计算机科学的不断深入，数字化信息交流开始蓬勃发展，与信息交流实现方式相关的主要包括电子数据交换(Electronic Data Interchange，EDI)、电子出版物和多媒体交流等。

电子数据交换是指用计算机将贸易、运输、保险、银行、海关等机构之间的业务往来信息，以公认的标准格式传递，取代传统的手工处理资料，实现各有关部门或公司与企业之间的数据交换与处理，完成以贸易为中心的整个业务过程。这一技术可将原料采购与生产制造、订货与库存、市场需求与销售、银行、保险、运输及海关申报等业务环节准确地完成。这是一门涉及计算机信息处理、网络通信、国际贸易及法律、计算机安全等多种技术和领域的综合信息技术。

电子数据交换能将标准化的商业文件通过通信网络传递到接收方，实现计算机到计算机的电子文件交换，以最少的人力，在最短的时间内准确地完成信息传递，高效率地互通信息。

采用电子数据交换对用户接收信息可产生的综合效益有：①可以显著缩短信息传送的时间，避免信息的重复输入和校验，加速了流程，节约了成本，减少了错误率，大幅度提高了工作效率。②能减少文牍，压缩库存，而且能更加迅速灵活地对客户的需求做出反应，使企业能进行跨地区、跨行业的贸易活动，从而大大提高企业的国际贸易能力。③可以减少投资活动的风险，增强经营者信心，帮助企业了解市场对手和伙伴情况，使经营环境透明化，便于经营者决策。④可以给企业提供“条形码扫描数据服务”。这是一项 20 世纪 90 年代初出现于西方的 EDI 专用服务，条形码用户的扫描数据，经过分析、综合后生成各类非常有用的市场资料，例如可提供某公司某天、某周、某月的市场销售数、销售额之类的报告。这种报告有助于调控商品，并可从预测中反映出季节性影响及经营情况。

电子出版物是在计算机上编辑和读出的交互型活动资料。在北美、欧洲，电子出版物被称为继语言、文字、印刷等三次革命之后，知识生产和信息传递的第四次革命。大容量存储技术的出现，使电子出版物迅速发展。人们可以在计算机上写作，编辑后出版图书、杂志、书目、索引、文摘等出版物，其介质可以是磁带、软盘、光盘、联机数据库、声像资料、多媒体资料、网络。用户则可通过个人计算机或终端阅读这些信息资料。

用电子出版物传递信息的主要特点是：①传递速度极快、范围极其广阔，②用户能方便、快速、准确、全面地得到所需的各种信息。③比印刷型出版物生产周期短，准确度高，成本低，体积小。

多媒体是由计算机综合运用文本、音频、视频等多种媒体信息，使其在不同的界面上流通、传输、转换，实现计算机同时抓取、操作、编辑、存储或显示不同媒体形态的功能，从而达到计算机与使用者之间双向交互式的操作环境以及多样性、多变化的展示和传递。采用多媒体信息传递方式，可节省通信线路的占用时间，同时保证了信息不会因外界干扰而失真，实现动态逼真的音像效果；编辑制作声像资料成本低，使用简便，效率高，因而具有广泛的实用价值和很强的竞争力；传递的信息将图文、声音、视讯并用，能产生生动活泼的效果，加深用户的印象；使人机界面更友好，提供的信息更加自然、逼真；可提供声像一体的交互式服务功能，并收到了良好效果。

三、网络信息交流

互联网的发展给人类社会生活带来了巨大的变革，当前，网络已成为信息交流最重要和最常用的平台之一，人们开始逐渐适应并依赖网络信息交流这一方式。当前最主要的网络信息交流方式包括：电子邮件(E-mail)，电子公告板(BBS)与网络论坛，即时通信软件，社交网站及软件等。

电子邮件是现代化的网络通信手段和邮政投递相结合，通过计算机和互联网使用户在任何时候都可利用终端获取他人邮寄给他的信息的一种信息交流方式。其特点是：①传递速度快，传递范围广，不受时间、地域限制；②传递通道为复向型，双方都可以是信息的发送者和接收者；③传递信息的准确程度高。

目前电子邮件已成为人们相互传递信息、进行交流的重要工具。在联网的任一终端上用户均可把自己要交流的信息按 E-mail 地址发送给接收者，接收者则可在任何时间通过联网的终端接收信息。

电子公告板实际上是一个设置在网络上的公用数据库信息传递系统。网络上的用户可以通过自己的终端或工作站把要传递的信息，按照规定的格式与程序送到该数据库中，同时用户也能在自己的终端上浏览、检索与提取自己感兴趣的或需要使用的信息。电子公告板与电子邮件的不同之处在于，它是一个多对多的系统，而不是一对一的系统。

可以利用电子公告板进行交流、讨论，甚至召开电子会议，其传递信息的优点是：①没有时间、空间与人数上的限制，这就是说，参加会议的人数不受时间与场地的限制，可以在不同的时间和地区利用系统来工作；②会议的参加者(或用户)可以按自己的兴趣来“参加”讨论，随意发表意见，随时共享系统资源；③参加者不受等级、文化程度、年龄、职务、种族等因素的限制，完全处于平等的状态；④可以根据用户需要对电子公告板中的信息、报告、文件进行编排，然后送到用户终端上显示或打印出来。

在此基础上，诸如博客、微博等产品的社交网站或软件应运而生，成为当前网络交流的热点方式，相比于 BBS，用户通过社交网站或软件可以更直接地进行交流，而且可以利用多媒体技术共享图片、视频等，使信息交流更加通畅便捷。

即时通信软件(Instant Messenger，IM)是通过即时通信技术来实现网络交流的软件。服务商通过客户端/服务器(C/S)模式或浏览器/服务器(B/S)模式向用户提供类似于网络电话的即时通信服务。该类软件中最早出现的是 1996 年开发的 ICQ，由于其解决了用户在网上即时通信的需求，随后在全球飞速发展。即时通信软件的主要优势在于：

(1)不同于电子邮件，IM 信息交流具有即时性。

(2)不受时间、空间限制，任何两台联网的终端都可以进行通信。

(3)信息交流具有经济性。利用即时通信软件进行实时交流，无论双方或多方处于什么地域，用户都仅需要支付使用互联网的费用，相比于电话的长途甚至国际长途收费，即时通信软件要经济得多。

(4)随着 IM 行业的发展，当前多种 IM 在已有文字交流的基础上，还增加了表情互动、语音通话、视频通话、文件传输、协同合作等功能，极大地提升了用户使用的便捷性、有效性。

(5)随着个人移动设备的发展，当前还出现了应用于个人移动设备的IM，用户可以使用手机、平板电脑等终端，通过无线网络进行即时网络通信，更加丰富了用户体验。

思考题

1. 什么叫信息流？什么叫信息交流？
2. 信息交流包括哪些要素？
3. 请列举非正式信息交流和正式信息交流的一些主要方式。
4. 请列举数字化信息交流和网络化信息交流的一些主要方式。
5. 信息交流存在哪些障碍？如何解决这些障碍？

第四章 信息组织

第一节 信息组织引论

现代科学技术的发展，特别是网络的兴起与普及，导致信息数量急剧增长，信息质量参差不齐，信息污染日益严重。这一现象给我们提出了两个问题：第一，信息的海量性和无限性与人的精力和时间的有限性形成了尖锐的矛盾；第二，信息的无序性和污染性与人类使用信息的选择性形成了尖锐的对立。对于许多用户来说，困扰他们的不是信息太少，而是信息太多，但相关的信息太少。正如美国未来学家奈斯比特在《大趋势》一书中所指出的："我们淹没在信息中，但却渴求知识"。为什么当各类信息像洪水般向我们涌来时，我们仍然缺乏所需要的信息呢？这是因为在知识经济和信息化社会中，"失去控制和无序的信息不再是一种资源"。不是资源，就不可能被利用，不能被利用，就无价值，无价值的信息就是垃圾信息。

人们常说"信息就是财富"。但严格地讲，信息往往要经过加工和组织，并被利用，才有可能成为财富。在信息化社会里，人们对信息的需求特点是高度的选择性、内容的精良性和时间的紧迫性。而信息的海量无序无助于其使用，人们生动地称这种情况是"信息超载，知识缺乏"。越来越多的人认识到，"原始信息本身并不能产生价值"，只有对其采用相应的方法加以控制，按特定的需要集中与揭示，才能产生价值，而信息组织就是解决这一问题的根本方法和关键措施之一。在信息组织过程中，杂乱无章的原始信息变成一个有序精良的信息系统，一个相对"粗放"型的信息贫集转化为一个"集约"型的信息富集，从而使信息在时间上更快速地传播，在空间上更广泛地传播，并为信息的进一步增值(如信息分析研究)打下基础。

一、信息组织的基本知识

1. 信息组织的含义

(1)定义

信息组织即信息的有序化与优质化，是根据信息资源检索的需要，利用一定的科学方法与规则，通过对信息外表特征和内容特征的分析、选择、标引、处理、排序，实现无序信息流向有序信息流的转换，使信息集合达到科学组合并有效流通，从而保证用户对信息的有效获取和充分利用。

从此定义中可以看出，信息组织的前提是信息资源检索的需要，保证是有一定的科学规则和方法，对象是根据检索需要而采集的各种类型的信息，手段是分析和处理信息的外表和内容特征，目的是保证用户的有效获取和利用。这里包含两层意思：一是序化，即整序，把杂乱无序的事物整理为有序的活动；二是重组，即开发，是信息组织的深化和优化，它是把无序的信息整理为有序的信息，进而重组激活，挖掘信息潜在价值，使信息得到充分有效的利用，满足用户各层次、多种类需求的过程。信息的重组是通过不同的新思路，使信息建立不同的新联系，通过思维加工使信息功能放大，实现更大的价值，通过重组激活，信息才能充分有效地被用户吸收利用，产生相应的社会效益和经济效益。

具体地说，信息组织是以各种载体的信息为对象进行的组织，组织依据是信息的外在特征和内容特征。信息的外在特征是指信息的物质载体所反映的特征，如信息的物理形态、题名和责任者及信息的类型、信息生产和流通状况等方面的特征。信息的内容特征是指信息所包含和承载的内容，即通过信息载体传递和交流的具体内容。信息的这种特征共同统一于信息本身，也是信息组织的基本对象和管理依据。

(2)目的

信息组织是信息管理的重要活动，是沟通用户和信息管理“桥梁”的“桥基工程”。信息管理的目的是解决日益增长的信息需求和相对滞后的信息服务的矛盾，信息组织是解决这一矛盾的关键环节。通过信息组织活动对信息进行序化和整理，从而达到甄别信息、精化信息、重组信息的作用，方便用户对各种类型信息资源的检索和利用，最终达到其有益于社会的目的。

信息组织的目的可以概括为“实现无序信息向有序信息的转换”。具体包括：①减少社会信息流的混乱程度；②提高信息产品的质量和价值；③建立信息产品与用户的联系；④节省社会信息活动的总成本。

2. 信息组织的内容

(1)信息选择：从采集到的、处于无序状态的信息流中甄别出有用的信息，剔除无用的信息，是信息组织过程的第一步。

(2)信息分析：按照一定的逻辑关系从语法、语义和语用上对选择过的信息内、外特征进行细化、挖掘、加工整理并归类的信息活动。

(3)信息描述与揭示：也称为信息资源描述，根据信息组织和检索的需要，对信息资源的主题内容、形式特征、物质形态等进行分析、选择、记录的活动。

(4)信息存贮：将经过加工整理序化后的信息按照一定的格式和顺序存贮在特定的载体中的一种信息活动。

3. 信息组织的特征

(1)信息组织的渗透性

信息组织的渗透性指信息组织存在于各种信息揭示、存贮和检索活动之中。

(2)信息组织的依附性

信息组织的依附性指信息组织无法独立存在，它要以信息的识别、揭示等活动为前提。

(3)信息组织的增效性

信息组织的增效性指信息组织可以增加信息传播、检索、利用的效率，是其他信息加工活动和利用信息的保障。

(4)信息组织的类聚性

聚集相同学科专业或相同主题的信息源，展示内容相关或相近的信息源，区分不同主题的信息源是信息组织的重要特征。由于情报语言的每个检索标志都是表达同一概念的唯一符号，若干主题内容相同的信息源就会聚集在标有同一标志符号的“旗帜”下。信息组织的类聚性为信息检索达到较高的检全率和检准率奠定了基础。分类语言和主题语言虽然类聚的都是信息源的主题内容，但两者的类聚方式不同。分类语言通过分类标志按知识门类和逻辑体系类聚信息，满足人们从学科专业出发的族性检索要求。主题语言则是以概括信息源内容的语词类聚文献，以事物为中心类聚信息。

(5)信息组织的系统性

采用简明、概括且具有序级性的标志(号码或语词)提示信息源的主题内容及外表特征，每个标志在系统中均有其唯一固定的位置，从而使大量的信息源系统化与结构化。有序化是系统化的基础，现代情报语言标志系统的有序形式主要有两种：分类号码标志系统和主题词语标志系统。为了确保信息组织的系统性，必须选用人们熟悉的序级性符号作为分类标志，并按科学合理的排检规则来序列；词语标志系统则需要选用为大家所习惯的检字法，注意字面成族等。信息组织的系统性还表明必须用系统的观点和方法来进行信息组织工作的协调管理，发挥信息组织的整体优势，实现信息组织的整体功能。

(6)信息组织的动态性

任何系统都是不断演化的，系统存在于过程之中。信息组织的动态性是指信息组织是一种实践活动，随着认识活动的不断提高，人们会发现新的更先进的组织方法，并对原来的组织现象进行完善。信息组织的标引语言也应根据新知识、新概念的不断涌现及人们检索需求的变化，不断改革旧有的体例与结构，调整概念关系，增补新概念，剔除陈旧的知识，以适应科技的不断发展，满足人们日益复杂的检索需求。各种检索语言在编制类表和词表时要有科学的预见性和灵活性(如预留空号等)，同时要建立定期修订制度，以保持信息交流的活力。

(7)信息组织的多重性

信息组织最本质的依据是事物的属性，而事物往往具有多种属性，信息也具有多向成族的特征。因此，信息组织可以根据事物属性之间的多重关系对信息实施多种方法和多个角度的序化和优化。如传统文献分类组织中的复分方法及主题组织中的组配方法都可以为某一信息源从不同角度构建不同的检索标志以组成存取系统，从而为信息提供多种检索途径。如以某信息源为对象，可从著者、题名、主题内容、学科专业、载体形式、出版时间、文献类型等多角度来认识并确定不同的标志。

(8)信息组织的综合性

信息组织是一个多层次的方法体系，也就是说信息组织需要将多种层次、不同类型的信息组织的方法组合起来，发挥各自的优点，克服各自的不足。在信息组织活动的实际操作过程中，人们很少简单运用一种方法或一种层次的信息组织方法，通常都是将不同层次的不同信息组织方法综合起来加以运用。如传统的文献分类法就是语法信息组织和语义信息组织的综合。其中，类目和正表展示了事物的本质属性及其相互关系，属于内容特征组织法(语义信息组织法)，附表和索引则属于形式特征组织法(语法信息组织法)。

4. 信息组织的原则

信息组织的对象、方法和过程都不是简单划一的，这种复杂性和变易性要求我们：无论是对社会信息流的宏观信息组织，还是对社会信息流分支的微观信息组织，都必须在一定的科学原则的指导下进行。要避免信息组织工作的随意性、盲目性和无计划性，使信息组织真正发挥整序信息、科学分流、促进选择、保证利用的功能和作用。信息组织原则是保证信息组织工作顺利进行的指导方针，是信息组织作用充分发挥的条件。

(1)客观性原则

客观性原则率先确定了信息描述和揭示的数据来源必须是客观存在的信息本身。这就是说，我们在描述和揭示信息的外在特征和内容特征时必须客观而准确，要根据信息本身所反映的各种特征加以科学地反映和序化，不损害信息的本来效用，不歪曲信息本身，也不肢解信息本身，更不能毫无根据地、人为地添加一些不准确的思想和观点，要完整地、全面地、精确地反映信息的客观特征。信息组织的客观性原则还要求我们不断跟踪信息源的发展变化和信息组织技术的发展变化，使信息组织与条件变化和环境变化保持客观一致性。

(2)系统性原则

没有系统性的信息组织工作是不可能实现其整体目标的。为实现信息组织的系统性，必须把握四个关系：①宏观信息组织和微观信息组织的关系；②信息组织部门与其他部门的关系；③信息组织工作各个环节之间的关系；④不同信息处理方法之间的关系。用系统的观点和方法来进行信息组织工作的协调管理，有助于发挥信息组织的整体优势，也有助于实现信息组织的整体功能。

(3)目的性原则

信息组织具有鲜明的目的性，必须充分围绕用户的信息需求开展工作，必须充分注意信息机构的目标市场的需求状态及其变化特征。信息组织工作必须积极开展用户研究，充分了解用户需求，以“用户第一”为宗旨，采用用户认可和习惯的方式进行，使信息组织成果能方便为用户选择与利用。信息组织的目的性原则要求我们：为了实现信息组织的目标必须注重信息工作的计划性和长期性及其与信息机构本身性质、特点和能力的适应性。

(4)标准化原则

为了加强信息的国内国际交流，便于信息存储、检索和利用，实现信息最大程度的共享，信息组织需要按照一定的标准进行。信息组织工作的统一性、方法的规范性、系统的兼容性和成果的通用性等都需要有标准，包括基本术语标准、信息技术标准(信息交换格式、程序设计与数据库语言、网络标准与协议、信息分享和信息传输格式等)、信息组织技术标准(如度量衡制单位、信息的压缩算法、信息描述规则、信息代码、信息标引规则、信息组织成果编排规则等)等，否则，信息的流通范围就会受到影响，其使用价值也会大大降低。

(5)重要性递减原则

即依据信息的重要程度序化信息，通常的做法是突出重要信息使其处于醒目位置，而将其他次要信息置于不显著的相应位置。这个原则是根据用户查询信息的心理规律而提出的。一般认为，用户在选择信息时遵循着相关性与适用性两个规律，而影响相关性的因素中最重要的一方面就是信息在系统中所处的物理位置。在序化好的信息阵列里，越排在前面的信息越容易为用户所选择与依赖。也正是基于此，著名的搜索引擎公司Google根据网页的链接程度，依照类似于传统的引文分析方法，将网页加以重要性递减排序，就是这一原则在实际应用中的体现。

二、信息组织的学科基础

信息组织是由来已久的一种人类社会实践活动，在其发展过程中，不断从相关学科的理论和方法中汲取营养，使自身逐渐得到充实和完善。在形成信息组织的学科群中：系统论、耗散结构论、协同学、信息论、控制论、知识组织理论为信息组织提供了理论基础；语言学和逻辑学为信息组织提供了语言工具和思维工具；而计算机科学为主导的信息技术学科群为信息组织提供了技术工具。

1. 信息组织的理论基础

(1)系统理论(System Theory)

系统科学的思想是20世纪20年代由奥地利学者贝塔朗菲提出来的，他把系统定义为："相互作用的诸要素的复合体"，认为系统是处于一定的相互关系中并与环境发生关系的各个组成部分的总体。系统具有整体性、内部相关性、环境相关性、层次性、有序性、目的性等特征。信息组织使信息有序化，使有组织的信息整体功能大于各个信息单元的功能之和，这就是著名的系统论的"整体大于部分之和"的原理。

在信息系统中，可将系统科学理论应用到信息组织、信息开发利用以及信息资源管理中，使信息系统更加组织化、有序化，更好地发挥信息资源的作用。在信息组织中，如果将大量的、分散的、杂乱的信息组织成一个系统，建立起内在的关联性，那么，信息系统的整体功能将大于各个信息单元的功能之总和。也就是说，这将能充分发挥信息资源的价值与作用。基于这一原理，信息组织的目标是要建立信息系统。

(2)耗散结构理论(Dissipativity Structure Theory)

耗散结构理论在20世纪60年代由比利时学者普里高津提出。其基本思想有两点：一是系统内部非平衡是有序之源；二是开放系统通过与外界交换物质、能量而增加、维持有序性。这一原理给信息组织的启迪是：所要建立的信息系统应该是一个开放系统。信息组织通过与外界交换物质、能量与信息，对信息整序加工使信息系统成为远离平衡态的开放系统。因此，耗散结构理论可作为信息组织的理论基础。

(3)协同学理论(Synergetics)

协同学是研究不同事物共同特征及其协同机理的学科，是德国斯图加特大学著名的物理学家哈肯(Haken)在1970年提出的。他认为："无论什么系统从无序向有序的转化，都是大量子系统之间相互作用又协同一致的结果。"由于信息由许多信息单元构成，如何建立各个信息单元之间的协同作用机制，使信息由无序向有序转化是信息组织的基本目标。

(4)知识组织理论(Knowledge Organization)

最早由英国著名的分类法学家布利斯(Bliss)提出。所谓知识组织，是指对知识客体进行诸如整理、加工、揭示、控制等一系列组织化过程，是关于知识组织的理论与方法。知识组织可分为主观知识的组织和客观知识的组织。主观知识的组织在人的大脑中进行，表现为复杂的神经生理活动，人工智能、认知心理学等重点研究主观知识组织的内在机理；客观知识的组织是通过人的认知进行分类，并凭借一定的方法完成的。信息组织主要关注客观知识的组织活动。

2. 信息组织的方法基础

(1)语言学(Linguistics)

语言是人类最重要的交流符号系统，是不依赖于其他任何交流工具而独立存在的交流工具。信息组织作为信息交流活动中的关键环节，自然而然与语言有着千丝万缕的联系。要把庞杂分散的信息组织成有序优化的整体，就必须建立符号系统。有了这种符号系统，信息系统的有序特征才能体现，信息单元的个体特征才能被揭示出来，各种信息单元才能对号入座，并纳入这种符号系统的框架之中，形成一个便于检索的序化信息集合。在信息组织的层面，人们一般将事物属性抽象为字、词或概念，然后再用字、词或概念的序化来表征和组织信息。如分类标引语言、主题描述语言、通用标记语言(SGML)、超文本标记语言(HTML)、可扩展标记语言(MXL)等，从这个意义上说，语言学是信息组织最重要的方法基础。

(2)逻辑学(Logic)

逻辑学是一种科学的认识和思维方法，具有非常广泛的学术内蕴和结构体系。信息组织本身是思维的一种表现形式，它必须遵循科学的思维方法。也就是说，进行信息组织工作必然用到形式逻辑的一些方法，信息组织的行为只有符合逻辑思维规律，才能保证信息组织的序化质量。

逻辑学在信息组织中的应用主要体现在概念逻辑方法和抽象思维方法两个方面：①概念逻辑方法主要应用于信息描述和揭示中，即将所组织的信息对象从概念平面到语词平面再到标记平面进行转换。要正确地表达概念就要利用概念逻辑方法分析和认识各种概念及其相互关系，最后建立“一个概念只用一个标志表达，一个标志只表达一个概念”的一一对应关系。体系分类法和叙词法是两个概念逻辑方法应用的典型；②抽象思维方法主要应用于信息分析研究之中。在信息分析中，信息组织活动建立在抽象思维方法即逻辑推理方法的基础上，如演绎推理和归纳推理。在具体信息分析中广泛应用了分类和比较法、分析与综合法、原因和结果法等逻辑分析和推理方法，形成了一系列信息分析的专门方法。

3. 信息组织的技术基础

(1)计算机技术(Computer Technique)

传统的信息组织是以文献或以“文字”为处理单位，基于手工操作的，速度慢、效率差。计算机及其相关技术的出现并应用于信息组织工作，极大地促进了信息组织手段与技术的现代化。1956 年，美国海军兵器试验站首次将计算机引入书目工作，该站采用 IBM-701 型计算机建立了世界上第一个书目存取系统。进入 20 世纪 60 年代，书目工作自动化进一步发展，机读目录 MARC 研制成功，极大地促进了信息组织现代化的进程。20 世纪 70—80 年代以来，信息组织的现代化领域不断扩展，计算机自动索引、文摘、检索网络化、翻译自动化、编目自动化等都得到了很大的发展。自动标引技术也相继问世，特别是有关自然语言的自动标引将信息揭示与标引推向了一个崭新的发展阶段。总之，计算机技术是信息组织的核心技术，随着计算机技术的不断发展，信息组织将逐渐实现信息处理的自动化及智能化。

(2)多媒体技术(Multimedia)

多媒体技术是计算机技术、通信技术和大众传播技术等的有机统一体，是诸项技术相互融合而成的。多媒体技术使计算机由单纯文字和数字处理进化成综合性、网络化、交互性地处理声音、文本、图像、图形、动画、电影及电视等多种媒体的综合信息系统。多媒体技术使大众传播技术、计算机技术和通信技术三大信息处理技术紧密结合起来，开创了人类联想信息组织方法和人机相交互的设备和方法，其目标是要尽可能实现像人类在身临其境的自然情况下那样的信息交流的高保真效果、通信带宽和交互控制能力。多媒体技术具有多维化、非线性、集成性、交互性和实时性等特征。多媒体技术改善了用户与计算机、用户与用户之间交互关系的方法和手段，引起多媒体系统里信息组织方法的变化，从而产生新的显示效果。

(3)数据库技术(Database Technology)

数据库是存储在计算机内的、有组织的、可共享的数据集合。20世纪60年代，在文件管理的基础上，人们开发了信息管理的新技术——数据库技术。在长期的实践中，数据库以其独特的优点表明它是信息资源组织与共享的最佳方法。数据库技术从诞生到发展，已经经历了第一代数据库(层次式数据库与网状数据库)、第二代数据库(关系数据库)、第三代数据库(面向对象数据库)。面向对象的第三代数据库不仅能管理常规数据，而且能管理绚丽多姿的现实世界中的各种信息，多媒体数据库系统就是一个实例。

信息组织是一种理论，也是一种思维。作为一种理论，它是信息组织活动的方法论，作为一种思维，它贯穿于信息管理的全过程。

三、信息组织的一般方法

信息是事物运动的状态和方式，而任何事物运动的状态方式都具有形式、内容和效用三个基本方面。依据这三个基本方面，信息可分为语法信息(形式)、语义信息(内容)和语用信息(效用)。对这三种信息进行组织的方法，即信息组织的基本方法。

1. 语法信息组织

这是根据信息的形式特征，使用一套形式化的符号系统按照一定的规则组织信息的方法。语法信息组织需要遵循方便性、多向成族性和标准化等原则。比较常见的语法信息组织方法有以下几种：

(1)字顺组织法

这是历史最悠久、使用最广泛的一种信息组织方法，是根据事物的名称字顺特征集约有关信息，有音序法、形序法、音序和形序并用三种形式，诸如书名的排序、著者姓名的排序和主题词的排序等均属于字顺组织法。

(2)号码组织法

某些信息用号码集约，既易于接受又便于管理，所以随着信息量的激增和信息多样化，这种方法从无到有，日益显示出其重要地位。利用号码的唯一性和标准性组织信息的突出优点是简便易用，尤其适合计算机等现代化手段的管理，诸如专利号码组织法、商标条形码组织法、身份证号码组织人群信息、军队番号组织法和电话号码组织法等均属于号码组织法。号码一般使用拉丁字母和阿拉伯数字。

(3)地序组织法

即以信息的空间特征为依据序化信息的方法，它的最大特点是能反映地域特色。它有行政区划组织法和地名字顺组织法之分。行政区划组织法能反映地区之间的隶属关系和横向联系；地名字顺组织法则仅反映地区之间的形式关系。诸如各种地图、地理文献和风景名胜介绍等所采用的就是地序组织法。

(4)时序组织法

它是按照时间、地点概念组织单元信息的方法。这种方法以信息的产生、传递或涉及的地点等因素为依据组织排序，因此，用户可了解到有关事物发生发展的过程以及某一地点(区)的有关信息。在组织中，可按世纪、年、月、日的数值排列以及以国家、省、市、县为标志排列。诸如史书、年表、日记、传记、档案和连续出版物等多采用时序组织法。

(5)其他特征组织法

包括颜色组织法(如绿色代表邮政)、形状组织法(如以书刊的开本大小为依据的组织法)和重量组织法(如拳击手的分类)等。

语法信息组织最重要的特征是标准化，因为语法信息一般不涉及信息的含义和用途，必须用标准加以约束，而标准形成和应用的过程，也就是语法信息的优化过程。

2. 语义信息组织

语义信息中的“语义”取自于语义学(Semantics)，具有研究语言符号与它代表的对象之间的结构关系的含义。语义信息组织法指研究信息的内容特性进而对信息进行描述的某种方法。最常见的语义信息组织法有以下几种：

(1)分类组织法

人们的分类对象可概括为三种：一是实物，如商品；二是概念，如知识；三是概念与实物的结合体，如文献。于是有三种不同的分类方法。在信息组织的实践中，它们可以结合使用。分类是按照类别属性组织单元信息的方法。采用这种方法可以依照现代的标准分类法类分各个单元信息，也可以根据信息的具体情况自拟类目表予以排序组织。分类组织法的特点在于能把类别属性相同的信息集中在一起，类别相近的信息建立起密切联系，类别性质不同的信息区分开来，组织成有条理的系统，便于用户从类别角度检索，并能意外发现原来不知道的相关信息。

(2)主题组织法

它是按照主题特征组织单元信息的方法。采用这种方法必须以主题标引词为基础，经过内容分析，从中抽取反映信息内容的语词，然后再按照一定的排序规则，把这些语词组织起来。主题组织法的特殊点在于用语词从不同角度直接揭示信息中所阐述或研究的对象、事物或问题，通过参照系统形成标题网络，通过组配方法集中与特定对象或事物有关的部分问题，或是全部问题的信息，为用户检索不同学科不同知识体系中论述同一主题的信息，提供了迅速快捷的条件。主题组织法有标题法、单元词法、叙词法和关键词法。

(3)元素结构组织法

元素结构组织法借用化学上的元素概念，表示了元素是构成某一目标内容的基本单元，它通过对各个元素的组织，最大效能地实现既定目标，是自然科学和应用科学领域常用的信息组织方法，如中医药方的设计、建筑设计就是一种元素结构组织法。

3. 语用信息组织

语用信息是借助于语用学的特有含义来研究随环境与使用者的不同而不断变化的这样一些信息群。常见的语用信息组织方法有以下几种：

(1)权重值组织法

就是按信息的重要性来组织信息。比如，报纸在版面安排上，总是把重要的信息放在头版头条的位置。电视节目的安排，总是把重要节目放在黄金时间播出。其他如城市规划、行政决策、质量评估等也常用到这种方法。

(2)概率组织法

这种方法是在未全知信息的情况下，对信息进行组织的方法。即按照事物出现的概率大小对事物进行组织，诸如预测体育比赛的胜负和期货交易等都涉及概率组织法。

(3)个性组织法

即根据某类用户、某一用户或用户某一方面的特殊需求组织信息的方法，例如，根据用户的兴趣组织球迷信息、摄影信息和旅游信息等就属于特色组织法。

(4)重要性递减组织法

即依据信息的重要程度来组织信息。通常的做法是突出重要信息使其处于醒目的位置，而将其他信息置于相应位置。如大众传媒的栏目把重要信息置于其醒目位置加以突出。推荐书目的款目安排也属于这种组织法，因为它把编者最想推荐和最值得推荐的信息安排在最前面的位置上，让用户最先注意，最方便地利用。

语用信息组织的主要特征是能反映和满足用户的信息需求，它属于一种应用性信息组织方法，在实际工作和生活中的运用极为广泛和多样化。

上述三种层次的信息组织基本上能涵盖所有的信息组织方法，但在实际操作过程中，人们很少简单地运用某一层次的信息组织方法，通常的做法是将不同层次的不同信息组织法综合起来加以运用，甚至会在它们的基础上加以延伸、改进和创新，使之不断完善和发展。可以说，语义信息组织是信息组织的核心，语法信息组织是其补充，语用信息组织是其延伸和发展。

第二节 网络信息资源的组织

随着 Internet 的飞速发展，网络信息资源急剧增长，网络信息过载问题日益突出，人们越来越多地关注如何开发和利用这些资源。然而，目前中英文搜索引擎均存在查准率、查全率不高的现象，这种现状无法适应用户对高质量的网络信息服务的需求；同时，电子商务以及各种网络信息服务迅速兴起，原有的网络信息处理与组织技术无法赶上这样的发展趋势。网络信息挖掘就是在这样的环境下应运而生，并迅速成为网络信息检索、信息服务领域的热点之一。

网络信息的数据挖掘不仅包括对网页内容本身的挖掘，也包括其链接模式以及用户访问、存取、浏览、发布、操作等操作行为、访问行为所产生的信息的挖掘。有效地研究、挖掘、利用网络信息可以增强网站的吸引力，有的放矢地吸引用户群，更有效地利用网络资源。

一、网络信息资源的含义及特点

1. 网络信息资源的含义

作为知识经济时代的产物，网络信息资源也称虚拟信息资源，它是以数字化形式记录的，以多媒体形式表达的，存储在网络计算机磁介质、光介质以及各类通信介质上的，并通过计算机网络通信方式进行传递的信息内容的集合，它直观、准确而且简洁地表达了网络环境中信息资源所蕴含的时代气息。简言之，网络信息资源就是指网络环境中可以利用的各种信息资源的总和。

(1)网络信息资源是指在网络上蕴藏着的，各种形式的与教育相关的知识、资料、情报、消息等的集合。

(2)网络信息资源是指通过计算机网络利用的各种信息资源的总和，包括馆藏电子文献、数据库、数字化文献信息、数字化书目信息、电子报刊等。

(3)网络信息资源是指以电子数据的形式将文字、图像、声音、动画等多种形式的信息存放在光盘等非印刷型的载体中，并通过网络通信、计算机或终端方式再现出来的信息资源。

(4)网络信息资源是指为满足人类需求，借助计算机等设备共同开发、生产和传递，人类可以通过网络获取的信息的集合。

2. 网络信息资源的特点

网络信息资源是一种新型数字化资源，与传统文献相比有较大的差别。网络信息资源具有如下特点：

(1)存储数字化，传输网络化

传统的信息存储载体为纸张、磁带、磁盘。而在网络时代，信息的存在是以网络为载体，增强了网络信息资源的利用与共享。以数字化形式存在的信息，可以通过信息网络进行远距离传送，以虚拟化的状态展示。

(2)表现形式多样化，内容丰富

网络信息资源包罗万象，覆盖了不同学科、不同领域、不同地域、不同语言的信息资源，以文本、图像、音频、视频、多媒体、数据库等多种形式存在，涉及领域包括经济、科研、教育、艺术，包含的文献类型包括电子报刊、电子工具书、商业信息、新闻报道、书目数据库、文献信息索引等。

既有高质量的信息，也有有害信息和虚假信息，有个人信息也有政府信息。最为特殊的是各种非正式信息被广泛生产与传播。

(3)数量巨大，增长迅速

网络信息量之大、增长速度之快、传播范围之广，是其他任何环境下的信息资源所无法比拟的。

Internet 环境的自由使得发布信息不仅仅局限于出版社，任何政府、研究结构、大学、公司、社会团体、个人都可以毫无限制地在网上发布信息。现在每隔半小时就有一个新网站与互联网相连，互联网的迅猛扩展导致网上信息以涨潮般的速度发展，仅仅以 WWW

方式提供的信息平均每过53天就翻了一番。

(4)传播速度快、范围广，具有交互性

网络环境下，信息的传递和反馈快速、灵敏。信息在网络中的流动非常迅速，电子流取代纸张，加上无线电技术和卫星通信技术的充分运用，上传到网上的任何信息资源，都只需要短短数秒就能传递到世界各地的每一个角落。

由于信息源的增多，信息资源发布的自由，网络信息量呈爆炸性增长。随着网络的普及化，其传播范围将愈来愈广。

与传统的媒介相比，网络信息传播具有交互性。它具有主动性、参与性和操作性，人们自己主动到网上数据库查找所需的信息，网络信息的流动是双向互动的。

(5)结构复杂，分布广泛

网络信息资源本身的组织管理没有统一的标准和规范，信息广泛分布在不同国家、不同区域、不同地点的服务器上，不同服务器采用不同的操作系统、数据结构、字符集和处理方式，缺乏集中统一的管理机制。

(6)信息源复杂、无序

网络共享性与开放性使得人人都可以在互联网上索取信息和存放信息，由于没有质量控制和管理机制，这些信息没有经过严格编辑和整理，良莠不齐，各种不良和无用的信息大量充斥在网络上，形成了一个纷繁复杂的信息世界，给用户选择和利用网络信息带来了障碍。网络信息被存放在网络计算机上，由于缺乏统一的控制，质量参差不齐，信息资源分布分散，开发显得无序化。

(7)动态不稳定性

网络信息地址、链接和内容处于经常变化之中，信息源存在状态的无序性和不稳定性使得信息的更迭、消亡无法预测，这些都给用户选择、利用网络信息带来了障碍。

二、网络信息资源的组织方式

网络环境下的信息资源的"质"与"量"都发生了巨大变化，信息组织方式也发生了根本的改变。信息组织的对象从各种类型的数据发展到具有丰富内容的知识，组织形式从数据结构发展到知识表示，组织方式从单一手工发展到网络群体，组织的结果从静态的文本格式发展到动态的多模式的链接。

网络信息资源按其加工方式分为一次网络信息资源、二次网络信息资源和三次网络信息资源。下面按照网络信息资源的这三种类型对网络信息资源组织方式进行分析梳理。

1. 一次网络信息的组织方式

一次网络信息是指网上传输的原始信息资源是未经过加工处理的第一手信息资源。

(1)文件(File)方式

①文件方式的含义。文件方式是指以文件系统为单位组织网络信息资源，它以文件名标示信息内容，用文件夹组织信息资源，并通过网络共享实现信息传播。文件服务器(FTP)即以此方式组织网络信息资源(多为非结构化信息)，用户界面就是人们熟悉的文件夹窗口，浏览和下载信息操作简便。

②文件方式的种类。顺序文件：顺序文件的物理结构最简单，在此结构中，从文件空

间的起点开始，文件的各个记录顺序地存放在外存的连续区内，记录的物理顺序和逻辑顺序是完全一致的。它适用于所有的文件媒体。磁带顺序文件从磁带上文件空间头部开始，按物理位置顺序存储记录。磁盘顺序文件的结构从磁盘文件空间最初磁道的头部开始，按物理位置顺序排列。顺序文件适用于按顺序存取处理，处理速度较快，但记录的插入和删除都不方便。顺序文件是一种最常用、最简单的文件组织方法，在许多资料处理的场合，它仍然是一种简单、经济而有效的方法。如磁带文件、打印文件都是常用的顺序文件。

索引文件：索引文件分为索引顺序文件和索引非顺序文件。索引顺序文件记录的物理顺序和逻辑顺序相一致。记录按记录键的顺序存放，并带有索引。这种文件组织方式用得比较普遍，但是只适用于磁盘媒体。对于这种文件记录的存取方式可以采用顺序存取和直接存取，并能进行各种形式的处理。

索引顺序文件的特点是：具有记录键和记录键索引，按记录键顺序排列记录，并设有溢出区；存取速度快；比较节省存储单元；增删比较麻烦；不能用于多码检索。

直接文件：直接文件中记录的逻辑顺序与物理顺序不一定相同，但记录的键值直接指明该记录的地址，所以只要知道了记录键值，就能查找该记录的物理位置。直接文件的记录存放在磁盘等随机存储媒体上，且可以被随机处理，所以也称直接文件为随机存取文件。

③文件组织方式的特点。以文件系统来组织和管理网络信息资源具有以下优点：一是简单快捷。计算机有一整套文件处理的理论与技术，在组织网络信息时可以非常容易地利用这些成熟的技术和方法。二是适合图形、图像、音频、视频等各种非结构化信息的组织管理。由于计算机处理的所有最终结果都能以文件的形式保存下来，因此对于图形、图表、音频、视频等非结构化信息，可以方便地利用文件系统来管理。正因为如此，以文件组织方式来管理信息资源在目前仍然广泛使用。

随着网络信息利用的不断普及和信息量的不断增多，以文件为单位共享和传输信息会使网络负载越来越大。同时，文件方式对结构化信息的管理显得力不从心，文件系统只涉及信息的简单逻辑结构，当信息结构较复杂时，就难以实现有效的控制和管理，从而降低了信息组织的效率。因此，文件只能是网络信息资源管理的辅助形式或者是作为信息单位成为其他信息组织方式的管理对象。

(2)自由文本

自由文本主要用于全文数据库的组织，是对非结构化的文本信息进行组织和处理的一种方式。它不同于二次文献数据库的组织，无需前控，不必用规范化语言对信息进行复杂的前处理。它不是对文献特征的格式化描述，而是用自然语言深入揭示文献的知识单元，并以此为据，按文献全文的自然状况直接设置检索点。它所组织的是人们所创造或采集到的网外全文信息，是输入网络的新资源。它能够完整地反映出一次文献的全貌，通过计算机自动进行文献信息处理和组织。基于全文数据库的全文检索可以将任意字符作为检索标志，这样，用户用自然语言即可直接检索未经标引的一次文献。

(3)数据库(Database)方式

在文件系统基础上发展起来的数据库技术，已经成为计算机网络和通信网络之中信息存储的另一重要技术，在许多应用领域已成为信息存储的主要方式。数据库系统提供专门设计的数据库管理软件对数据进行重新组织和管理，因而相对文件系统可带来以下好处：第一，减少数据的重复，节省存储空间；第二，提高数据检索速度和效率，方便信息资源共享；第三，使应用与数据管理分开，方便应用编程。数据库技术的这种特点，特别适合于管理信息系统和事务处理系统等网络应用系统，因为在这些系统应用中，数据总量虽然很大，但数据类型比较单一，单个数据长度不大，数据之间的关系相对也比较简单，而数据被检索的概率和被共享的程度却很高。

①数据库方式的含义。数据库方式是将相互关联的网络信息资源以固定的、结构化的记录格式存储，并提供一些检索入口。用户通过关键词及其组配查询，就可以找到所需要的信息线索，并利用超级链接功能直接链接到相关站点或信息本身。用户可以利用关键词进行查询，获取信息线索，进而获取相应的网络信息资源。这是当前普遍使用的网络信息资源的组织方式(如搜索引擎的关键词检索方式)。

简言之，数据库方式，就是将搜索引擎的巡视软件采集和标引的网络信息资源以固定的记录格式存储，用户通过关键词及其组配查询，就可以找到所需要的网络信息资源。

②数据库方式的优势与不足。利用数据库技术组织网络信息资源具有强大的优势：

能高速处理大量结构化和非结构化的数据。如今的关系数据库在 DBMS(数据库管理系统)中增加了对图形、图像、声音、超文本等多媒体数据的存储、管理、存取和处理功能，实现了从数据管理到对象管理的扩展，大大提高了信息管理的效率；面向对象数据库比传统数据库包含更多的数据语义信息，对复杂数据对象的表达能力更强。

数据库以信息项作为数据的最小存取单位。数据库技术既可以存取数据库中某一个或某一组数据字段，也可以存取一个或一组记录，还可以根据用户需求灵活地改变查询结果集的大小，从而降低网络数据传输的负载。数据库方式对于信息处理也更加规范化，特别是在大数据量的环境下，其优点更为突出，但它对用户提出了一定的要求，要求用户必须掌握一定的检索技巧，包括关键词及其组配的选择。

以数据库技术为基础已建立了大量的信息系统，形成了一整套系统分析、设计与实施的方法，为人们建立网络信息系统提供了现成的经验和模式。数据库方式是当前普遍使用的网络信息资源组织方式，特别是在大数据量的环境下，其优势更加明显。

但数据库方式也存在不足之处：数据库方式对非结构化信息的处理有一定的难度，对网络环境中日益增加的多媒体信息及表格程序、大文本等非结构化信息的组织处理能力较差。同时，由于严格的数据模型规范，单个数据项缺乏行为能力，很难提供数据信息之间的知识关联；无法有效处理结构日益复杂的信息单元，而且关系数据库无法直接实现对记录的存取，检索结果以记录集合的形式出现，必须由应用程序进行适当的处理，才能以较直观的方式提供给用户，所以该方式也缺乏直观性和人机交互性。

③数据库方式的原理。在网络中，这种组织方式的工作原理如图 4-1 所示。

这种组织方式利用数据模型对信息进行规范化处理，利用关系代数、布尔逻辑理论进行数据查询的优化，提供了一整套数据控制与操作的命令和方法，可以利用信息项之间的联系进行信息的重组和查询，从而大大提高了数据操作的灵活性，实现了数据管理与应用程序的完全分离，大大降低了网络传输的负载，特别是多媒体数据库和半结构化数据库的发展，为非机构化信息的组织提供了良方，便于网络信息资源的充分共享和有效传播。

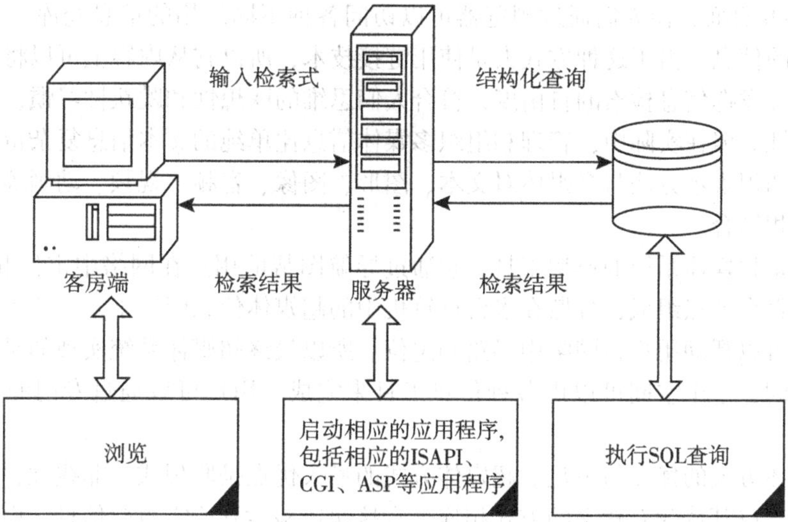

图 4-1　数据库组织方式原理图

(4)超媒体(Hypermedia)方式

我们可以注意到，文件系统对图像、视像、声音等多媒体信息存储和检索的支持有以下的特点与局限：第一，一个文件系统通常只存放一种信息类型，并常常作为一个检索单位；第二，对信息的读出和检索操作都相对比较简单；第三，文件之间的信息内容相对比较独立，即使视像文件和伴音文件之间具有同步关系，但关系仍然比较固定，读出的同步操作也不复杂。由此可见，文件系统能够直接有效地支持多媒体的应用，但有特定的范围和限制。我们可以举出一些例子：

公安系统查阅某罪犯嫌疑人的档案，除了该人的有关文字信息外，可能需要同时显示其照片、指纹甚至某些活动片断的录像和声音录音；

贸易系统的电子购物应用中，人们不仅希望从商务信息库中迅速查询到有关商品的文字信息，而且希望同时看到该商品的照片和显示其性能的录像片断；

医疗会诊系统中，医生调阅病人的病例，除了希望看到文字记载外，还可能需要查看有关化验结果以及 X 光照片等；

工程设计及建筑设计系统应用中，设计人员希望从各种图形库、图像库、照片库中迅速获得所需要的图符、图像及照片作为设计的模块；

教育系统中，从多媒体电子教材库中选择的、组成现场教学的信息，可能包括文字、图表、图像、视像及声音等各种多媒体信息。

显然，在这类多媒体信息查询和多媒体事务处理服务等应用中，传统的文件系统或传统的关系型数据库系统，都难以适应。因此，多媒体信息的存储、检索需要新的方法。

①超媒体方式的含义。超文本与多媒体的融合产生了超媒体：事实上，超媒体的英文 Hypermedia 就是超文本 Hypertext 和多媒体 Multimedia 组成的结合词。简单地说，用超文本方式对包括文本在内的多媒体信息加以组织和处理就是超媒体。超媒体是一种非线性的

信息组织方式，它将文字、表格、声音、图像、视频等多种信息媒体以超文本方式组织起来，形成Web页面，使人们通过浏览器可以访问各种不同结构的信息仓库，找到所需要的任何媒体的信息。由于这种方式大量使用链接技术，所以它从内容上可以将相关信息关联起来，充分发挥信息检索的自由度，符合人们思维的联想性和跳跃性习惯，避免了检索过程的复杂性。但在实际中，管理和组织多媒体信息比单纯的文本信息复杂得多，所以要将超文本的知识表示方法与多媒体对文本、图形、图像、音频、视频、动画等信息的存储和处理技术相结合。

浏览器是超媒体系统的典型工具，它通过导航图帮助用户在网络中定位和使用信息。在一个由千百个节点组成，分散在多台计算机中的超媒体信息网络中，浏览工具就显得十分重要，它可以帮助用户在网络中寻路和定位。所以最终超媒体系统实现的是一个超媒体化的信息空间，这个空间可以由各种信息工具来完成，用户可以通过专门的浏览器进行访问。

②超媒体方式的优点与不足。超媒体方式的最大优点是联想式、非线性，链路的网状层次允许用户以其认为有意义的方式相连，直接快速检索到所需目标信息，而且检索可以深入知识单元(文献片断)。超媒体方式具有良好的包容性和可扩充性，超越了媒体类型对信息组织与检索的限制。通过浏览的方式搜寻所需信息，避免了检索语言的复杂性。另外，超文本信息系统可以使检索提问式通用化，不必因使用不同的数据库而修改提问式。特别是在网络上，可以通过超文本系统和HTML编辑，将各种信息源(如数据库、电子布告板、专业小组论坛、电子期刊、图书馆目录等)集中在同一界面上提供给用户。

超媒体的诸多优点，使它成为网络上占主流地位的信息资源组织与检索方式。

但当超媒体网络过于庞大时，很难迅速而准确地定位，很难保存浏览过程中所有的历史记录，难以避免地会出现用户“迷航”的现象。

(5)主页(Home Page)方式

主页方式类似于档案全宗的组织方式，它将有关机构或个人的各种信息集中组织在一起，对某机构或人物等各类对象进行全面介绍，如热门站点和相关站点的推荐。目前单位和个人上网均采取建立主页的方式，详略程度由其自行决定。

2. 二次网络信息的组织方式

二次网络信息资源是指将一次网络信息资源进行描述、揭示、分析和存储后，形成的有序化、系统化的网络信息资源。

(1)搜索引擎(Search Engine)方式

网络上的信息浩瀚万千，而且毫无秩序，所有的信息像汪洋上的一个个小岛，网页链接是这些小岛之间纵横交错的桥梁，而搜索引擎，则为用户绘制了一幅一目了然的信息地图，供其随时查阅。

①搜索引擎方式的含义。搜索引擎是一种以查询为目的的网络信息资源组织方式，它是一种利用被称作Robot、Spider、Worm等名称的自动代理软件，定期或不定期地在网上爬行，通过访问网络中公开区域的每一个站点，对网络信息资源进行搜集，然后利用索引软件对搜集的信息进行自动标引，创建一个详尽的可供用户进一步按关键词查询的Web页索引数据库，将用户输入的词语与数据库中的信息资源相匹配，按照相关性高低将检索

结果输出，呈现给用户的程序。

这种数据库的内容一般有标题、摘要或简短描述、关键词和URL、文件大小、语种以及词出现的频率和位置等。其特点是使用方便，操作简单，缺点是缺乏统一的规范，有时检索的结果不能满足用户的需求。

②搜索引擎的工作原理。搜索引擎的工作原理大致可以分为以下几种：

搜集信息(抓取网页)：搜索引擎的信息搜集基本上都是自动的。每个独立的搜索引擎都有自己的网页抓取程序(Spider)。Spider顺着网页中的超链接，连续地抓取网页，就像日常生活中所说的“一传十，十传百……”一样，从少数几个网页开始，连到数据库上所有到其他网页的链接。理论上，若网页上有适当的超链接，机器人便可以浏览绝大部分网页。被抓取的网页被称为网页快照。由于互联网中超链接的应用很普遍，理论上，从一定范围的网页出发，就能搜集到绝大多数的网页。

整理信息(处理网页)：搜索引擎整理信息的过程称为“建立索引”，即提取关键词，建立索引文件。其他还包括去除重复网页、分词(中文)、判断网页类型、分析超链接、计算网页的重要度/丰富度等。搜索引擎不仅要保存搜集起来的信息，还要将它们按照一定的规则进行编排。这样，搜索引擎根本不用重新翻查它所有保存的信息就能迅速找到所要的资料。想象一下，如果信息是不按任何规则地随意堆放在搜索引擎的数据库中，那么它每次找资料都得把整个资料库完全翻查一遍，如此一来再快的计算机系统也没有用。

接受查询(提供检索服务)：用户向搜索引擎发出查询，搜索引擎从索引数据库中找到匹配该关键词的网页，并向用户返回资料。为了便于用户判断，除了网页标题和URL外，搜索引擎还会在这些链接下提供一小段来自这些网页的摘要信息，以帮助用户判断此网页是否含有其需要的内容。

目前，搜索引擎返回主要是以网页链接的形式提供的，通过这些链接，用户便能到达含有其所需资料的网页。

③建立搜索引擎的关键技术。建立搜索引擎的关键技术主要有以下几种：

一是信息收集和存储技术。搜索引擎一般采用自动方式收集和存储信息。自动方式通常是由搜索程序来完成的。这种软件定期在网络上漫游，通过网页间链接顺序地搜索新的地址，当遇到新的网页时，就给该页上的某些字或全部字做上索引并把它加到搜索引擎的数据库中。由此，搜索引擎的数据库得以定期更新。

信息的存储则是根据不同的分析结果和要求，针对提取出的索引和查询目的而进行的。可以采用专用的数据库，也可采用通用的数据库，这要根据实际情况来进行选择。一般来说，对它的要求主要有两点：信息查询的效率和信息组织的效率，也就是速度和存储空间。

二是信息预处理技术。信息预处理包括信息格式支持与转换以及信息过滤。目前，网络上的信息发布格式多种多样，这就要求搜索引擎支持多种文件格式。从实际情况看，所有的搜索引擎都支持HTML格式，而对于其他文件格式的支持则不同的搜索引擎有不同的规定，最多的能支持200多种文件格式。同时搜索引擎还应具备信息格式转换功能，以保证不同格式的数据均能在网络上流通。信息过滤也是搜索引擎的一项重要技术。在网络上，存在大量的无用信息，一个好的搜索引擎应当尽量减少垃圾站点的数量，这是信息过滤要着重解决的问题。

三是信息索引技术。信息索引就是创建文档信息的特征记录，以使用户能够快速地检索到所需信息。建立索引主要涉及以下几个问题：

信息语词切分和语词词法分析。语词是信息表达的最小单位，由于语词切分中存在切分歧义，切分需要利用各种上下文知识。语词词法分析是指识别出各个语词的词干，以便根据词干建立信息索引。

进行词性标注及相关的自然语言处理。词性标注是指利用基于规则和统计(马尔可夫链)的数学方法对语词进行标注，基于马尔可夫链随机过程的 n 元语法统计分析在词性标注中能达到较高的精度。可利用多种语法规则识别出重要的短语结构。自然语言处理是指自然语言识别在信息检索中的应用，它可以提高信息检索的精度和相关性。

建立检索项索引。使用倒排文件的方式建立检索项索引，一般包括“检索项”、“检索项所在位置信息”以及“检索项权重”。

检索结果预处理技术。搜索引擎的检索结果通常包含大量文件，用户不可能一一浏览。搜索引擎一般应按与查询的相关程度对检索结果进行排序，最相关的文件通常排在最前面。

搜索引擎确定相关性的方法有概率方法、位置方法、摘要方法、分类或聚类方法等。概率方法根据关键词在文中出现的频率来判定文件的相关性。这种方法对关键词出现的次数进行统计，关键词出现的次数越多，该文件与查询的相关程度越高；位置方法根据关键词在文中出现的位置来判定文件的相关性。关键词在文件中出现得越早，文件的相关程度就越高；摘要方法是指搜索引擎自动地为每个文件生成一份摘要，让用户自己判断结果的相关性，以便用户进行选择；分类或聚类方法是指搜索引擎采用分类或聚类技术，自动把查询结果归入不同的类别中。

(2)指示数据库(Indicates the database)方式

指示数据库方式指示数据库贮存的是有关网上一次信息的网址以及相关信息的描述信息，即对网上的信息资源进行分类编目。对网上的信息资源进行编目除了提供详细的书目信息外，还要对其存贮位置——URL(统一资源定位)或 IP 地址这样的信息资源或链接点进行描述。编目人员在对网上资源进行组织时，遵循一定的格式对其进行描述，以帮助用户获得和查找网上资源。此法的优点是每条记录都经过严格的选择，具有较强的针对性和较高的可靠性。因此，指示数据库常来组织专题信息。

(3)主题树(Subject Tree)方式

①主题树方式的含义。主题树方式是将信息资源按照某种事先确定的概念体系结构，分门别类地逐层加以组织，用户通过浏览的方式逐层加以选择，层层遍历，直至找到所需要的信息线索(即相关站点链接)，并通过信息线索直接找到相应的网络信息资源。网上许多著名的网络检索工具如 Gopher、Yahoo!、Infoseek 等采用了这种方式组织信息。

②主题树方式的优缺点。其优点在于：一是简单易用，屏蔽了网络信息资源系统(包括网络连接技术和信息资源获取技术)对于用户的复杂性，提供了一种基于树型浏览方式、简单易用的网络信息检索和利用界面。二是信息检索按照一定的范畴分类体系，逐次查看，按图索骥，因而对于用户而言，目的性强，查准率高。三是采用树型目录结构组织

信息资源，具有良好的可扩充性和严密的系统性。

其缺陷在于：一是必须事先建立一套完整的范畴体系。但是这套体系结构很难包括所有的网络信息资源，用户为了准确迅速地获取信息，必须对相应的范畴体系有一个较全面的了解，这也人为地增加了用户的智力负担。二是要保证主题树的结构清晰性和资源可用性，主题范畴体系的结构不能过于复杂，每一类目下的信息索引条目也不宜过多，这就降低了其所能容纳的网络信息资源的数量。因而，这种组织方式不适用于建立综合性的大型网络信息资源系统，但是适用于建立专业性的或示范性的网络信息资源体系。

(4)元数据(Metadata)方式

元数据就是描述数据的数据，是对特定网络资源的总体管理和记录。它是与对象有关的数据，使潜在用户全面了解对象的存在和特点，并支持各种操作。为了支持分布式网络环境，必须用元数据来描述资源、方法、数据集和用户。图书馆界比较熟悉的元数据格式是都柏林核心集。其特点是将各种分散的信息资源统一汇总、加工排序并形成统一的定位、选择和检索系统。它从总体上对网上信息类型的基本特征进行记录和管理，其结果相当于图书馆的总目录，但和传统的印刷目录相比，其记录的内容要丰富得多。它的作用是使用户快速准确地查到分布在各地的信息资源，它可以大幅度减少网上文档传输的次数，提高信息检索效率。而且它对于解决电子信息版本辨识困难、需求转换频繁、网络目录建设费用过高等问题也会有所帮助。

3. 三次网络信息的组织方式

三次网络信息资源是指对二次网络信息资源进行组织而形成的网络信息资源。

(1)网络数字图书馆组织方式

虚拟图书馆和数字图书馆属于二次网络信息资源组织模式。在未来这两种图书馆形式必将会以一种复合的形式出现，成为一种新的组织模式。由于网络数字图书馆所组织的信息是对虚拟图书馆和数字图书馆中的二次网络信息资源进行的再组织，因此其被认为属于三次网络信息资源组织范畴。

(2)网络信息资源评价网站组织方式

在传统文献中，书目之书目、文献指南、综述、述评等被称为三次文献，同样相对应于网络信息资源，对网络信息资源所做的评价即成为三次网络信息资源。目前已经出现了一些专门用于评价网络学术信息资源的网站，这些网站对相关学科、专业、主题领域内的学术信息的分布及质量水平做出评价，从而为有关信息的取舍提供判断依据，以便用户在最短的时间内以最快的速度选择或利用所需的信息资源。

(3)元搜索引擎目录组织方式

元搜索引擎目录组织方式是搜索引擎目录和元搜索引擎相结合而提出的一种组织方式。由于元搜索引擎目录是集成多个已有的独立搜索引擎来对网络信息资源进行检索和管理，因此将其归位于三次网络信息资源组织方式和元搜索引擎相结合而提出的一种组织方式。

第三节　知识组织

“知识组织”最早出自图书馆学和文献学的研究领域，英国著名的分类法专家布利斯(H. E. Bliss)于1929年首次提出了“知识组织”的概念。由于受历史和科学技术的局限，当时知识组织思想主要关注图书的分类。在美国，分类、编目、主题标引等被称为“知识组织”。知识组织的目标是使知识(资源)处于有序化状态，并提供有序知识，保证客观知识主观化过程的顺利进行。

知识组织是与知识密切相关的。什么是知识?“知识是经过浓缩加工、系统化、理论化的信息。”因而，知识是信息的一个子集，是信息组织的结果。没有信息组织活动，知识便无法形成。另外，要有效地利用知识，就需要对知识再组织，这种组织包括按外表特征(如载体形态等)和内容特征进行组织，这种组织既有信息组织的内容也有知识组织的内容，但都属于信息组织，是其重要的构成部分。信息组织活动是知识创造中的基本活动、必经环节，信息组织的质量直接关系到知识的价值，从而直接影响着经济活动的效益。

一、知识组织的内涵

(1)什么是知识组织

目前，学术界对知识组织的内涵有各种既不同又相似的解释：①知识组织“是指对事物的本质及事物间的关系进行揭示的有序结构，即知识的序化”。②知识组织“是对知识进行整序和提供，既处理大量的现有知识，又能相对降低存储知识的物理载体的盲目增长以免知识过于分散化。所以提供文献、评价科学文献和系统表述以生成新的便于利用和获取的有序化知识单元的处理系统即知识组织”。③知识组织“是指为促进或实现主观知识客观化和客观知识主观化而对知识客体所进行的诸如整理、加工、揭示、控制等一系列组织化过程及其方法”。

本书认为：知识组织是按照知识的内在逻辑联系，运用一定的组织工具、方法和标准对知识对象进行的整理、加工、表示、控制等一系列的序化、系统化的操作活动。

(2)知识组织的对象

知识组织包括隐性知识(主观知识)的组织和显性知识(客观知识)的组织两方面：

隐性知识是高度个人化的知识，难以表述清楚、隐含于过程和行动之中，由于难于规范化而不易传递，是一种主观的、基于长期经验积累的知识，包括信仰、隐喻、直觉、思维模式和所谓的“诀窍”(如特殊技艺)，主要存在于人脑的经验、想法、判断、文化、习惯及员工潜能等。对隐性知识的组织表现为知识的自组织(Self-organization)过程。

显性知识是可以用规范化和系统化的语言进行传播，可用语言、文字、数字、图表等清楚地表达，以文件、数据、档案、影像、程序等显示的结构化或半结构化信息，也叫编码知识，主要以专利、科学发明和特殊技术等形式存在。对显性知识的组织表现为外在的、社会的控制与组织过程。实际上隐性知识本身并不是未编码的，它也是通过一种特殊的编码方式存贮在人的大脑中，只是目前科技还没有能力揭示它的原理而已，人类所尝试研制的生物电脑就是要模拟人脑对知识的编码、存贮和检索等功能。

显性知识和隐性知识二者可相互转化，显性知识通过学习即成为隐性知识，隐性知识记录下来(即符号化)即转变为显性知识。由于这一点，学习知识成为提高国家、社会、企业、个人竞争力的根本途径，知识也就成为最重要的财富。知识资本、知识经济、知识管理、知识型企业成为人们关注的焦点。

(3)知识组织的目标与任务

知识组织的目标和任务就是对知识进行整序，使知识存贮有序化和容易获取，通过这些活动为用户提供其需要的相关文献和知识单元，阻止知识无序进入实体，使知识从无序变为有序，以便于知识的提供、利用和有效传递。简言之，知识组织的目标和任务主要是：知识表述、知识提供、知识文献评价。

二、知识组织的原理

知识是由众多结点(知识因子)联系构成的语义网络，知识因子是组成知识对象的基本单位。符号、概念、语词、句群以及一切事物都可以看成知识因子。知识联系是知识因子间的特定关系。知识组织就是运用一定的方法按一定的标准把知识对象中的知识因子和知识联系揭示出来，便于人们认识、学习、理解和接受，促进知识运用和知识创新。具体来说，知识组织的原理可从以下几个方面考察：

(1)知识重组(语法学原理)：知识重组是知识组织的初级且重要的方法，是对知识对象内的知识因子和知识联系进行语法结构上的重新整合，生产出新的知识产品。它包括知识因子的重组和知识联系重组。

(2)知识表示(语义学原理)：知识表示是将知识对象中的知识因子和知识联系表示出来，便于人们识别和理解。知识表示是知识重组的前提。知识表示包括采用分类标引表示法和主题标引表示法表示的知识因子表示法和一阶谓词逻辑表示法、产生式规则表示法、框架式表示法、语义网络表示法表示的知识联系表示法。

(3)知识记忆(语用学原理)：知识组织最终要为用户认识和记忆，分类法和主题法近似模拟了人脑识记的机理和结构，但要达到较好的效果，还应建立后控词表和利用超文本技术，最重要的是要发展神经网络技术，使知识的重组和表示更接近人脑的识记原理。

三、知识组织的方法

知识是经过浓缩加工、系统化、理论化的信息。知识组织就是知识的再加工，便于人们认识、学习、理解和接受，促进知识运用和知识创新。合理地组织知识，知识才会为我们所用。组织知识需要依赖于一些方法。具体表现在如下方面：

(1)知识表示

所谓知识表示，是指把知识客体中的知识因子和知识关联表示出来，以便人们识别和理解知识。知识表示是知识组织的基础与前提，因为任何知识组织方法都要建立在知识表示的基础上。

知识表示有主观知识的表示和客观知识的表示之分。

主观知识存储于人脑中，对它的表示表现为复杂的人脑神经生理与心理过程。目前的科学发展尚未完全探明人脑主观知识表示的内在机制。但是，在人工智能的专家系统研究领域，对人脑的知识表示机制进行模拟研究，取得了可喜成果。专家系统的核心是知识库系统，知识库中的知识存储方式及其推理输出规则，即为专家系统的知识表示方法。专家系统对专家知识的表示主要采取以下四种方式：

逻辑(Logical)表示法。这种方法运用命题演算、谓词演算等逻辑手段来描述一些事实的性质、状况、关系等知识。它利用命题逻辑中的连接词符号建立演绎逻辑系统，可进行事实推理、定理证明等运算。

产生式规则(Production Rules)表示法。这是一种前因后果式的知识表示模型，它由两部分构成，前一部分称为条件，用来表示状况、前提、原因等；后一部分称为结果，用来表示结论、后果等。其规则是："IF(前件)THEN(后果)"，其意义是，如果(IF)前件满足，则(THEN)系统执行动作或得出结论。在一个专家系统中，专家知识、用户知识和背景知识，一般用产生式规则表示。如在文献检索专家系统中，用"IF ... THEN ..."规则能很方便地表达诸如标引规则、聚类规则、检索反馈策略等专家经验和思想。

语义网络(Semantic Network)表示法。知识的语义网络表现为某一领域知识概念之间关系的网式图。它由节点和弧构成，节点表示知识的基本概念(知识因子)，弧表示节点间的联系(知识关联)。语义网络表示法能够把知识因子和知识关联同时生成和表示，并以图的形式直观地显示出来。这种表示方法符合人类联想记忆的思维模式，因此在专家系统建设中得到了广泛应用。在文献标引实践中，用语义网络来表示词表知识是一件比较容易的事情。

框架(Frame)表示法。它的基本思想是根据人们以往的经验和背景知识来推理当前事物的相关知识。一个框架由多个槽(Slot)组成，每个槽又由一个或多个侧面(Facet)描述，若干个槽共同描述框架所代表的事物的属性及其各方面表现。框架表示法能够深入全面地揭示事物的内部属性，适用于知识的深层表达。

客观知识存在于各种类型的文献之中，具有确定的知识因子和知识关联结构。客观知识表示的任务就是把文献中的知识因子和知识关联用一定方式表示出来。对文献知识的表示，目前普遍采用分类标引法和主题标引法。这两种方法都属于揭示文献主题内容的方法，两者的基本原理相同：先编制标引用词典或称标引语言，然后把文献知识特征(形式特征与内容特征)与词典中的标引词汇进行相符性比较，最后把相符的词汇用其代号(分类号或主题词)表示出来。这个代号称为文献标志符。但两者的知识组织体例不同。分类标引法是语法组织和语义组织的综合，基本上属于族性组织体例。主题标引法是以语法组织为主、语义组织为辅的综合组织，基本上属于特性组织体例，其中词族索引和范畴索引由于展现了主题词之间的等级关系和学科关系，因而基本属于语义组织体例，而附表和语种对照索引则属于语法组织体例。

(2)知识重组

知识重组是对相关知识客体中的知识因子和知识关联进行结构上的重新组合，形成另一种形式的知识产品的过程。知识重组的目的是通过对知识客体结构的重新组合，为用户克服因知识分散而造成的检索困难提供索引指南，为人们提供经过加工整序后的精炼性知识情报，为用户理解和吸收知识，提供评价性或解释性知识。

知识重组包括知识因子的重组和知识关联的重组。

知识因子的重组是指将知识客体中的知识因子抽出，并对其进行形式上的归纳、选择、整理或排列，从而形成知识客体的检索指南系统的过程。这一重组过程实际上是对知识因子在结构上的整序或浓缩的过程。在这个过程中，知识因子间的关联并未改变，没有产生新知识。在文献情报工作中往往利用知识因子的重组手段，形成文献知识的索引系统，例如，主题索引系统和分类索引系统的形成。它们的产品形式就是各种类型的二次文献，包括目录、索引、文摘、题录、书目之书目、文献指南等。

知识关联的重组是指在相关知识领域中提取大量知识因子，并对其进行分析与综合，形成新的知识关联，从而生产出更高层次上的综合的知识产品的过程。由于改变了知识因子间的原有联系，所以其结果可以提供新知识，也可以提供关于原知识的评价性或解释性知识。它所形成的产品主要是各类三次文献，如综述、述评、词典、手册、年鉴、类书、百科全书、专题讲座等。无论是知识因子的重组还是知识关联的重组，都要遵循客观性原则，即都不能改变原知识客体的语义内容。由此可以看出，知识重组基本上属于语法组织的范畴。

(3)知识聚类

它也可称为知识分类组织法。聚类和分类是一个过程的两个方面，分类的结果产生了聚类，聚类的结果产生了分类。知识聚类组织法，是指将知识按一定的聚类标准分门别类地加以类集和序化的过程。它的基本原理是“事以类聚”，即根据事物的不同属性，将属性相同或相近的事物集中在一起，将属性不同的事物区分开来。

以学科聚类和以主题概念聚类是古今中外各种文献分类法普遍采用的知识聚类方法，它们分别以学科分野和知识客体的主题概念作为区分知识集合的标准。

以时空聚类知识具有时空结构。知识的时空聚类就是根据知识产生的时间和空间属性为标准来类集知识。文献知识的分类组织中所采用的时代复分和地区复分，就体现了以时空聚类知识的原则。在知识创新研究中，如果正确使用知识的时空聚类方法，将会产生显著效果，甚至可能取得意想不到的创造性成果，这是因为知识的时空聚类不仅仅是一种归类，更重要的是一种整合。在知识创新研究中，可采用如下四种知识时空聚类方法。①将时空相近的知识整合在一起。这不仅可以实现知识的归类，可以了解某一学科的发展现状，还可以进行某一学科研究成果的横向比较研究。②将时间上相近、空间跨度较大的知识整合在一起。这可以实现某阶段不同知识成果间的交叉渗透，有利于新知识的产生。知识空间的跨度越大，其知识单元的差异就越大，各知识单元间的优势互补就越明显，其价值也就越大。③将时间跨度较大、空间上相近的知识整合在一起。这可以看出某一学科、某一领域的发展脉络，预测其发展趋势，也可以找出某一事物发展的主导因素和其中的关键问题。④将时间跨度和空间跨度都较大的知识整合在一起。这可以极大地发挥各知识单元间的“杂交”优势，既可以使一些老的学科焕发活力，又能促进新学科的产生。许多新兴的交叉学科的诞生就是通过这一途径实现的。

(4)知识存检

知识存检是由“存储”和“检索”两方面构成的系统或过程。这里所说的检索，是指检索系统的建立过程，而不是用户的实际检索过程，因为用户的实际检索过程处于知识的查找和利用环节，而不处于知识组织的环节。知识因能够存储而得以积累和延传，因能够检索而得以吸收利用。建立科学有序的知识存检系统是知识组织活动的重要任务。知识存检可分为脑内存检和脑外存检。知识的脑内存检表现为复杂的大脑神经生理与心理过程。目前认知心理学对大脑知识存检机制的研究可谓富有成果。在认知心理学研究中，知识的存检被当做记忆过程来对待。一个完整的知识记忆过程包括知识的存储、编码和提取(回忆)三个环节。

知识的脑内存检(记忆)过程，实际上就是主观知识的形成过程。尽管人们目前还不能完全探知其内在机制，但它是一切脑外知识存检方法均应遵循的基本依据，因为一切脑外知识存检方法的根本目的就在于为个体的知识记忆服务。

知识的脑外存检又分个体的脑外存检和公共的脑外存检。前者表现为个体的随机行为过程，难以把握和描述其普遍规律，因此本书只论述知识的脑外公共存检。知识的公共存检属于客观知识的存检范畴，也即属于文献存检范畴。社会的文献情报部门就是从事文献的公共存检工作的专门机构。

(5)知识编辑

它是指对知识客体进行的收集、整理、加工制作等编辑活动。知识编辑的过程一般表现为先“辑”后“编”，即先收集相关资料，然后加工制作成特定形式的知识产品。从知识编辑的功能上看，它是知识产品能够汇入知识海洋之中的一道道关闸，在这里，知识编辑起到了“编辑筛”的作用，即符合编辑标准(包括内容标准和形式标准)的知识产品得到生产和流通，而不符合编辑标准的知识产品则被筛掉。某一知识产品在未经编辑前被称为初级产品(或称编前产品)，经过编辑加工后的产品则被称为成样产品或编后产品。在这里不能称为终级产品，因为该产品可能以后还会继续被编辑。某一知识产品，经过“编辑筛”的筛选，成为成样产品，这就是所有编辑活动的微观过程。从宏观上看，知识编辑的筛选功能可以实现知识生产的“优生”，从而保证知识生态的优化组合。可见，知识编辑是关系到知识生态环境优劣的知识组织方法。因特网上的知识信息之所以庞杂混乱，主要是许多知识信息未经编辑而直接上网所致。

知识编辑和知识重组具有相似性，两者之间有时相互包容、相互交叉，例如，大部分二、三次文献的形成过程，就是通过知识编辑活动来完成的。正因如此，有些知识组织活动既可以说成是知识重组，也可以说成是知识编辑。尽管如此，知识编辑和知识重组之间还是有比较明显的区别。知识编辑活动往往由比较固定的编辑组织，且相对职业化的编辑人员来完成。而在知识重组活动中一般不需设有固定的编辑组织，即使有时设有编辑组织，也是临时性的，有些知识编辑活动就不宜或不能说成是知识重组活动，如丛书编辑、译文编辑等。

(6)知识布局

知识布局是一种宏观的知识组织方式，它是指对社会上的知识资源进行调配和布局，以实现知识资源的合理配置，满足社会、经济、文化发展的需要。

根据知识载体的不同，知识布局可分为主观知识的布局和客观知识的布局。

主观知识的布局主要通过对主观知识的拥有者——人的配置活动来实现，主要有自然性布局和政策性布局两种形式。科教文卫部门和政府机关聚集了大量知识分子(即拥有大量主观知识资源)，这是社会发展需要所造成的自然性布局。发达国家和发达地区聚集了大量优秀知识分子，也是一种自然性布局。而向落后部门或落后地区支援、调配所需人才，则属于政策性布局。

客观知识的布局基本上属于文献资源布局的范畴。所谓文献资源布局，就是从宏观上制定目标和规划，进行协调和分工，以指导文献情报部门的文献收集工作，突出各自优势，形成比较完备的收藏，并将其作为社会的知识资源，共享共用，从而建立文献资源保障体系。文献资源的布局分为自然性布局和政策性布局。社会上的文献情报部门收集有大量文献资源，发达国家和地区拥有世界上大部分文献资源，这是一种自然性布局状况。而诸如“知识工程”、“捐书工程”、“送书下乡”、“全国图书协调方案”等，就属于政策性布局措施。

(7)知识监控

这里所说的知识监控，主要是指政策性监控，它是指政策主体按照自己的意愿和利益，制定相关的政策法规，对知识主体(包括生产主体、管理主体和利用主体)的行为活动加以限定和监督。知识监控是一种知识的外在组织方法，其目的是完善知识系统的内在秩序。

知识监控可分三种类型。

①思想监控。这是指政策主体对知识主体及其知识产品的政治倾向性所实施的限定与监督。其主要对象是人文社会科学领域。对知识主体及其知识产品实施思想监控，是阶级社会的一个特点，只要阶级存在，这种监控就不可避免，不管其历史后果如何。

②法律监控。这是指法律主体为了保证其意志与利益的实现，为了保障知识主体的合法权益，为了保证社会的知识管理活动的正常秩序，而对知识主体和知识管理活动加以法律限定与监督。知识的法律监控主要表现为相关法律法规，如知识产权法、专利法、图书馆法、档案法、信息保密法等的制定与实施。知识的法律监控具有强制性与统一性特点。

③标准监控。这是为了保证知识组织活动的标准化和规范化而实施的一种监控。它主要表现为一系列相关标准、规程的制定与实施过程，如文献著录标准、文献分类与标引规则、数据库数据格式标准、参考文献著录规则、期刊编辑规则、文献情报工作评估标准、索引款目格式及其编排规则、索引语言词典等的制定与实施。知识的标准监控具有统一性、规范性和操作性特点。

思考题

1. 简述信息组织的概念及意义。
2. 信息组织的专业目的是什么？
3. 简析信息组织的学科基础。
4. 信息组织应遵循哪些基本原则？
5. 怎样理解信息组织与知识组织的关系？
6. 怎样理解“谁的信息流速快，谁的发展速度就快；谁的信息储存量大，谁的无形资产就大”这句话？

第五章 信息检索与利用

第一节 信息存储

一、信息存储的含义

信息存储是指信息服务人员将大量无序的信息集中起来，根据信息源的外表特征和内容特征，经过整理、分类、浓缩、标引等处理，使其系统化、有序化，并按一定的技术要求建成一个具有检索功能的工具或检索系统，供人们检索和利用。它包含三层含义：一是将所采集的信息按照一定规则记录在相应的信息载体上；二是将这些载体按照一定的特征和内容组织成系统有序的、可供检索的集合体；三是应用计算机等先进的技术和手段，提高信息存储的效率和利用水平。

二、信息存储的作用

1. 便于检索

将加工后的信息资源存储起来，形成信息资源库，为用户从中检索所需的信息提供了极大的便利。

2. 延长寿命

存储信息可以有效地延长信息资源的使用寿命，提高信息资源的使用效益。

3. 利于共享

通过将信息资源集中存储到信息资源库中，为用户提供统一的访问入口，便于信息共享和重复使用，提高了信息资源的利用率。

4. 便于管理

只有被存储的信息，才能通过先进的数据库管理技术对其进行动态的管理，包括增添新信息，修改、删除已经过时的数据或信息。

三、信息存储技术

从早期以印刷品为载体存储信息，到现在以软盘、硬盘、缩微胶片和光盘等新型载体存储信息，信息存储技术有了迅速的发展，这不仅使信息存储高密度化，而且使信息存储与快速检索结合起来，提高了信息存储与检索的效果。

(一)印刷存储

造纸和印刷术的发明，给信息的存储与交流带来了深刻的影响。长期以来，世界各国的图书馆、档案馆、文献信息中心、资料室等公益性的文献存储机构，也正是一直以纸质印刷文献为保存对象，达到信息存储、交流、利用和共享的目的。纸质文献的类型多种多样，一般按照文献编纂方法和出版特点划分，可以分为图书、期刊、报纸、会议文献、科技报告、标准文献、专利文献、学位论文、产品说明书等。

（二）磁存储

磁存储是指将一切能够转变成电信号的信息通过电磁转换，记录和存储在磁记录介质上，并且可以重复输出的存储技术。磁存储是现代信息存储的主要手段，磁存储信息系统，尤其是硬磁盘存储系统，是当今各类计算机系统的最主要存储设备。主要磁存储介质有计算机磁带、硬盘、软盘和移动存储磁盘。

（三）缩微存储

信息的缩微存储是用缩微摄影机将文件资料缩小拍摄在感光胶片上，经加工处理后作为信息载体保存起来，供以后拷贝、发行、检索与阅读用。缩微技术以胶片作为介质，采用感光摄影原理，并逐步与计算机、微电子、静电复印与传真等现代先进技术相结合，成为迄今最成熟的文献资料全文本真迹存储技术。目前，缩微技术已经发展成为一种成熟的技术，并且已广泛应用于保存珍贵的文献和典籍。利用计算机辅助缩微品检索系统和视频缩微系统，可以实现全文检索，通过通信网络，还可以实现缩微品自动存储检索和缩微全文资料共享。

（四）激光存储

激光存储是指将具有很高相关性和单色性的激光束汇聚到光衍射极限的斑点上，在这个微光斑区使某种存储介质产生物理或化学变化从而使该微光斑区的某种光学性质与四周介质有较大的反衬度。要存储的信息、模拟量或者数字量用调制激光束载入，读取时用另一束激光束监测光信号，经过解调输出。光存储经历了只读存储器 CD-ROM，可刻录存储器 CD-RW、DVD-ROM、DVD 刻录等阶段。目前光盘盘片和光盘机的生产技术都已成熟。盘基用有机高分子材料注塑而成。只读盘上的信息是在注塑过程中模压在盘基上的。复制过程中盘片所需的加工周期仅 2 秒左右。

（五）云存储

云存储是在云计算（Cloud Computing）概念上延伸和发展出来的一个新概念，云计算是通过网络将庞大的计算处理程序自动分拆成无数个较小的子程序，再交由多部服务器所组成的庞大系统经计算分析之后将处理结果反馈给用户。通过云计算技术，网络服务提供者可以在数秒之内，处理数以千万计甚至亿计的信息，达到和“超级计算机”同样强大的网络服务。而云存储的概念和云计算类似，是指通过集群应用、网格技术或分布式文件系统等功能，将网络中大量的各种不同类型的存储设备通过应用软件集合起来协同工作，共同对外提供数据存储和业务访问功能的一个系统。简单来说，云存储就是将储存资源放到云上供人存取的一种新兴方案。使用者可以在任何时间、任何地方，透过任何可联网的装置连接到云上方便地存取数据。云存储按照其开放性可以分为公共云存储、内部云存储和混合云存储三类。

第二节 信息检索

一、信息检索概念

广义的信息检索，应该包括信息的“存”和“取”两方面，而狭义的信息检索只涉及“取”的概念，是指利用一定的检索算法，借助于特定的检索设施，并针对用户的检索需要，从结构化或非结构化的数据集合中获取有用的信息的过程，简单地说就是信息集合与需求集合的匹配与选择。

二、信息检索分类

(一)按照检索的内容分

1. 文献检索

也可称为数目检索，是一种查出某一主题的文献的检索。它是一种相关性检索，提供与用户问题相关的书目线索(文摘、题录或全文)供用户参考。

2. 数值数据检索

从检索系统存储的文献中查出用户所需数据的检索，它是一种确定性检索，用户获得的数据是经过专家测试、评价的，可直接用来进行定量分析，如疾病诊疗手册、药物手册等。

3. 事实检索

对文献中提取出来的事实、要领、思想、知识等非数值信息的检索，它是一种确定性检索，用户获得的是某一事物的具体答案，如字典、词典、百科全书、疾病指南等。

4. 声像检索

针对各种数字化音频和视频信息而进行查询的一类操作。

(二)按照检索技术的发展分

1. 全文数据库检索

是指通过计算机将文献的全貌转换成计算机可读的形式，直接采用自然语言设置检索入口。

2. 多媒体检索

是指能够支持两种以上媒体的数据库检索。多媒体数据库及检索技术发展迅速，使对同时存在文字、图形、图像、动画、声音等媒体的数据进行统一的存取和管理成为可能，检索时不但能够浏览有关查询对象的文字描述，而且同时能够听其声、观其形。

3. 超文本检索

是一种具有联想功能的新兴检索技术。它提供的是一种多向的网络检索环境，通过网上各节点的链接把相关信息有机地编制在一个网状结构内，检索时用户能够从任何一个节点开始，从不同的角度检索感兴趣的信息。

三、信息检索原理

在信息的存储和检索过程中，为了使文献在检索者和检索系统间有效传递，各种检索系统会使用专门的语言体系来描述信息的内容特征和外部特征，同时要求检索者的检索提问式也使用该语言来进行检索，这就是信息检索的原理(见图 5-1)

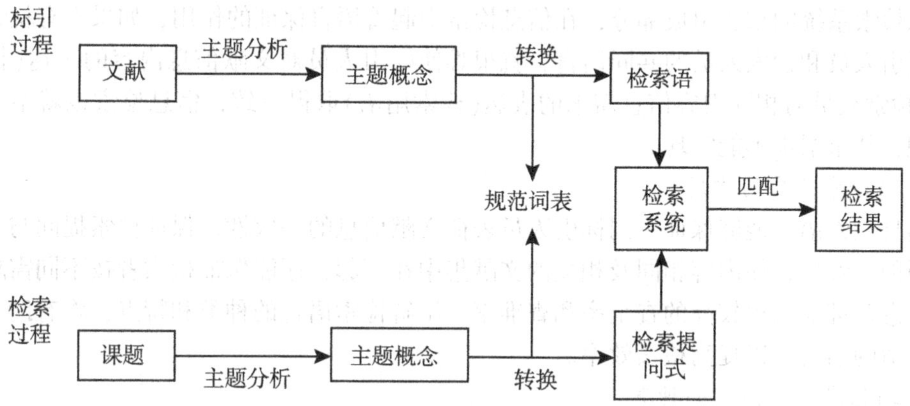

图 5-1 信息检索原理图

由该原理图可见，文献存储的过程是：信息加工者(标引员)首先对文献内容进行主题分析，把握文献所论述的主要内容，形成主题概念(关键词)，然后通过特定的词表(主题词表或分类表)将其转换为检索语言，最后将这种语言按照一定的方式进行编排，输入文献检索系统。文献检索的过程是：检索者首先提出检索需求(课题)，在对课题进行分析的基础上选定主题概念(关键词)，同样借助词表转换成规范化的检索语言(即检索提问式)，并向检索系统提问，此时，检索系统内部会将检索提问词与系统中已经存入的检索语言进行匹配，两者一致的信息即被检索出来，从而得到检索结果。可以想象，要想使检索效率提高，比较好的办法就是检索者使用的检索提问式尽量与文献加工时使用的检索语言相似，而且匹配度越高越好。

对文献中的自然语言进行规范化处理的理由是，自然语言的语词存在的天然缺陷就是有同义词、多义词、同形异义词现象，例如，异搏定(一种抗心律失常药)，它在自然语言中会出现多种形式，如异搏定、异搏停、维拉帕米等，如果不对这种现象进行控制，检索者要想从系统中尽可能全地检出有关异搏定的文献(为了保证检全率)，必须把所有的同义词都考虑进去才能实现，这样势必增加检索者的负担。所以，一些专业数据库通过对关键词进行规范化处理的方法较好地解决了这个问题，即检索者只要知道异搏定的规范词是什么，使用该词作为检索提问词，就可以检出所有讨论异搏定但可能用其他同义词描述的文献了。不仅如此，自然语言是没有语义关系揭示的，例如计划生育、避孕和人口控制这三个词，在关键词表中按字顺排列是分散的，看不出三者之间任何的内在联系，而在主题词表中，可以通过参照注释看出这三个词之间存在着相关关系，据此，也可以帮助检索者扩大选词范围。

四、信息检索语言

(一)检索语言的概念

检索语言是用于描述信息系统中信息的特征和表达用户提问的一种专门的人工语言，

是人与信息系统对话的基础。从表现形式上看，信息检索语言就是文献信息检索系统中的标志符号，能提供多种多样的检索入口，如题名、著者、分类号、主题词、关键词、期刊名等。虽然检索语言是由信息加工人员创建和使用的，但从检索原理可以看到，检索语言是信息检索系统的重要组成部分，在信息检索中起着语言保证的作用，如果没有检索语言作为标引人员和检索人员的共同语言，就很难使标引人员对文献信息内容的表达(标引用语)和检索人员对相同内容信息需求的表达(检索用语)取得一致，信息检索也就不可能顺利实现，甚至根本不能实现。

(二)检索语言的作用

信息检索语言能够保证不同标引人员表征文献信息的一致性，保证检索提问与文献信息标引的一致性，使内容相同及相关的文献集中在一起，还能保证检索者按不同需求检索文献信息时都能获得较高的查全率和查准率。了解检索语言的种类和特点，将有助于我们选择合适的语言，以提高检索效率。

(三)信息检索语言的种类

信息检索语言根据其揭示文献内容深度的不同，可以分为文献外表特征检索语言和文献内容特征检索语言。前者包括书名刊名检索语言、著者检索语言、文献序号检索语言和引文索引检索语言；后者包括分类语言和主题描述语言。

1. 分类语言

是指将各领域的知识按照知识分类的原理按等级排列，以代表类目的分类号作为表征文献标志的一类语言，也称分类法。其主要特点是按学科和专业集中文献，从知识分类角度揭示文献间的区别与联系，提供以学科分类为出发点的检索途径。著名的分类法有《国际十进分类法》、《美国国会图书馆图书分类法》、《IPC 国际专利分类表》、《中国图书馆分类法》等。

2. 主题描述语言

是指直接将用于表达文献内容主题的语词作为表征文献标志的一类语言，又分为主题词语言、关键词语言、标题词语言和自然语言四种，其中前两种是目前使用最多的：

(1)主题词语言。主题词也称叙词，它是一类以概念为基础，经过规范化和优选处理，具有组配功能，并能显示词间语义关系和动态性的词和词组。与分类语言相比，主题词语言的优越性主要体现在：①专指性更强，主题词能够反映比较专深的概念，较好地保证了检准率；②排列更客观，主题词是按照字母顺序排列的，人为干扰因素小，更便于检索者找词；③适应性更好，主题词表不决定图书的藏书排架，因此更新起来更容易，更能反映学科的发展动态。与关键词语言相比，主题词语言的优势是：①规范了同义词、多义词、近义词等，较好地保证了检全率；②揭示了词间的语义关系，帮助扩大选词范围；③通过配套的主题词分类表，实现计算机扩展检索功能；④通过加权标引，副主题词限定，实现主题词加权检索和副主题词限定检索，有效提高了检准率。尽管如此，主题词在反映学科最新发展和过于专深的概念时的适应性不及关键词语言，同时，编制词表和文献主题标引工作需要消耗大量的人力、物力和财力，这是数据库生产部门不得不考虑的问题。

(2)关键词语言。它是指出现在文献或网页的标题(篇名、章节名)或文摘、全文中，能够表达文献实质内容或者能够被作为检索入口的关键性名词术语。关键词语言最大的优点是直接采用出现在最新文献或网页中的语言，满足人们查找新概念的要求，提高检准率；同时通过计算机编制关键词索引速度快、时差短、成本低。因此关键词语言常被网络检索工具所采用。但是关键词语言也存在着无法克服的缺陷，即：①关键词通常取自文献中的作者用词，未经过规范化处理，容易导致同一主题文献信息因为用词不同而分散，因而造成漏检；②若平均每篇文献标引的关键词过多，则会增加检索噪音，导致误检的可能性增大；③关键词语言不能揭示此间的语义关系，没有等级结构，不能满足族性检索的要求。

(3)标题词语言，是主题描述语言中最早出现的一种，它是以标题词(规范的事物名称、名词术语)作为文献主题内容的标志和检索标志。标题法的主要特征是事先编表，标题词以固定的组合方式组织在主题表中，形成标题，检索按既定组配执行。但是标题词更适用于手工检索系统。《美国国会图书馆标题表》(*Library of Congress Subject Headings*, LCSH)是当今最著名的标题表。

(4)自然语言。自然语言是不进行标引，直接利用计算机的功能，通过自然语言中的词汇或词组组配对文本形式的信息资源进行匹配检索的方法。这种方法又称文本检索或全文检索。

然而，无论是分类语言还是主题词语言要想真正发挥效用，都必须编制相应的词表。

(四)与信息检索语言配套的词表

1. 中国图书馆分类法

《中国图书馆分类法》(简称《中图法》)，1975 年由科学技术文献出版社出版，2010 年已经出到第五版。《中图法》是严格按照体系分类法的结构编排的等级体系分类语言，是我国图书情报部门对图书进行归类排架使用的词表。该表以各门学科的特点和规律为基础，将学科划分为 5 个基本部类，22 个基本大类。《中图法》的 5 个基本部类为：马、列、毛泽东思想；哲学；社会科学；自然科学；综合性图书。22 个基本大类(一级类目)，用 22 个英文字母列出。下面以 R 类(医学类)为例，显示《中图法》的层层隶属、逐级展开的等级体系关系(见图 5-2)。

由图 5-2 可见，《中图法》采用的是英文字母和阿拉伯数字混排的号码标志体系，每一个分类号代表一个特定的概念。号码的位数可以反映相应类目的分类等级，文献的分类标引和分类检索正是以此为依据的。《中图法》所具备的按学科或专业集中文献的功能，对图书按学科归类排架起到了很好的标引作用，也为检索工具书提供分类检索途径创造了条件。目前我国的图书馆、情报机构、档案部门以及检索刊物的分类标引使用的都是《中图法》。

2. 医学主题词表

医学主题词表(Medical Subject Headings，MeSH)是由美国国立医学图书馆(NLM)1956 年编制的专门针对 PubMed 数据库进行文献主题标引和主题检索使用的词表，是医学文献检索领域最具代表性的主题词表。MeSH 词表由字顺表和树状结构表两部分组成。

(1)MeSH 字顺表。一共收录了 4 种类型的词汇：

①叙词，也称主题词。占总收词量的绝大多数。例如：肝肿瘤、胆囊炎、维拉帕米、甲状腺等。2014 年版 MeSH 共收录27 149个主题词。

- R医药卫生
  - R-0 一般理论
  - R-1 现状与发展
  - R-3 医学研究方法
  - R1 预防医学、卫生
  - R2 中国医学
  - R3 基础医学
  - R4 临床医学
  - R5 内科学
  - R6 外科学
  - R71 妇产科学
  - R72 儿科学
  - R73 肿瘤学
    - R730一般性问题
    - R732心血管肿瘤
    - R733造血器及淋巴系肿瘤
    - R734呼吸系肿瘤
    - R735消化系肿瘤
    - R736内分泌肿瘤
    - R737泌尿生殖系肿瘤
    - R738运动系肿瘤
    - R739.4神经系肿瘤
      - R739.41颅内肿瘤及脑肿瘤
      - R739.42脊髓肿瘤
      - R739.43周围神经肿瘤
      - R739.44植物神经肿瘤
      - R739.45脑膜肿瘤
    - R739.5皮肤肿瘤
    - R739.6耳鼻咽喉肿瘤
    - R739.7眼肿瘤
    - R739.8口腔、颌面部肿瘤
    - R739.9其他部位肿瘤
  - R74 神经病学与精神病学
  - R75 皮肤病学与性病学
  - R76 耳鼻咽喉科学
  - R77 眼科学
  - R78 口腔科学
  - R79 外国民族医学
  - R8 特种医学
  - R9 药学

图 5-2 《中图法》中的医药卫生类目

②款目词，也称入口词。引导标引者找到主题词。即指明词间的用代关系。例如：弓形足见足畸形、昏睡见睡眠期等。2014 年版 MeSH 收录入口词超过218 000个。

③非主题词，也称类目词。它是为保证分类体系的完整性而设置的，只作为树状结构表的类目词，不用于主题词的标引，这类词一般都是一些类目很大的词。例如：肌骨骼畸形(类目词)、身体部位(类目词)。

④副主题词，也称限定词，是一类对主题词起限定作用的词汇，本身没有独立检索意义。目的是缩小检索范围，提高检准率。例如：肝炎/诊断、环丙沙星/药理学、结核，肺/化学诱导等。

(2)医学主题词树状结构表。树状结构表(Medical Subject Headings—Tree Structure)是 MeSH 的辅助索引，也将其称为 MeSH 的姊妹篇，是 NLM 为联机检索系统而设计的。

①树状结构表的结构。为了显示主题词的学科体系，MeSH 将字顺表中的主题词按学科从分类角度进行划分，编制了分类索引。该索引将 MeSH 字顺表中的主题词划分成 16 个大类。再从大类展开，分为一级子类目，各子类目又逐级展开，层层划分，最多可达 12 级。有的主题词可能同属于两个或多个子类目，这种主题词后可同时列出多个树形结构号，并分别排在其所属的类目中。

②树状结构表的作用。树状结构表的作用如下：

A. 用树状结构号确定主题词在分类表中的位置，是字顺表和范畴表的联系号，是副主题词组配范围的依据。

B. 是选择专指主题词的依据。便于缩小检索范围，提高检准率。

C. 是选择上位主题词的依据。便于扩展检索，提高检全率。

D. 通过分类号可以了解某主题词的学科属性及该词与其他词的隶属关系，加深对医学知识的了解。例如重链病 C15. 604. 515. 435，依据其分类号，可以找到该病的上位类是淋巴组织增生性疾病 C15. 604. 515，再上位类是淋巴疾病 C15. 604，故由此可以确定重链病属于淋巴疾病范围。

E. 实现分类主题一体化，体现了检索语言的发展方向。目前许多词表的功能往往比较单一，或者是单纯的分类表，或者为单纯的主题词表，而 MeSH 将字顺表和分类表两表合一，实现了分类主题一体化。一体化的结果是加强了单一词表的功能，尤其在检索方面，既能进行主题词的特性检索，又能实现分类的族性检索，使检全率和检准率都得到了加强。

3. 一体化医学语言系统

一体化医学语言系统(Unified Medical Language System，UMLS)，又称统一医学语言系统，是 NLM 研发的一部对生物医学领域内多种受控词表的纲目式汇编，被视为生物医学概念所构成的广泛而全面的叙词表和本体。UMLS 提供一种位于所收录词表间的映射结构，使这些不同的术语系统之间能够彼此转换，从而使计算机能够识别同一概念的不同表达形式，了解人类知识结构，具备某种“智能”，并使医疗卫生专业人员和研究者能够通过多种检索交互程序，克服不同系统语言差异性和不同数据库相关情报的分散性所致的诸多情报检索问题，帮助用户跨情报源(包括计算机化的病案记录、书目数据库、专家系统等)一体化检索电子式生物医学信息。

UMLS 主要由超级叙词表(Metathesaurus)、语义网络(Semantic Network)、专家辞典(Specialist Lexicon)和情报源图谱(Information Sources Map)四个部分组成。

五、信息检索方法

信息检索的第一步就是确定检索方法。根据检索者的检索需求、客观环境(检索条件)和检索能力等的不同，人们采用的方法也不尽相同，归纳起来可以分为以下四种。

1. 浏览法

也称直接法，是指直接通过查阅期刊目录浏览信息的一种方法。其优点是时效性好，可以直接看到原文，对于最新出版的、未被检索工具收录的期刊价值很大。不足之处是该法带有较大的盲目性和偶然性，很难做到准确全面地获得所需信息。因此，只能作为查找文献的一种辅助方法。

2. 常用法

也称工具法，即利用检索工具查找文献的一种方法。它是信息检索最常用也是首选的方法。其优点是检索的文献信息全面、检索速度快、检索效率高。常用法主要有顺查、倒查和抽查三种方式。

3. 引文法

又叫追溯法、引证法，是利用文献的参考文献和引文展开信息查找的方法，是一种跟踪查找的方法。引文法的使用有两种方式：

(1)追溯检索法

追溯检索法即利用文献信息密度较大的几种期刊的最近两三年的综述、述评或专著后的参考书目信息等查出一批与检索课题有关的文献，再以这批文献所附的参考文献作为线索，找到第二批相关文献，以此类推获得一批与主题相关的文献。

(2)引文索引法

引文索引法即利用引文索引从被引论文开始查找引用它的全部论文的方法，通过此方法可得到与同一主题相关的一批文献，但该方法需应用专门工具——引文索引，国外比较著名的引文索引工具有美国的《科学引文索引》(*Science Citation Index*, SCI)、《社会科学引文索引》(*Social Science Citation Index*, SSCI)，我国的引文检索工具有《中国科学引文索引》、《中国社会科学引文索引》等。

4. 交替法

又称分段法或循环法，是指综合运用上述几种检索方法的信息检索方法。因此，交替法兼有工具法和追溯法的优点，可得到较高的查全率和查准率，尤其适用于查阅那些过去年代里文献量较少的课题。

总之，上述检索方法各有优缺点。在实际检索中，究竟采用哪种方法应根据检索条件、检索要求和检索背景等因素来决定。

六、信息检索途径

检索途径主要是针对常用法而言的。检索途径实际上就是检索语言对应的检索标志符，同样分为外部特征和内容特征两大类。

1. 外部特征

主要包括题名途径、作者途径、序号途径和其他途径四种。由于这种检索途径更适用于满足检索者目标明确时的信息需求，因此也常将其称为根据已知项检索。

(1)题名途径，指以文献的标题为线索检索文献的途径。包括书名、刊名、文章的篇名、会议名称、报告名称、标准名称、网页标题等。

(2)作者途径，依据文献的责任者查找信息的途径。包括著者(个人或团体)、编者、译者等。欧美国家作者在文章中习惯署名是名在前、姓在后，但在数据库著录时则要倒置过来，采用姓用全拼，名用缩写的格式。如 William Henry Harrison，用著者途径检索时则转换成：Harrison WH。因此，对国外责任者或译成外文的中国责任者的检索一定要全面、耐心，并对检索到的文献仔细分析判断。

(3)序号途径，是按照文献信息被赋予的固有号码顺序来检索信息的途径。如科技报告号、专利文献号、标准文献号、收藏号、刊号、化学物质登记号等。使用序号途径检索文献时，需要了解有关文献的相关号码。

(4)其他途径，一般是一些辅助性的检索途径，如著者单位、出版年、来源、化学物质名、化学分子式、结构式等。这些途径对于检索某些专业性或特定的文献信息具有特殊的作用。

2. 内容特征

主要包括分类途径、主题词途径和关键词途径三种。和外部特征相比，内容特征检索要考虑的是满足某一主题内容的文献有多少，而不需考虑其他已知因素，因此也称为根据未知项检索。

(1)分类途径，是一种用分类号表达信息需求的检索途径。其优点是可以把满足同一学科的文献集中检索出来，有利于全面了解某一学科的相关文献信息，因此检全率很高。但一些新兴学科、边缘学科、交叉学科的文献难以给出确切的类别，易造成误检或漏检。

(2)主题词途径，是一种用主题词表达信息需求的检索途径。其优点是可以满足某一主题内容的检索需求，实现特性检索，而且满足同义词和核心概念词(加权词)的检索需求，因此，检全率和检准率都比较高。提示检索者在对有主题词途径的检索工具进行检索时，首选主题词途径。

(3)关键词途径，是一种直接使用关键词(自然语言)表达文献内容的检索方法。大部分检索系统的默认检索方式是关键词检索。对于新的术语，关键词是个很好的检索途径，但自然语言固有的缺点使得关键词的检索效率没有主题词高。

七、信息检索技术

不可否认，检索技术的发展对检索效率的提高起到了相当大的促进作用，因此，掌握好信息检索技术可以很好地提高检索效率。常用的信息检索技术有：

1. 布尔检索

布尔检索是检索系统中应用最广泛的检索技术，即用布尔逻辑运算符来表达检索词之间的逻辑运算关系。三个基本的布尔逻辑运算符是：AND、OR、NOT，分别表示逻辑与、逻辑或和逻辑非。

(1)AND。要求检索 A 概念和 B 概念同时出现的记录，其作用是缩小检索范围，提高查准率(见图 5-3(a))。逻辑与是一种最常用的检索表达式，通常的数据库如果两个概念间不输入逻辑符，系统会默认为是逻辑与的关系。例如，查找有关“儿童哮喘”的文献，其逻辑表达式为：child asthma，表示检索文献必须同时包含 child 和 asthma 两个检索词才算命中文献。

(2)OR。要求检索论及 A 概念或者论及 B 概念的文献以及同时含有 A 概念和 B 概念的文献，其作用是扩大检索范围，提高查全率(见图 5-3(b))。逻辑或多用于同义词检索。例如查找有关“失语症(Aphasia)”方面的文献，其逻辑表达式为：aphasia OR dyslexia(诵读困难)。

(3)NOT。要求检索论及 A 概念但不包括 B 概念的文献，也就是在含有 A 概念的文献中去除含有 B 概念的文献，其作用是缩小检索范围，提高查准率(见图 5-3(c))。例如，查找“除锌之外的其他微量元素”的文献。其逻辑表达式为：trace elements NOT zinc。

2. 截词检索

截词检索(Truncation)又称通配符检索，就是把检索词截断，取其中的一部分片段，再加上截词符号一起输入检索，系统按照词的片段与数据库里的索引词对比匹配，凡是包含这些词的片段的文献即被检索出来。截词检索的功能是减少检索词的输入量，简化检索步骤，扩大检索范围，提高查全率。目前，截词检索已在检索系统中得到广泛应用。

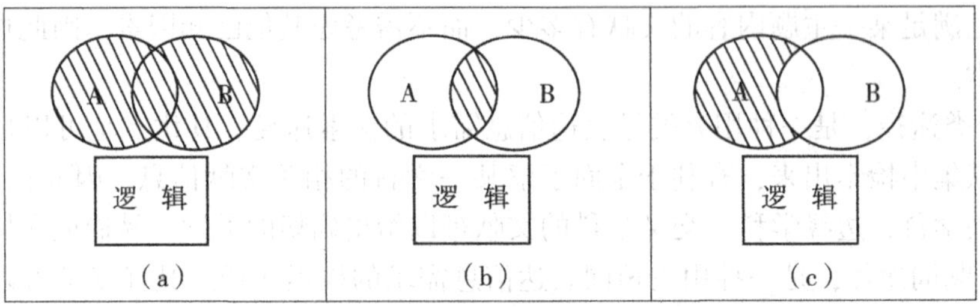

图5-3 布尔逻辑运算符

截词方式有后截词、中间截词和有限截词，其中后截词和中间截词使用较多。截词符号常见的有星号“＊”、问号“?”两种。“＊”常用于无限截词(＊ =0-n 个字母)，“?”则用于有限截词(? =0-1 个字母)。

(1)后截词。前方一致检索，如输入“trav＊”，可以检索到 travel、travail 等词，输入“acid??”，可以检索到 acidic、acids 等词。

(2)中截词。又称通用字符法或内嵌字符截断，是前后方一致检索，如输入“sul??ur”，可以检索到 sulphur、sulfur 等词。

(3)有限截词。检索词串与被检索词只能在指定的位置可以不一致地检索。每一个被屏蔽的字符都由一个“?”来替代，汉字应用两个“?”替代。如输入“???? 信息”可以检索到医学信息、药物信息等词语。

3. 字段限定检索

文献数据库的每条记录都是由多个代表不同信息内容的字段组成的。几乎所有的文献数据库检索系统都设置了字段限定检索功能，用户可以指定一个特定的字段进行检索，以减少误检。在文献数据库系统中，一条记录通常设置了多个可检字段，如中国生物医学文献服务系统 SinoMed 支持的检索字段有中文标题、英文标题、摘要、关键词、主题词、特征词、分类号、作者、第一作者、作者单位、国省市名、刊名、出版年、期、ISSN、基金资助等。

4. 扩展检索与缩小检索

(1)扩展检索，是指初始设定的概念考虑范围较小，需要扩大检索范围的检索方法。其方法主要有：概念的扩大，例如将心动过速的检索扩大为心律失常；范围的扩大，将地区范围和学科范围扩大；增加同义词(通过智能检索)，检索异博定时同时考虑异搏停和维拉帕米等；时间的扩大等。

(2)缩小检索，又称二次检索，是指开始的检索范围太大，需要增加限定条件的一种检索方法。与扩展检索正好相反，可以有概念的缩小、范围的限定、年代的减少等。此外，还可以采用核心概念(加权主题词)限定；副主题词限定、语种限定；特定期刊限定；文献类型限定等。

上述两种检索方法在医学数据库检索时使用率极高。

5. 加权检索

加权检索是某些已进行主题标引的检索系统(如 PubMed、CBM)提供的一种特殊检索技术。它是保证所检文献与课题实际需求的相符性达到最大值的一种检索方法，也被认为是医学数据库检索的独有方法。

6. 精确检索

精确检索，也称词组检索，是指被检索的几个词是一个不能被拆分开的短语。一般用双“”标注。例如输入“Computer aided diagnosis”，系统便将其作为一个必须连在一起的词组进行检索。要注意的是引号必须为英文半角状态才能生效。

7. 相关信息反馈检索

在检索过程中如果检索者发现某一检索结果非常符合自己的需要，则希望能进一步检索到与该结果类似的信息，这就是相关信息反馈检索。在数据库检索和网络信息检索中，相关信息反馈检索由检索工具自动进行，例如 PubMed 的“Related Articles”、Google 的“Similar Pages”等。利用相关信息反馈检索获得的检索结果，像滚雪球似的越检越多。

8. 智能检索

智能检索的核心是具有人机接口，同时具备推理能力，以此来确定用户提问与数据库文档之间的关系。智能化检索系统需要具备 4 个条件：

(1)主动向用户提供检索系统的参数，帮助用户选择数据库；

(2)具有语法分析功能，使用户能用自然语言进行提问；

(3)帮助用户确定检索策略；

(4)记忆不同用户使用的检索模式及其对数据库的覆盖范围和对所得结果的评价，以便完成自我学习和更新。

八、信息检索效果评价

经过对检索课题的分析、检索工具及方法的选择，直到索取原文等一系列活动，最终检索者会得到一批数量不等的文献资源。在分析和鉴别检索结果后，往往会发现实际检索出的文献不全都是切题文献，而系统中的所有相关文献不见得都被检出了。

1. 检索效率评价方法

为了科学地判断信息检索的效率，需要对检索结果进行定量的评估，通常采用下面四个测量指标：查全率(Recall Ratio，R)、查准率(Precision Ratio，P)、漏检率(Omission Ratio，O)和误检率(Fall-out Ratio，F)。计算方法是：假设在一个特定的检索系统中，检出的切题文献量为 a，系统中所有切题文献量为 b，检出所有文献量为 c，则它们之间的关系如图 5-4 所示：

查全率 $R=(a/b)\times100\%=$(检出切题文献量/系统中所有切题文献量)$\times100\%$

查准率 $P=(a/c)\times100\%=$(检出切题文献量/检出的所有文献量)$\times100\%$

漏检率 $O=(1-a/b)\times100\%$

误检率 $F=(1-a/c)\times100\%$

从上述公式可以看出，查全率和漏检率、查准率和误检率是互补关系，查全率和查准率之间是互逆关系，即查全率高，查准率就低，反之亦然。

2. 检索效率的影响因素

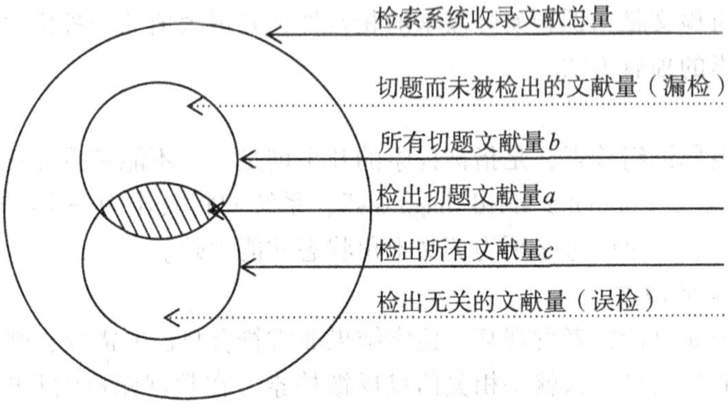

图 5-4 信息检索效率的评价

文献检索效率高低受到诸多因素的影响和制约，主要包括文献的标引质量、主题词表质量、检索工具质量以及检索人员的素质等。

(1)文献标引对检索效率的影响

标引是指对原始文献的中心内容进行主题分析，从中选取足以表达其内容特征的各种主题词、关键词、分类号等检索标志，以便用来编制目录、索引等检索工具。如果文献没有标上应有的词而无法检出，则会造成漏检；如果文献标上了不该有的词而被错误地检出，则会造成误检。

(2)主题词表对检索效率的影响

主题词表是为了统一自然语言中的同义词、多义词或近义词，使文献标引更加规范。从主题途径检索文献往往受到标引者选择标引词的不稳定性和检索者选择检索词的不稳定性这两种因素的影响，只要主题词表足够规范化，且检索时尽量选择专指度较强的主题词和下位词，就能避免这两种不稳定性，从而提高查准率。

(3)检索工具对检索效率的影响

要想把文献查全查准，就必须选择高质量的检索工具和文献数据库。如果某种检索工具收录范围广、文献信息含量大、文献标引质量高，则查全率和查准率自然就会提高。反之，则难以获得理想的检索结果。

(4)检索人员对检索效率的影响

检索人员的素质通常指其专业知识、业务能力、外语水平和服务态度，是其综合能力的表现。课题检索是一个复杂、专精、耗时的脑力工作，因此对检索人员的知识能力和个人素质都有较高的要求。

九、信息检索步骤

检索步骤其实就是我们在进行信息检索时应该采用的流程。尽管每个人的检索目的不同，所使用的数据库也不尽相同，但总的检索流程是基本一致的。主要分为以下六个步骤：

1. 分析课题需求，提取检索词

分析课题是检索的准备阶段，是为了确立查询需求，是整个检索过程的出发点，包括对课题类型、背景知识、概念及知识体系的分析和提出拟解决的问题，要求分析仔细、全面。

2. 明确检索需求，确定检索方法

归纳信息检索中常用的方法，如上文介绍的浏览法、工具法、引文法和交替法，并选择最为合适的一种或多种方法。

3. 依据检索目标，选择合适的检索工具

确定检索工具一是从工具本身来考虑，如检索工具的学科属性、权威性、收录范围、特色、语种、时间界限，收录文献的类型及处理结果的类型、检索功能；二是从自身条件来分析；三是把握检索需求。

4. 确定检索途径，构造检索表达式

每种检索工具都有相应的检索途径，如前所述分为已知途径(书名、刊名、作者、编码等)和未知途径(分类号、主题词、关键词)两种，需要根据检索需求进行选择。当检索提问词涉及多个概念时，通常需要用检索表达式来反映各个词之间的关系。检索表达式由检索词和表达检索技术的各种运算符及系统规定的其他组配符构成。

5. 评价检索结果，优化检索策略

根据上文介绍的检索效果评价指标，对检索结果进行评估，找出问题，优化检索策略，提高查全率和查准率。

6. 获取原文，整理提炼

在对检索结果满意的前提下，还需将文献线索对应的全文文献查找出来。获取全文的方法有：全文数据库下载、图书馆馆藏检索、馆际互借与文献传递、网上参考咨询等。

第三节 信 息 利 用

一、信息利用的概念

信息管理过程中的信息利用是指将经过收集、处理并存储的信息提供给组织、机构或个人，以满足其信息需求，使信息被有效地利用并增值的过程。

二、信息利用的意义

有效的信息利用对个人、组织和社会具有重要意义。

首先，有效的信息利用有利于实现信息的价值，促进社会生产力的提高。信息具有知识性、增值性和效用性等特点，人们通过有效地利用信息，使它渗透到组织和管理活动中，就能够产生巨大的社会效益和经济效益，促进社会生产力的提高，实现信息的使用价值。

其次，有效的信息利用有利于实现信息的增值和共享。在实际工作中，通过信息的转换、复制和传递等环节，可以实现信息在空间上的广泛传播；通过对信息的合理存储和检索，可以实现信息的长久保存和共享。

最后，有效的信息利用有利于提高组织决策的成功率。决策可被看成是信息的加工和再生产过程，而信息的传递和利用则决定着该过程的原料供给，从而间接地影响决策的成功率。

三、信息利用的方式

信息服务是信息利用的主要方式，具体包括信息提供服务、信息检索服务、信息咨询服务和知识服务等。随着网络的发展和信息技术的不断进步，信息服务的方式也在不断改进和完善中。信息服务的具体内容详见第七章。

第四节 信 息 反 馈

一、信息反馈的概念

信息反馈是指将利用某一信息之后得到的结果与利用该信息前预测的结果相比较，以期获得该信息利用效果的结论，借以指导后续的信息利用过程。

二、信息反馈的特点

1. 滞后性

虽然信息反馈始终贯穿于信息的收集、处理、存储、检索等多个环节中，但它仍然出现在这些环节的再传递、再返送上。

2. 针对性

信息反馈是针对特定决策所进行的主动采集和反映。

3. 连续性

对某项决策的实施情况必须进行连续、有层次的反馈，否则会影响到决策的进一步完善和发展。

三、信息反馈的原则

1. 准确性原则

准确性原则是指如实地反馈实际情况，不能夸大事实，科学正确的决策往往建立在真实、准确的信息反馈基础之上。

2. 完整性原则

完整性原则是指反馈的信息一定要全面完整，且具有一定的深度和广度。只有全面、完整、系统地反馈各种信息，才有利于建立科学、正确的决策。

3. 及时性原则

及时性原则是指及时、快速地反馈信息能够纠正决策过程中的偏差。

4. 适度性原则

适度性原则是指在决策实施过程中要合理控制信息正负两方面的反馈量。过量的负反馈信息容易造成负面情绪，怀疑决策的正确性，影响决策的顺利实施；而过量的正反馈会助长盲目乐观的情绪，忽视存在的问题和困难，阻碍决策的完善和发展。

5. 反复性原则

反复性原则是指反馈过程中，经过一次反馈后制定纠正措施，其实施效果还应再次反馈给决策系统，使实施效果与决策预期目标基本吻合。

6. 集中性与分散性原则

集中性与分散性原则是指，一方面要把反馈信息集中发给决策者，使其能够掌握全局情况；另一方面还应根据反馈信息的内容性质分别发给不同的实施部门。

四、信息反馈的作用

领导者在决策过程中必须借助于反馈信息，将可能存在的矛盾和问题消灭于萌芽状态。信息反馈的作用在于：

(1)有利于决策的正确实施，及时纠正实施过程中出现的偏差。

(2)有利于进一步完善决策本身存在的不足之处。

(3)有利于在总结经验教训的基础上制定新的决策。

(4)有利于不断提高信息管理水平。

(5)有利于优化管理者决策。

五、信息反馈的主要方式

1. 正反馈

正反馈是指将某项决策实施后的正面经验、做法和效果反馈给决策机构，决策机构分析研究后，总结推广成功经验，使决策得到更加全面、深入的贯彻。

2. 负反馈

负反馈是指将某项决策在实施过程中出现的问题或者造成的不良后果反馈给决策机构，决策机构分析研究后，修正或者改变决策内容，使决策的贯彻更加稳妥和完善。

3. 前馈

前馈是指在某项决策的实施过程中，将预测中得出的可能性偏差返送给决策机构，使决策机构在出现偏差之前采取措施。

六、信息反馈的常用方法

1. 典型反馈法

通过某些典型组织机构的情况、典型事例、代表性人物的观点言行，将其贯彻领导者决策的情况以及对决策所反映的情况反馈给决策者。

2. 综合反馈法

将不同地区、阶层和单位对某些决策所反映的情况集中起来，通过分析归纳其内在联系，形成一套完整、系统的反馈材料。

3. 跟踪反馈法

在决策实施过程中，对特定主题内容进行全面跟踪、有计划、分步骤地组织连续反馈，形成反馈机制。

4. 组合反馈法

在某一时期将不同阶层、不同行业和单位对决策所反映的情况，通过一组信息分布进行反馈。由于每一个反馈信息着重突出一个方面的问题，而将所有反馈信息组合起来，便可以构成一个完整的面貌。

思考题

1. 信息收集有哪些原则和常用方法？
2. 信息处理有哪些原则和方法？
3. 简述信息检索的原理。
4. 举例说明信息检索语言有哪些种类。
5. 布尔逻辑运算符有哪些？举例说明其用法。
6. 如何评价检索效率？如何计算检全率和检准率？
7. 阐述信息检索流程。
8. 信息反馈的主要方式有哪些？

第六章 信息用户及其信息需求

第一节 信息用户

一、信息用户的含义

在信息部门开展的信息服务中，用户(User)通常指科研、技术、生产、管理、文化等各种活动中一切需要信息的个人或团体。前者称为个体用户，后者称为团体用户。在信息传递与交流服务中，用户是指具有信息传递与交流需求和条件的所有社会组织及成员。在其他专门化的信息服务中，“用户”还具有新的含义。

考察社会信息的产生、传递、吸收和使用过程，可以发现任何社会组织和社会成员，既是信息的创造者和传递者，又是信息的接收者和利用者，其客观信息需求为他们的社会需求所引发，表现为对信息接收、交流、发布、传送、吸收、利用和创造的综合需求。社会中的人只要有利用信息的智力条件和与社会他人的交往需求，就必然成为信息用户。这是因为社会组织或成员在获取和利用信息的同时，必然伴随着新的信息的产生和传递，表现为信息与用户的交互作用机制。因此，应该说凡具有一定社会需求和与社会信息交互作用条件的一切社会成员(包括个体和团体)皆属于信息用户的范畴。

信息用户是指各种实践活动中利用特定信息的个人或群体。

这里需要说明的是：

(1)“信息用户”既是个体概念，又是范畴概念，而且可以互相转化。当信息的利用者是个人时，“信息用户”就是个体概念；当信息的利用者是群体时，“信息用户”就是范畴概念，如“医务人员”。显然，个体概念可以通过逐步概括其共性而成为范畴概念，范畴概念也可以通过逐步用性别、年龄等条件加以限制而成为个体概念。在有关信息用户的研究中，往往把范畴概念(如某一群体用户)作为研究对象，而把个体概念(个人)作为研究的着手点。

(2)“信息用户”是人们众多的社会角色之一，也就是说，人们只有在实践活动中利用信息时，包括查询、接收、吸收、使用、消费等环节，才能成为“信息用户”，而在没有利用信息的实践活动中就不是“信息用户”。因此，人们此时是信息用户，彼时可能就不是信息用户。

(3)信息用户利用的信息是特定信息。这说明信息用户的指向性，即信息用户利用的是与其实践活动相对应的需求信息。此时的用户是某种信息的用户，彼时又可能是其他种类信息的用户。

社会信息用户是一个具有社会学含义的概念。自有人类存在，就存在着包括科技信息在内的社会信息的创造、传递、接收和使用问题，应该说，凡具有利用信息资源条件的一切社会成员皆属于信息用户的范畴。用户既是信息的使用者，又是信息的创造者，简而言之，用户是信息得以存在并具有实际价值的“支柱”。

就人类活动的各个领域所使用的信息而言，存在着三种状态：①接受状态，即存在于人的头脑中，被人理解或吸收的状态；②记录状态，即信息存在于各类载体中的状态；③传递状态，即各种方式的信息传递。在所有三种状态中，第二种状态是主体，离开了这一状态，人们将无法从事信息活动；第三种状态将信息的产生与使用联系起来，是信息得以使用的条件；第一种状态则关系到信息使用者的主体活动，是信息产生效益的状态，也是信息活动所要实现的目标。

从信息所处的状态分析中可以看出，信息具有时间和空间结构。这种时空结构可以在布鲁克斯所提出的“认识空间”中做出理论性表示，以此出发讨论信息三种状态的转变。如果某一信息与某个用户在“认识空间”中是关联的，则在渠道畅通的情况下这一信息便会与该用户发生作用，从记录状态转变为用户接受状态。这里的渠道是指向用户提供或用户获得信息的途径。一般说来，信息从产生到用户使用之间存在着多种流动渠道。图 6-1 表示了最基本的三种类型。

考察第一种状态，可以发现，某一信息作用于用户以后将产生一种新信息，新信息将会以第二种状态的形式出现，然后通过第三种状态对新的用户起作用。如果将信息作用看作是一种“运动”，则可以发现“运动”是信息的基本属性之一。人类的信息活动是以用户为中心的“信息运动”过程。任何信息都是为了满足特定用户的某一需求而产生的，任何用户又作为信息的生产者而存在。信息运动过程可以简单地用图 6-1 表示。

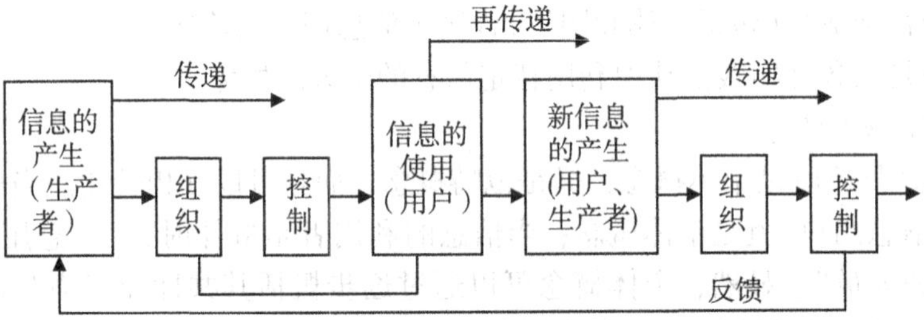

图 6-1　信息运动过程

从图中可以看出，一切信息活动都是围绕用户而组织的。信息与用户具有如下一些重要关系：

(1)用户与信息的相互依赖。一方面，信息只有通过用户的使用才能表现其存在价值，即信息对用户的依赖性；另一方面，用户在各种活动中又离不开信息，即用户对信息的依赖性。

(2)用户对信息的选择。用户在使用信息的过程中对信息是有选择的，一般来说，信息只有与用户的职业、水平、心理以及所承担的任务等因素相匹配才有使用意义。

(3)用户对信息的评价。用户在选择与使用信息的过程中必然会对信息进行全面评价。用户对某一信息评价的“累积效应”可用于信息的价值测量。

(4)用户对信息的加工。用户可能采取一切可行的方式对信息进行不同程度的加工。

(5)用户具有传递信息的作用。用户在获取和利用信息的过程中在不同程度上传递着信息，用户与用户之间的信息传递是信息扩散的一种重要形式。

(6)用户具有创造信息的作用。任何用户在吸收某一信息的同时必然会创造与此有关的新信息。因此，信息只有通过用户吸收才有新的生命。

二、信息用户类型

信息与用户存在着一一对应的关系。在信息化社会中人类对信息的需求是多方面的。可以说，每个人无论从事何项工作，具有什么水平都存在利用信息的问题。因此，从人们信息需求的某一特性或某一方面都可以进行信息使用者(用户)的分类。但是，由于问题的复杂性，在实践中往往根据多种原则进行综合性的用户分类工作。现在，讨论几种主要的用户分类方法。

(1)按用户工作所属的学科范围进行用户分类，可分为：

①社会科学用户，包括从事社会科学研究、教育、管理等方面的人员以及文化、艺术等方面的实际工作人员。

②自然科学用户，包括基础科学、应用科学的研究人员、工农业生产技术人员、医生等。

值得指出的是，不少用户(如军事人员)可以同时属于以上两类。

(2)按用户的职业进行分类，可分为：科学研究人员、教师、管理决策人员、医务人员、工程技术人员、市场营销人员、学生等。

(3)按用户信息需求表达情况，可分为：正式用户、潜在用户。

(4)按用户信息使用情况，可分为：目前用户、过去用户、未来用户。

(5)按用户能力水平，可分为：初级用户、中级用户、高级用户。

(6)按用户信息保证级别，可分为：一般用户、重点用户、特殊用户。

(7)按用户信息服务方式，可分为：借阅用户、复印用户、咨询用户、定题服务用户。

第二节　用户的信息需求

一、用户信息需求的含义

所谓信息需求是指当人们现有的知识储备不足以解决所面临的问题时，所产生的对信息的不足感和求足感。人类对信息的需求主要包括两个方面：自然信息需求和社会信息需求。这两方面的需求在创造性活动中是相互影响、交错产生的。由于自然信息的“物质”特性，其规律可以用“物质”需求分析方式去认识，本节不多叙述，我们强调的是对社会信息需求的研究，拟从以下三个方面阐述。

(1)生活中的信息需求

地球上的所有生物在生存发展中必然产生对信息的需求，就生存的意义而言，虽然人与动物界具有某些相似性。然而，就本质而论，二者是有区别的。

动物的群体生活是一种生物现象，人类的生活则是在一定地域内进行着的以物质资料生产活动为基础的一种社会现象。对于动物群来说，其“生活”是完全出自本能的一种遗传和生存行为。人类的生活则是以生物本能为基础又超出它的社会行为。因此，人们生活中的信息需求可以视为一种最基本的社会要求。

概括地说，在一定社会条件下生活的人，其生活中的信息需求包含在总体信息需求之中，主要表现在以下方面：①物质生活的信息需求；②精神、文化生活的信息需求；③个人安全的信息需求；④劳动和其他社会工作的信息需求；⑤社会交往与互助的信息需求；⑥适应社会的信息需求；⑦增长知识的信息需求；⑧创造活动的信息需求；⑨实现某种生活目标的信息需求；⑩产生某种兴趣的信息需求。

(2)职业工作中的信息需求

社会是一个整体，存在着各种职业分工。由于职业的不同，人们在各自的工作中自然会产生不同职业的信息需求。一般说来，任何一种职业，其职业信息需求均可以归纳为以下一些基本方面：①有关职业工作环境方面的信息需求；②有关职业工作业务素质方面的信息需求；③有关职业工作物质条件方面的信息需求；④有关职业工作社会关系方面的信息需求；⑤有关职业工作业务环节方面的信息需求；⑥有关职业工作目标方面的信息需求；⑦有关职业工作技能与知识方面的信息需求。

职业工作的信息需求随着社会职业结构的变化而变化。

(3)社会化中的信息需求

人的社会化是指人对社会的适应、改造和再适应、再改造的复杂过程。社会化使人从“自然人”发展成为“社会人”。作为一个“生物”的人出生后，社会和时代都要以特有的模式对其施加影响，使之成为一个合乎社会行为模式，按社会规范行动的人。处于不同时期的人，具有不同的社会化课题，因而也有不同的信息需求。人的社会化过程具有民族性、地域性、阶级性和历史性。在社会发展的不同阶段，社会化的信息需求虽然不同，但却包括社会生活知识、技能、行为方式、生活习惯以及社会各种思想、观念等方面的共同内容。

一般来说，人在社会化中的信息需求可以概括为六个基本方面：①关于基本生活和劳动技能方面的信息；②关于社会生活目的、社会观与价值观方面的信息；③关于社会自然环境方面的信息；④关于认识社会地位与职业的信息；⑤关于社会行为规范、纪律、法制等方面的信息；⑥关于所有与之交往的社会其他成员的信息。

二、信息需求的状态

用户的信息需求是发展变化的，并且受时间、空间的限制。这说明，用户信息需求的状态是一种“运动状态”，用户不同的信息需求状态决定其不同类型。研究表明，一定社会条件下具有一定知识结构和素质的人，在从事某一职业活动中有着一定的信息需求结构。这是一种不以用户主观认识为转移的需求状态。但是，在实际工作中用户对客观信息的需求并不一定会全面而准确地认识到，由于主观因素和意识的作用，可能认识到的仅仅是其中的一部分，或者全然没有认识到，甚至有可能产生错误的认识。无论何种认识，都可以概括为信息需求的不同主观认识状态。通过用户活动与交往，用户认识的信息需求将得以表达，这便是信息需求的表达状态。显然，这一状态与用户的实际体验和表达有关。

用户信息需求具有主观性和认识性，因而用户信息需求存在着三个基本层次：客观状态—认识状态—表达状态。科亨(Kochen)将其划分为三个层次(见图6-2)。

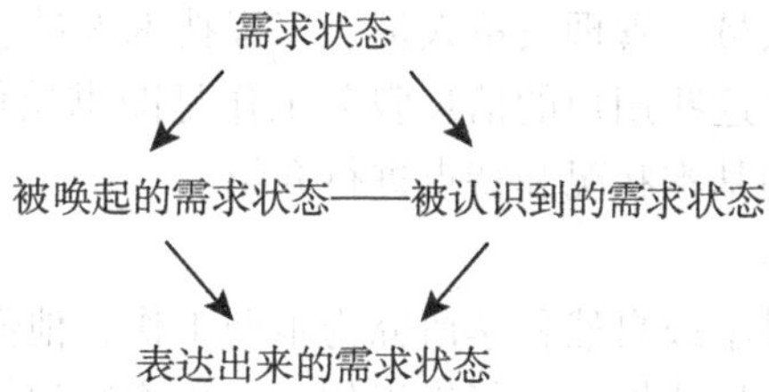

图6-2 用户信息需求状态

如果将用户信息需求的认识状态称为用户主观信息需求的话，那么可以进一步研究用户信息需求的内在机理：

(1)客观信息需求与主观信息需求完全吻合，即用户的客观信息需求被主体充分意识到，可准确无遗漏地认识其信息需求状态；

(2)主观信息需求包括客观信息需求的一部分，即用户虽然准确地意识到部分信息需求，但未能对客观信息需求产生全面认识；

(3)主观信息需求与客观信息需求存在差异，即用户意识到的信息需求不全是客观上真正需求的信息，其中有一部分可能是错觉导致的主观需求；

(4)客观信息需求的主体部分未被用户认识，即用户未对客观信息需求产生实质性反应，其信息需求以潜在的形式出现。

以上第一、二种情况是正常的，其中第一种是理想化的；第三种情况是用户力求从主观上克服的；第四种必须有外界刺激，使信息需求由潜在形式转变为正式形式。

用户信息需求机理研究表明，用户的心理状态、认识状态和素质是影响其需求的主观因素。此外，信息需求的认识和表达状态还受各种客观因素的影响，主要包括：用户的社会职业与地位、所处的社会环境、各种社会关系、接收信息的条件、社会化状况等。概括各种因素，不难发现用户信息需求具有如下特点：

(1)信息需求归根到底是一种客观需求，由用户(主体)、社会和自然因素所决定，但需求的主体(即用户)存在对客观信息需求的主观认识、体验和表达问题；

(2)信息需求是在用户主体的生活、职业工作和社会化活动基础上产生的，具有与这些方面相联系的特征；

(3)信息需求是一种与用户的思想行为存在着内在联系的需求，其需求的满足必然使用户展开思维活动并由此产生各种行为；

(4)信息需求虽然具有一定的复杂性和随机性，然而却具有有序的层次结构。

从全面掌握用户信息需求的状态和规律的角度看，这四个方面应该是我们展开用户信息需求调查与分析的出发点，以此可以进行综合性研究，以便在掌握用户状况的基础上开展信息服务工作。

三、用户信息需求特点

不同的信息用户在社会活动中承担的任务不同，所关心的问题不同，其信息需求也会呈现出不同的特点和要求。在当前各种社会活动中，信息活动最活跃、信息需求特点最鲜明的用户群主要包括科研人员、管理决策人员、工程技术人员、市场营销人员、医务工作者和高校学生等类型。做好这些用户的信息服务工作是图书馆信息服务人员的主要责任。下面对各类用户信息需求的基本状况和特点进行介绍。

1. 科研人员的信息需求

科研人员以从事社会科学或自然科学研究为本职工作，他们的任务是认识和揭示自然界、人类社会和思维领域的规律性，进行知识创新，扩充知识体系。他们的工作性质决定了其信息需求的特点：

(1)专业化和综合性。当代科学研究的微分化和积分化发展趋势一方面使科学家的信息需求具有高度专业化的特征，表现为所需信息内容专深；另一方面，各学科之间的相互渗透、相互交叉，也使他们产生了对相关学科信息的需求。

(2)连续性和系统性。科研工作的连续性和累积性决定了科研工作者要从继承和创新的角度去掌握有关研究课题的完整信息，同时要求信息具有连续性。

(3)时效性和未知性。创新是科研的根本要求，把握最新的科研信息才有判断科研成果新颖性的依据。由于科学研究是探索未知的活动，科研工作者的信息需求往往难以预见，且不易表达清楚。

(4)特别依赖于文献信息。所需求的文献信息类型主要是理论性较强的原始文献，如图书、期刊、会议文献、学位论文和研究报告等。另外，对题录、索引等检索工具的使用也较为频繁。

2. 管理决策人员的信息需求

管理决策人员是在各级各类组织中，负责战略规划、组织、协调等工作的领导。他们在各自的岗位上以独立的方式从事复杂的决策活动，其工作性质决定了管理决策人员的信息需求特点为：

(1)全面性和战略性。管理决策人员所需求的信息内容综合广泛，往往是具有战略性、全局性和预测性的涉及决策对象内外各方面的信息。

(2)准确性。管理人员对信息的质量有较高的要求，一般需要少而精、经过浓缩加工的信息，对信息的简明性、完整性、准确性和客观性要求比较高。

(3)针对性。为避免决策失误，管理决策人员要求信息服务工作具有较强的针对性和适应性，能够辅助提出尽可能多的决策方案以供选择，因而，多依赖于正规信息机构所提供的信息服务。

3. 工程技术人员的信息需求

工程技术人员是指在各种技术和生产(包括工业、农业等)领域从事发明和创造的各种工作人员，他们的活动在于设计、创造各种产品、工具、方法和手段。一般说来，他们的信息需求具有明显的行业性质，其特点如下：

(1)特定集中的专业方向。工程技术人员总是围绕自己特定的行业查询信息。在专业方向集中的前提下，他们需要综合性的涉及许多学科和技术范围的信息，例如，机械工程师总是围绕机械专业方向去掌握有关产品的原理、设计、制造、原材料、能源、环境、市场、法律等方面的信息。

(2)就所需信息的类型而言，主要是有关新产品、新技术、新工艺等方面的具体信息。通常，这些具体信息包括技术期刊、专利、标准、产品样本、技术报告、各种实用手册、物化信息等。

(3)信息内容的可靠性、准确性和新颖性。工程技术人员所面临的问题大多是研制工作和生产实践中亟待解决的新问题，因而信息的可靠、准确与新颖是他们尽快解决技术问题，获得理想的经济效益的重要保证。

(4)信息需求的时间跨度小，对信息服务的期限要求严格。一般情况下，工程技术人员总是希望在规定期限内提供时间跨度不大的近期信息。

(5)对物化信息的需求量愈来愈大。工程技术人员所需的物化信息是有关新产品样品、新材料、新设备等方面的实物所隐含的信息，特别是在新产品研制和技术引进中，掌握这些信息十分必要。

4. 市场营销人员的信息需求

市场营销人员是指在市场经济活动中从事市场开拓、产品销售、客户支持等工作的业务营销人员。随着市场经济的发展，市场营销人员在社会活动中的地位和作用日益突出，他们的信息需求也迅猛增长，其信息需求特点为：

(1)广泛性。市场营销人员作为企业的信息触探器不仅要掌握产品的信息、价格信息、客户信息等与业务直接相关的信息，而且还要密切关注协作伙伴、竞争对手的情况，注意了解当地时事政治、经济走势、文化动态等市场环境信息，其信息需求十分广泛。

(2)及时性和针对性。面对瞬息万变的市场环境和残酷激烈的市场竞争，市场营销人员需要及时、新颖、准确、可靠的信息，对信息服务的及时性和针对性要求很高。

(3)技术性。市场因素的复杂多变要求企业必须利用现代化的计算机与网络通信技术建立面向市场竞争需要的信息系统。

5. 医务人员的信息需求

医务人员从事防病、治病等具体工作，他们既要解决临床疑难病例，又要承担医学科研任务和临床教学工作，以更新自身知识。因而医务人员的信息需求尤其复杂多样，其特点为：

(1)时效性。相对于其他学科，医学知识更新与老化的周期更短，因此，他们对信息服务的快捷性、及时性要求最高。

(2)个性化。疾病的个性化特点，使得医务人员在对待每一个病人时都不可能千篇一律，而是要有针对性，从而导致他们的信息需求也是个性化的。

(3)自助化。医务人员是一个知识结构、信息素养、外语水平等综合素质较高的群体，而且是最需要知识更新和终身学习的职业，因此，其对信息技术的跟踪与追求有很强的自主性、自助性，其对各类网络搜索引擎和网络检索技巧的熟练使用有更高的要求。

(4)全面性。任何疾病都不是单一因素造成的，除身体自身因素外，社会、心理、环境等因素也是重要的影响因素。因此，为医务人员提供全面的信息服务，将有助于其取得更好的诊疗效果。

(5)交互性。医务人员除了从医学文献中获取所需信息外，与同行、患者及其家属的交流也是他们获取信息的重要途径。应该为医医之间、医患之间的信息交流提供更好的交互平台，使得这些非文献信息或隐性知识被更好地利用。

6. 其他用户的信息需求

除此之外，其他方面的用户还有很多，例如军事用户。这些用户也都有各自的特点。以下仅就大学生的信息需求作一扼要说明。

大学生思维活跃，精力旺盛，对信息有很强的需求和接受能力。而且因年级、学历层次及所学专业不同，其信息需求表现出不同的特点。低年级学生处于专业知识的启蒙阶段，更多需要的是图书、教科书、参考工具书之类的文献信息。而高年级学生面临撰写毕业论文、考研深造、出国留学、择业等诸多关系到自身发展的重大问题，他们更多需要的是期刊、综述、学位论文类的文献信息以及各种与高校和机构的招生、招聘、留学有关的信息。总之，应该重视对不同类型大学生信息需求特点的分析，最大限度地满足他们的需求，这也是高校图书馆信息服务的重点。

四、用户信息需求的构成

信息需求的构成主要是指用户对信息和信息活动有哪些指望和要求。利用系统方法对信息需求进行分析，不难发现用户的信息需求状态有如图 6-3 所示的结构。

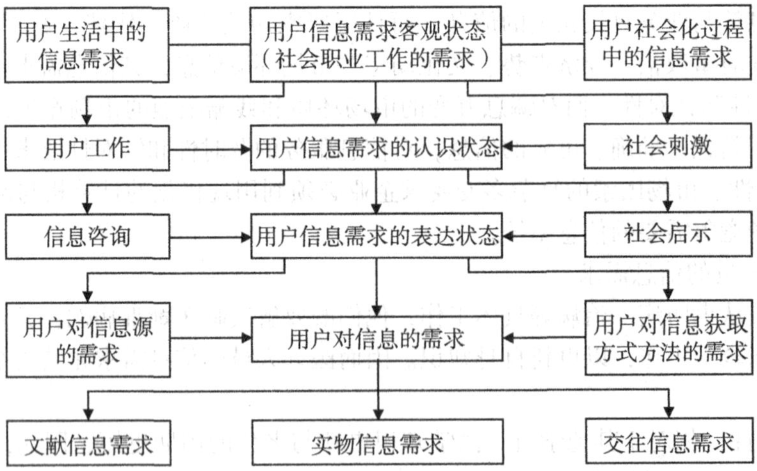

图 6-3 用户的信息需求

信息需求最终表现为解决问题所需的某些要求，包括对信息和信息源的要求，对信息活动中获取信息的方式的要求。

1. 用户对信息的需求

主要包括：

(1)信息的内容：反映信息所属的学科或领域，如“时政信息”、“医药信息”、“农业信息”、“科技信息”、“金融信息”等；

(2)信息的形式：反映信息的表面类型，如“知识型信息”、“消息型信息”、“数据型信息”等。

2. 用户对信息源的要求

主要包括：

(1)信息源的来源范围：指获取信息的渠道，如“内部信息”、“外部信息”；

(2)信息源的载体形式：指承载信息的工具，如“纸质型”、“视听型”、“电子型”等。

如图 6-3 所示，实物信息包括工农业产品的样品和其他实物信息，交往信息主要包括人类活动产生的信息，用户进行私人交谈、参观、出席会议、调查等活动产生的信息。

用户对文献型信息的需求较为复杂，可分为“已知文献的需求”和“已知主题的需求”。“已知文献的需求”指用户已经知道所需文献资料的篇名、作者或文献号(如报告号、技术标准号、专利号、合同号等)，而要取得该文献的需求；“已知主题的需求”是用户围绕某学科或专业领域的主题查找有关文献的需求。

3. 用户对信息获取方式的要求

主要包括：

(1)正式途径：如信息检索，阅读正式出版物，利用信息系统和寻求专门的信息服务等；

①用户对信息检索工具、系统与网络的检索需求，这是获取信息的重要途径。具体而言，它包括对现期文献通报、文摘、题录的需求，对累积性检索工具和各种专题检索工具的需求以及对计算机信息检索系统的需求。

②用户对信息服务的需求。用户对信息服务的需求直接表现为信息需求的表达和要求的陈述。可以是多方面的，除一次文献服务、二次文献服务和三次文献服务外，还包括数据服务和交往信息服务以及信息发布与交流服务。在服务手段上，除常规服务外，还包括特殊的多功能服务。信息化条件下，用户对服务需求的多元化、综合化趋势明显，由此引发了用户信息需求体系的变化。

(2)非正式途径：如社交、私人通信、会议等。

信息需求是有层次区别的，既包括信息本身的演变过程，即内部层次，又包括需求信息的流向，即范围层次。

内部层次可分为现实需求和潜在需求两种。现实需求指的是已经被表达出来的处于“问题”状态的信息需求；潜在需求指的是没有用语言文字表达出来处于“意会”状态的信息需求。这种内部层次的存在告诉我们在调查时可以由调查者假设某种问题情境来激发用户的潜在需求，在提供信息服务时可适当地提供多于现实需求的信息。

范围层次可以分为个别需求和群体需求两种。

上述信息需求构成的划分只是为了表述方便，其实各种构成是相互交叉的，每种构成的每个方面都是相互联系的。信息需求的构成可以完整地表述为：个体或群体用户以什么方式，采取什么方法，通过什么信息源获取现实需要的或可能需要的什么信息。

五、用户信息需求的影响因素

影响用户信息需求的因素可以归纳为：影响用户对信息需求的因素，影响用户对信息检索工具、系统与网络工具需求的因素，影响用户对信息服务需求的因素。

1. 影响用户对信息需求的因素

影响用户对信息需求的因素大体上可分为个体的、社会的和自然的三方面：

(1)个体因素

①用户的职业与工作任务。用户的职业与工作任务是决定他们信息需求的最根本的因素。用户的职业不同、承担的任务不同，对信息的需求自然也不相同。

②用户的职责和作用。用户的职责和作用不仅影响着用户所需信息的范围、类型和数量，而且决定了用户所需信息的保证方式。我们可以从分析用户获取信息的充分性与必要性入手，剖析这一因素对用户所需信息的影响。一般来说，从事同一工作的用户，其职责和作用决定了他们所需信息的内容、类型和结构基本相同。

③用户所受的教育及知识水平。虽然用户的职业与工作任务、职责与作用相同，但所受的教育及知识水平不同，结果将仍然出现对信息需求的明显差异。

④用户个人志趣与特点。用户的个人志趣与特点是指用户的个体特征。这些特征往往决定了用户个人对信息的特殊需求，影响着用户接收信息的能力，在某种程度上改变着用户的知识结构。

⑤用户个人的信息素质。用户个人的信息素质时刻影响着用户的信息需求。不断提高用户的信息素养和利用信息系统的能力，有助于他们将更多的潜在信息需求转变为正式信息需求，继而转化为对信息服务和信息查询的需求。

⑥用户智力的发展。用户的智力发展影响着所需信息的质与量。值得指出的是，智力发展与知识水平是两个不同的概念，在用户知识结构相同的情况下，其智力发展是影响信息需求的重要因素。

(2)社会因素

社会因素对用户信息需求的影响主要包括以下方面。①政治制度和国家方针政策。②国家法律和社会道德。③社会人口。④宗教、信仰。⑤教育和艺术。⑥经济。⑦军事。⑧科学。⑨生产技术。⑩社会产业、职业结构。

(3)自然因素

自然环境是人类生存的场所，是构成社会的基础结构；自然环境为社会提供第一资源(即生活资料和生产资料中的主要部分)。自然给社会提供的生态资源(如大气、水、太阳辐射能等)、生物资源(包括各类动、植物资源)和矿物资源(如煤、铁、石油和其他矿藏)，是社会生产力的重要组成要素，即为生产力发展提供了用以改造劳动资料和劳动工具所需的劳动对象。社会发展在一定程度上依赖于自然环境，自然环境在任何历史时期都是制约社会发展和需求的因素，因而对社会活动中的信息需求必然产生影响。

上述三大类因素又是相互联系、相互影响、不可分割的。总的来说，对一定的用户，个体因素是内因，社会因素和自然因素是外因，外因总是通过内因起作用的。

2. 影响用户对信息检索工具、系统与网络工具需求的因素

关于用户对信息检索工具、系统与网络工具需求的影响因素，美国学者兰开斯特作了如下总结：①同书目与其他资源的总体相联系的因素；②同用户本身相联系的因素；③系统因素，接口问题。

深入研究这些因素，可以从以下两方面进行归纳。

(1)有关检索工具、系统和网络方面的影响因素

这方面的因素主要包括：有无适合于检索用户所需信息的检索工具或系统；检索工具或系统的质量、利用的方便性和经济性等。如果缺少适当的检索工具或系统，用户将难以查询、获取信息。

(2)用户自身因素

如果用户本身不了解检索工具，不知道检索工具的使用方法，则即使有再好的检索工具也不能被很好地使用。

3. 影响用户对信息服务需求的因素

影响用户对信息服务需求的因素可以概括为以下两方面：

(1)有关信息服务本身的因素

有关信息服务本身的因素主要是信息服务的组织与效用，包括：①信息服务的成本及服务收费；②信息服务的易用性；③信息服务的速度与效率，包括满足用户各种需求的能力与效率；④信息服务适应变化中的信息需求的灵活性；⑤信息服务的质量，主要是信息提供的准确性。

(2)影响用户对信息需求的诸因素

影响用户对信息需求的诸因素也毫无例外地影响着用户对信息服务的需求。在用户信息需求的影响因素中，有一些不受信息服务及管理人员的控制，有一些则在信息服务和管理人员的直接控制之下。在信息工作中对这些问题的进一步研究，对于多方面优化用户的信息需求具有重要作用。

六、信息需求的调查方法

无论是设计和建立新的信息中心或信息系统，还是不断改善已有的信息服务工作，都必须从各种途径调查用户及其信息需求，这些方法可归纳为直接调查和间接调查两大类。它们是该领域最早开始运用的两种基本的研究方法，其要点是围绕用户研究的某一具体内容或方面有目的地开展直接或间接的调查与观察，以获取详尽资料，继而对资料进行归纳、整理与分析，最终得出研究结论。

1. 直接调查法

直接调查法是用户研究中的一种直接方法，其基本要求是必须用户本人参与。该方法的优点是调查面广，既可调查当前用户，又可调查潜在用户。采用该方法所获得的调查资料具有详细、可靠、具体的特点。在信息服务工作中，对于发挥用户的主观能动性有重要意义。该方法的主要缺点在于使用不太方便，由于受调查对象的限制，有时对调查问题的答复率不高。

采用直接调查法的调查途径可以分为调查表法、询问法、实地考察法、信息反馈法等，具体介绍如下。

(1)调查表法

调查表法是用于用户研究的最常用方法。其具体做法是，根据预先确定的调研内容及范围设计调查表，然后将调查表以直接交付、邮寄、邮件等方式递交给被调查者，待被调查者按要求填好后收回，再进行统计分析，得出结论。

采用调查表法进行用户研究，应注意三个环节：

①被调查对象的选择。调查表法的调查结果，在很大程度上取决于被调查者，一般来说，被调查对象应依据用户研究的内容进行科学的选择，使其具备充分性、可靠性、代表性和适应性。例如，我们研究本部门用户的信息需求时，就既要调查当前用户，又要调查潜在用户；既要调查高水平用户，又要调查一般用户。除了普查的情况外，任何列表调查工作都有一个对象选择的问题。

②调查表的设计。问题设计的合理性是调查表是否成功的关键。一般说来，对研究的项目要进行分析并制表，表格要求既全面系统，又简单明确，即在保证不漏掉研究项目的同时，尽量方便被调查者填写，不能含糊不清。调查表的内容大致可分为定性指标与定量指标两类，前者只要求被调查者表明自己的观点、看法与意见，后者则要被调查者填上一定的数据。根据内容的不同，其表格又可具体地细分为意见表、等级表、评分表、统计表等。

③调查结果的分析。回收的调查表是开展结果分析的素材和依据。早期的调查表法仅限于对调查素材的一般性分析和评价；目前此法往往用于为“用户”定量统计分析提供素材，即在结果处理上采用统计学的研究方法。对于调查结果的一般分析和评论，主要包括对结果的归纳与综合，对被调查者的分析与评价以及对结论可靠性的验证。

(2)询问法

询问法也称问答法，它是根据研究目标直接向用户提问，从而获取询问信息，然后引出研究结论的一种基本方法。问答式的调研活动可以通过与用户书面联系、与用户交谈、与用户进行非正式接触、出席有用户参加的各种会议、与用户定期会晤等途径进行。

问答式的调研活动由于调查者与被调查者之间能直接接触，因此提问可以不受空间限制，调查内容十分具体、丰富。其主要缺点是调查面受到一定的限制，且需要花费大量的人力和财力。

采用问答法进行用户研究时应注意以下问题：①明确调查目的，围绕研究课题准确地提出被调查者需要回答的问题；②选择典型的、重点的调查对象；③对调查结果应做出多因素分析，得出客观的结论。

(3)实地考察法

实地考察法是在与用户的直接接触中考察、研究用户的一种直接方法。利用这种方法进行用户研究时，调研人员往往直接参与用户的各种活动，参与制定用户单位工作方针、规划，参加课题研究等。该方法一般用来研究重点用户的信息需求和相关问题。

实地考察是一项重要的调研活动，调研人员只有与用户长期接触才能取得较可靠的研究结果，因此这一活动常常结合定题跟踪信息服务工作进行。

采用实地考察法进行用户调查应有周密的计划和充分的准备，其基本程序为：

①根据组织信息服务业务的需要和用户的特殊需要，确定实地考察的用户对象及业务，经过初步分析，确定调查的目的、内容与业务要求；

②根据总体要求和内容，制订调查计划，规定调查的时间、地点、方式以及考察的详细安排；

③实地进行考察，在考察中及时发现问题，在总体原则不变的情况下，调整工作进度，得出初步结论和获取进一步分析的资料；

④汇总实地考察材料，在系统研究的基础上编写实地考察报告，明确报告的应用范围，提出相关业务工作建议。

(4)信息反馈法

信息反馈法是一种利用信息服务中用户反馈信息进行用户研究的方法。其反馈信息的获得出自信息用户咨询、用户培训、与用户的联络以及其他相关的信息活动。采用此法进行用户研究往往缺乏必要的“主动权”，而只能从处理来自用户方面的各种零星的反馈信息入手，进行分析研究，引出结论。这一方法属于被动式研究方法。尽管如此，由于用户反馈信息具有可靠、具体的特点，所以该方法正日益引起人们重视。目前，不少信息服务单位已有专人处理用户的直接反馈信息。用户信息反馈的研究结果直接为开展信息服务工作所用。

利用信息反馈法进行服务与用户研究，具有与信息服务业务密切结合的特点，因此该方法作为组织业务工作的常规调查方法被广泛使用。目前，在市场化咨询服务、网络信息服务和系统集成服务中，服务部门往往附有服务反馈卡，通过反馈卡沟通与用户的联系，以便及时发现问题、解决问题。信息反馈法的利用，还可以使我们获得来自用户的信息服务利用数据，利用这些数据可以进行进一步分析，以掌握用户的信息服务需求与利用变化规律。

信息反馈法的基本环节为：①在信息服务中有目的地建立服务信息反馈制度，确定反馈形式、内容和途径；②搜集、处理和分析来自用户的反馈信息，组织深层研究；③提交分析、研究结果，用于改善用户信息服务工作。

2. 间接调查法

间接调查法是用户研究中的一种间接方法。所谓间接调查，就是调查与用户有关的各种资料，如各种文献、用户登记卡、服务工作记录、咨询记录、业务日记、用户工作日程表等。使用该方法进行用户调查，虽然不直接与用户接触，但所调查的各种资料却与用户的活动息息相关。与直接调查相比，间接调查具有调查可靠和使用灵活的特点。它不仅克服了用户回答调查问题时的随意性，而且不受时空限制，不与用户接触就能掌握调研素材，作为对直接调查的补充是可取的。实际上，该方法也是用户研究中的一种常规调研方法。

间接调查的途径很多，但主要有如下几种：

(1)伯恩(Bourne)交往观察法

该方法实际上是一种文献调查分析法，它通过调查用户利用文献的情况，开展研究工作。按照伯恩的说法，其调查内容包括下述几方面：①论文后的引文出处；②书目中列出的文献；③图书馆外借记录；④参加咨询的提问和答复；⑤文摘。

上述五个方面的调查内容从五个不同的角度揭示了用户信息需求和利用的情况，因此，我们可以从其中的某一途径出发进行某一方面的研究。实际上，伯恩交往观察法中的五个方面目前已发展成五种研究方法。例如，研究引文已发展成为著名的“引文分析法”。

(2)用户资料调查分析法

该方法直接利用用户的业务资料和信息服务业务资料进行分析。在专门的信息服务和社会化服务中，这种分析是必不可少的，它具有常规性、累积性和实用性的特点。这种分析由于基于用户特征资料和服务特征资料，其资料来源客观、可靠，因此又是一种应用全面的研究方法。

①用户特征资料调查分析。用户特征资料是指反映用户学历、职业、职务、爱好、水平等情况的书面材料和记录，常见的有：有关单位的组织机构表；有关单位的职能及开展业务活动的表格；有关单位的年度报告及研究项目报告；用户日程表等。

对用户特征资料的调查分析，对于弄清用户的结构、信息需求(特别是潜在需求)、信息保证是必要的。利用用户特征资料进行用户调查，一般只要经过对相关资料的搜集、整理、统计、归纳和分析几个步骤。对用户特征进行深入的研究则应使用更复杂的统计分析法。

②用户其他资料调查分析。调查分析来自用户的其他资料，它是进行用户研究的一个重要途径，这种方法常用于对一些重点用户(包括个体及团体两类)的调研。用户特征资料以外的其他资料主要指用户业务活动资料，如用户的业务记录、业务信件、用户利用信息系统的各种记录等。一般情况下，在定题信息服务中开展这项研究工作很有必要，该方法的缺点是准确性、概括性不够。

(3)信息业务资料调查分析法

利用信息部门的业务活动资料进行用户研究也是一种常用的重要方法，这些资料记录了用户的信息需求、信息心理及信息行为的有关细节，特别是开展检索服务和咨询工作的记录，表达了用户的各种基本需求。因而，对这些业务资料的调查分析不失为一种简便的基本方法。

但是该方法的主要局限是可能漏掉了潜在用户及其信息需求。例如，利用查询记录只能了解当前部分用户的信息需求，不能了解目前没有利用信息服务系统的那部分用户的信息需求，而后者在数量上可能占多数；另外，即使是现实用户，他们提出的问题也远远反映不了全部信息需求。

采用间接调查法开展用户研究时，其资料的整理、分析工作可利用分析归纳、综合评价、对比分析和逻辑推理的手段进行。一般来说，对有关调查资料进行比较简单的处理便可得出定性或半定量的结论。

第三节　用户的信息行为

一、用户信息行为的含义

用户都有一定的信息需求。这些需求在一定条件下会激励用户产生寻求信息的心理动机。当这种心理动机强烈到一定程度时，就会转化为用户的信息行为。因此，用户信息行为就是用户自觉地为解决问题而获取和使用信息的活动。

对用户信息行为的理解，可以从行为主体、外界刺激、主体目标和主体活动等方面做出较为明确的界定。

行为主体：用户信息行为的主体是信息用户，而不是信息的生产者和提供者，用户的认知、情感和意向等主体性要素在信息意识与自我意识之间的耦合、协同和整合，导致其信息行为的产生。

外界刺激：用户信息行为的外界刺激主要是信息和信息环境。信息本身的意义对用户信息行为有重要影响，信息环境中信息的可获得性和易用性等对用户信息行为也有制约或激励作用。这表明用户信息行为有明显的对象性，既指向具体信息，又有难度特征。用户在信息环境中克服困难，获取具体信息的过程就是信息行为过程。

主体目标：为解决问题，用户会确定最终目标和相对具体的阶段性目标。通过行为过程的各种阶段性目标的实现，求得问题的最终解决。因此，用户信息行为也是用户使用已获取的信息解决问题的过程。

主体活动：用户的活动是动机驱使的结果，它以动作为基本组成部分，动作又由各种操作构成。也就是说，用户以信息和信息环境为对象的操作构成了服务于某种目的的信息动作，各种动作组成了信息活动，这些信息活动的有机结合就会成为用户信息行为。

二、用户信息行为的规律

影响用户信息需求的因素多种多样，用户的信息行为也复杂多变，但是，如果我们从用户信息需求、心理动机和信息行为的特征方面去分析，可以发现某些共同规律：

1. 信息需求转化为信息行为的根本原因——所需信息价值的大小

用户所需解决问题的重要性，即所需信息价值的大小，是决定其信息需求是否转化为信息行为的根本原因。如果用户所要解决的问题至关重要，某一信息能帮助其解决该问题，在信息源唯一的情况下，用户利用某信息中心的信息服务便唯一地被确定了。例如，某一企业正在开发一种新产品，该产品可以使企业扭亏为盈，免遭破产。若得知国家专利局存贮的一份美国专利对研制该产品有极大价值，则他们一定会想方设法从国家专利局获得这份专利。

2. 用户是否利用某种信息服务的重要因素——可获得性、易用性

可获得性是由信息源的物质载体、信息源及信息存放的位置等因素决定的，是信息及信息服务是否方便获取和使用的属性。许多调查表明，用户对信息源的选择或对信息服务的选择几乎都是建立在可获得性的基础上的，最便于获得的信息源首先被选用，对质量可靠性的要求则是第二位的。这说明了信息的可获得性对信息需求行为的巨大影响。

信息用户总是希望检索系统越便于使用越好，越是简便易用的检索系统，用户使用的频率也越高。反之，则很少有用户去使用，这正是“省力法则”的体现。在这一原则制约下，人们力图把他们可能付出的平均工作消耗最小化。显然，这一原则是存在的。

3. 正式渠道与非正式渠道并用

任何信息用户，既通过正式渠道，也通过非正式渠道寻找所需要的信息。而且有时对某些用户来说，非正式渠道被认为比正式渠道更为重要。虽然非正式渠道不如正式渠道严谨和可靠，但由于其易用性以及用户习惯等原因，至今在信息传递系统中仍占有一席之地。

4. 提问与需求的一致性问题

用户在向信息服务人员提出咨询请求时，出于各种考虑会掩盖一些真实的需求，即其提问所表达的往往是他认为该信息中心能够提供给他的东西，而不一定是他真正想要的东西。因此就造成了提问与需求的不一致，具体表现在以下四个方面：

(1)需求大于提问

用户所表达出来的提问小于实际需求，结果造成真正所需信息的漏检。出现这种情况的原因是：①用户对提供者不信任(可能出于保密的原因)，提供的检索词概念过大；②信息人员使用的检索方法或检索途径不当；③用户对自己的需求了解不全面；④检索条件不允许，找不到更合适的词。

(2)需求小于提问

出现的原因同样可能和信息用户不信任提供者有关，故意提供概念过小的检索词。后面几条和(1)类似。

(3)需求与提问部分相关

这是需求与提问最常见的一种情况。由于个人认知能力、专业背景和对数据库的了解程度等的不同，其需求和表达之间会出现一定的偏差，即用户的提问词和其实际需求之间不可能完全对应，此时信息服务人员需要做的是尽量帮助用户让两者的重叠越多越好。

(4)需求与提问无关

这种情况通常很少见，但也提示信息服务人员在提供服务时应该和用户进行充分的沟通，了解用户的真实意图，帮助用户提供更合适的检索词，同时帮助用户了解信息系统的特性和功能。

5. 马太效应与罗宾汉效应并存

马太效应来自于《圣经旧约》，马太在描述社会不公和两极分化现象时，指出“拥有者继续拥有，被掠夺者继续被掠夺”。换句话说，在马太看来“穷则越穷，富则越富”。将其引申到信息需求中，则是指用户对信息资源的拥有和应用程度不同以及在信息接收与知识创新能力上呈现的差异，使信息资源在不同主体之间出现分配不均衡的情况。

罗宾汉效应来自于一个经济学术语，本意是指借由收入再分配的方式来缩小人们的贫富差距。此词语得名自传说人物罗宾汉，在传说中他是劫富济贫的英雄。用户信息需求的罗宾汉效应指的是用户需求水平总体是比较平衡的，大多数用户的信息需求总量趋于平均。在科技高度发展和信息网络化的今天，由于网络环境特有的平等性，这一趋势将更为明显。

思考题

1. 信息用户可划分为哪些类型？
2. 不同用户的信息需求各有何特点？

3. 用户的信息需求存在几种基本状态？各种状态间有何联系？
4. 用户的信息行为有哪些规律？
5. 如何满足用户的信息需求？

第七章 信息服务

第一节 信息服务概述

信息服务是以不同的手段方式向用户提供其所需信息的业务，与其他社会化服务相比，信息服务是一项更具社会性的服务。在信息化的社会中，无论是工农业生产与经营活动、科学研究与开发活动、商业流通活动、文化艺术活动、军事活动等领域的职业工作，还是社会管理与服务工作，都离不开信息的发布、传递、搜集、处理与应用，都需要有相应的信息服务为其提供信息保障。

信息服务的对象是对服务具有客观需求的社会组织和社会成员，即信息用户。信息机构针对用户的信息需求，及时地将整序后的信息以用户方便的形式传递给用户。信息服务是信息工作的根本目的和主要内容，是连接信息与用户的桥梁。

一、信息服务的特性

从综合角度看，信息服务具有以下一些主要特性：

(1)社会性。信息服务的社会性不仅体现在信息的社会产生、传递与利用方面，而且体现在信息服务的社会价值和效益上，决定了信息服务的社会规范。

(2)知识性。信息服务是一种知识密集性服务，不仅要求服务人员具有综合知识素质，而且要求用户具备相应的知识储备，只有在用户知识与信息相匹配时才能有效地利用信息服务。

(3)关联性。信息、信息用户与信息服务之间存在着必然的关联关系，三者之间的内在联系是组织信息服务的基本依据，这种依据客观地决定了信息服务的组织形式和用户管理与工作模式。

(4)时效性。信息服务具有鲜明的时间效应，关于某一事件的信息只有在及时使用的情况下才有理想的使用价值，过时的信息提供将产生负面效应，因而在服务中存在信息的“生命期”一说。

(5)指向性。任何信息服务都指向一定的用户和用户信息活动，由此决定服务中的信息定向传递、组织、获取和利用，即信息服务的定向组织模式。

(6)伴随性。社会信息的产生、传递与利用伴随用户的主体活动而发生，这种伴随性决定了必须按用户活动的内容、目标和任务组织信息服务，辅助用户主体活动的进行。

(7)共用性。除单一性地面向某一用户的专门服务外，面向大众的公共信息服务可以为多个用户同时使用，这一特征与物质供给的唯用模式具有实质性区别。

(8)控制性。信息服务的开展关系到社会的运行、管理和服务对象的利益，因而是一种置于社会控制之下的社会化服务，服务业务的开展受到国家政策的直接导向和法律的严格约束。

二、信息服务体系构成

现代信息服务具有十分丰富的内涵、形式和组织方式，各种信息服务的综合构成了事实上的社会化信息服务体系。鉴于信息服务的复杂性，服务业务可以按多种方式进行分类。为了研究其体系构成，以下从服务范围、对象、内容和方式等属性入手，对信息服务给予一个大体上的分类。

根据信息服务传递、处理和提供信息客体的类型，可以分为实物信息服务(材料、样品、样机信息服务)、文献信息服务(传统文献信息服务和电子文献服务)和网络信息服务等。

根据信息服务中的信息加工深度，可以分为一次服务(以原始信息为内容的服务)、二次服务(目录、题录、文摘、索引服务)和三次服务(在原始信息基础上的研究、综述与评介服务)等。

根据信息服务的方式，可以分为信息传输服务(通信服务)、宣传报道服务(将加工整理的文献或其他信息根据需要传报给用户)、信息检索服务(接受用户课题，为用户查找、选择所需的文献或特定事项)、信息资源开发服务、信息分析与预测服务(根据用户提交的课题，在搜集大量资料、数据的基础上，对信息进行综合分析与研究，揭示出事物的规律，为决策提供依据)、信息咨询服务(向用户提供文献参考咨询、信息咨询、中介等咨询服务)、系统开发服务和信息代理服务等。

根据信息服务对象的范围，可以分为单向信息服务(面向某一具体的用户进行的服务，一般针对性较强)和多向信息服务(面向众多用户进行的服务)。

按照信息服务的用户范围，可以分为内部服务(面向内部用户的服务)和外部服务(面向外部用户的服务)。

根据服务的主动性，可以分为被动信息服务(由用户先提出服务要求，然后按其需求进行的信息服务)和主动信息服务(主动面向用户、接触用户，寻求服务课题进行的信息服务)。

根据服务的收费情况，可以分为无偿信息服务(指不收取费用的公益性服务)和有偿信息服务(根据提供的信息和信息机构付出的劳动，向用户收取一定费用的服务)。

对于信息服务，还有一些其他的划分方法。上述分类是采用综合性的方法进行的，其要点是从服务机构、信息和用户三者的关系出发，根据信息服务的社会化组织机制区分，以利于实现信息服务的社会化管理。

三、信息服务原则

信息服务的最终目的是向用户提供他们所需要的信息，以推动用户当前事业的发展。信息机构面对的用户职业繁多、任务不同，因此，必须针对不同用户的需求开展多种形式的服务。尽管如此，信息服务应遵循的基本原则却是相同的。

(一)针对性原则

用户需求是信息服务的出发点和归宿，无论提供何种信息都应紧紧围绕用户需求。每一个信息都是在特定的情况下对特定的用户有用。信息服务就是为特定的信息找到特定的用户，使信息发挥最大的作用，同时也为特定的用户找到特定的信息，满足用户的特定需求。

(二)适时性原则

这是一个传递时机的选择问题。高质量的信息服务要恰当地把握时机，及时地将用户需要的信息传递给用户。要做到这一点，就必须有畅通的信息获取通道和用户联系通道以及高效率的信息处理通道。

(三)灵活性原则

结构复杂、类型多样的信息用户群体，决定了其信息需求的多样化。而且，随着科技的高速发展，用户的信息需求也在不断地发生着变化。用户需要什么样的信息，什么时候需要，希望以什么样的形式提供，都具有很大的随机性和偶然性。这就要求信息服务应以市场为导向，及时注意信息需求及其变化，同时信息服务的组织形式和服务范围要随着信息需求的变化经常做出调整。

(四)易用性原则

服务工作应该为用户提供最大方便，因为用户使用信息服务常常受“易用性”的影响。易用性是由信息机构所处的时空位置和系统本身是否方便存取所决定的。这就要求信息机构使用现代化技术突破时空限制，帮助用户利用世界各地的信息资源。另外，信息机构本身也应该加强管理，优化设计，简化使用手续和方法，消除用户的陌生感，提高信息服务的利用率和普及程度。

(五)精练性原则

提供的信息要精选，不是越多越好。要做到这一点，就必须进行认真的选择加工，加强分析与研究工作，在解决问题的前提下提供尽可能少的信息。

(六)经济性原则

信息服务是一种商品，具有价值和使用价值。因此，信息服务有一定的经济效益和社会效益。从用户角度看，支付服务费用应当确保一定的投入—产出效益，从信息机构的角度看，收取的服务费用应当合理地体现信息本身的价值和服务工作的价值。这就要求服务管理具有科学性，制定合理的收费标准。

四、信息服务伦理

信息服务伦理又称文献信息道德，它是调整社会成员之间以及社会成员和社会之间信息关系的行为规范的综合。信息伦理不是由国家强行制定和执行的，而是依靠社会舆论的力量以及人们的信念、习惯、传统和教育的力量来维持的。在信息化时代，信息的广泛共享极大地增强了信息工作者和信息用户对各类信息的可及性，从而导致个人隐私和秘密可能受到威胁以及知识产权更容易受到侵犯。因此信息服务伦理被广泛地关注和讨论，其体现在3个层次上：信息道德意识、信息道德关系和信息道德活动。

(1)信息道德意识。这是文献信息伦理的第一层次，包括与文献信息相关的道德观念、情感、意识、信念等，它是文献信息道德行为的心理动因。文献信息道德意识集中体现在文献信息道德原则和规范之中。

(2)信息道德关系。这是文献信息伦理的第二层次，包括个人与个人、个人与组织、组织与组织之间的相互关系。这种关系建立在一定的权利和义务基础之上，以一定的文献信息道德规范形式表现出来。

(3)信息道德活动。这是文献信息伦理的第三层次，包括文献信息道德行为、文献信息道德评价、文献信息道德教育和文献信息道德修养等。文献信息道德行为即人们在文献信息交流中所采取的有意识的、经过选择的行为。按一定的文献信息道德理想对人的品质进行陶冶就是文献信息道德教育。

第二节　文献信息服务

文献信息服务是泛指一切以用户文献信息需求为依托、面向用户开展的服务活动。其中，文献信息服务的发展规模和效益对信息社会发展具有深远的影响，同时，社会对文献信息服务的需求在相当大的程度上制约着文献信息服务业的形成和发展。

我国文献信息服务涉及科技、经济、文化、新闻、管理等各个方面。不同行业的文献信息系统共同构成社会文献信息服务网络，从而从多方面满足用户的文献信息需求。

一、文献信息服务的类型

鉴于文献信息服务系统的复杂性，可以按照多种标准进行分类。

(1)按照所提供的文献信息产品形式，可以分为印刷型文献信息服务(通过提供印刷文献为用户服务)、数字化文献信息服务(根据用户需求提供电子版文献信息，这是文献信息服务的又一主要模式)、图片、照片型文献信息服务(向用户提供各种图片和照片、胶片等)、音像型文献信息服务(向用户提供音像制品及服务)和数据服务(向用户提供各种具体数据，其形式有数据库服务、数据检索服务等)。

(2)按照所提供的文献信息加工深度，可以分为一次文献信息服务(向用户提供原始文献和其他文献信息)、二次文献信息服务(将原始文献信息搜集、整理、加工成能够反映文献信息线索的目录、题录、文摘、索引等中间性产品，供用户查找文摘使用)和三次文献信息服务(对原始文献进行研究之后，向用户提供最终研究成果，包括“综述文献”、“文献评介”等)。

(3)按文献信息服务的内容，可以分为科技文献信息服务、医学文献信息服务、经济文献信息服务、法律文献信息服务和军事文献信息服务。这些服务一般按照用户要求进行，具有专业领域明确、形式固定的特点。

(4)按文献信息服务方式，可以分为以下几种。

①宣传报道服务。根据用户需求通过口头宣传、实物展示和文献提供等方式将文献信息对外宣传报道。具体形式包括两个方面：一方面以书刊资料通报、书目、题录、文摘报道等方式扩大用户成果的社会影响；另一方面可以通过各种文献信息传递方式(讲座、报告、广播、展览、广告等)发布用户文献信息。

②文献借阅服务。通过流通、外借、阅览等工作，组织用户阅读文献或向用户提供文献。

③文献复制服务。向用户提供文献复制品。

④文献代译服务。接受用户委托，按需翻译外国文献资料供其使用。

⑤专项委托服务。接受用户各种专门委托业务，开展科技成果水平检索、课题论证等方面的服务。

⑥文献信息检索服务。通过接受用户课题，通过手检或机检途径进行课题文献信息检索的一种服务。

⑦文献咨询服务。包括向用户提供文献参考咨询、文献信息咨询和以文献信息为中介的各种专门咨询服务。

⑧系统开发服务。指接受用户委托，为用户开发专用文献信息系统和数据库的一种服务。

⑨文献信息代理业务。作为用户代理人，开展各种文献信息业务的一种服务。

(5)按文献信息服务对象的单向与多向性，可以分为以下几种。

①单向文献信息服务。面向单一用户所进行的针对性很强的服务。

②多向文献信息服务。面向众多用户在一定范围内所进行的文献信息服务。

结合当前国内实践，上述服务可归纳为下列几个方面：①文献宣传报道服务；②原始文献、资料、数据服务；③文献信息检索服务；④定题服务与定向服务；⑤咨询服务；⑥专项文献信息委托服务；⑦文献信息系统化服务、集成服务；⑧文献信息保证服务。

二、文献信息服务的要求

文献信息服务作为文献信息机构的第一线工作，是联系用户与文献信息源之间的桥梁，其目的是向用户提供他们所需的各类文献信息，确保应有的信息效益。文献信息服务的开展以信息工作人员付出一定的智力劳动和体力劳动为前提，信息人员的付出最终在用户信息利用和主体活动中体现其价值。

文献信息服务的质量是衡量文献信息服务社会效益的主要标志。文献信息资源的开发和信息的深层加工与科学处理的最终目的是提供使用，其中“服务”是一个关键环节，它直接关系到文献信息机构各项工作的开展，因而树立“为用户服务”的观念对任何文献信息部门都是必不可少的。

文献信息服务是直接获取来自用户方面反馈信息的“窗口”。通过服务，文献信息机构可以进一步掌握用户的基本情况、文献信息需求及其满足状况，可以检验文献信息工作的水准，这对于整体上优化文献信息工作是必要的。

文献信息服务中的基本关系可以概括为图 7-1 所示的关系结构。

从图中可以看出，文献信息服务及其用户在文献信息工作中处于中心地位。除信息服务业务组织外，文献信息服务所涉及的主要工作还包括：①信息服务中的用户研究与用户管理；②用户培训与教育；③用户服务与保证系统的开发；④文献信息服务网络建设与文献信息资源综合开发等。

文献信息服务的基本要求：

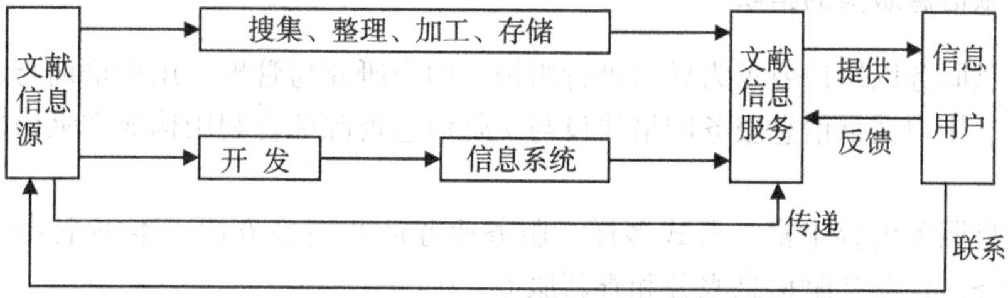

图 7-1　文献信息服务的基本关系

1. 文献信息资源开发的广泛性

文献信息服务必须在文献信息源开发的基础上进行，只有广辟文献信息源才有可能保证向用户提供的文献信息无重大遗漏。因此，在文献信息源开发和系统设计中应注重用户需求调查和有计划地吸收用户参与工作。

2. 服务的充分性

“充分性”是指充分利用各种条件和一切可能的设备，组织用户服务工作，同时充分掌握用户需求、工作情况及基本的信息条件，以确保所提供的文献信息范围适当、内容完整和对需求的满足充分。

3. 服务的及时性

“及时性”的含义包括两个方面：一是接待用户和接受用户的服务课题要及时；二是所提供的文献信息要及时，尽可能使用户以最快的速度得到他们所需的最新文献信息。为了实现这一目标，必须保证有畅通的文献信息获取渠道和用户联系渠道。

4. 服务的精炼性

用户服务中的一个至关重要的问题是向用户提供的文献信息要精，要能解决问题，即向用户提供关键性文献信息。要达到这一要求，除提高服务人员的业务素质外，必须在服务中加强文献信息分析与研究工作，开辟专项服务业务，努力提高专业性文献信息服务的质量。

5. 文献信息提供的准确性

“准确性”是文献信息服务的最基本的要求，不准确的信息对于用户来说，不仅无益，而且有害，它将导致用户决策失误，造成损失。服务准确性问题包括两方面内容：一是搜集信息要准确，避免信息传递中的失真；二是对信息的判断要准确，做出的结论要正确、可靠。

6. 服务收费的合理性

文献信息服务要强调一定的经济效益和用户效益，从用户角度看，支付服务费应当确保一定的投入—产出效益。这就要求在服务管理上具有科学性，同时注意到文献信息服务的高智能特征，在国家政策指导下制定合理的收费标准。

除以上基本要求外，文献信息服务与其他服务一样，必须强调服务人员的态度和服务的易用性等服务指标，优化服务结构与管理。

三、文献信息服务的组织

文献信息服务以用户要求为导向进行组织。用户研究与管理、用户培训与教育、用户服务与保证、用户文献信息服务网络建设与文献信息资源综合利用构成文献信息服务的基本环节。

文献信息服务内容丰富、形式多样，服务业务涉及诸多方面。本书主要介绍流通服务、报道服务、定题文献信息服务和查新服务。

（一）流通服务

流通主要包括阅览和外借，主要针对的是传统载体文献。阅览是指信息机构利用一定的空间和设施向用户提供各种阅读条件，供他们阅读不同类型和不同载体信息的一种服务方式。

阅览室可分为按用户类型设置的普通阅览室、专家阅览室、儿童阅览室、学生阅览室；按信息内容设置的新闻阅览室、科技阅览室、商业信息阅览室等；按信息载体和阅读方式设置的视听资料阅览室、缩微资料阅览室、机读资料阅览室（或称电子阅览室）、多媒体阅览室等；按文献类型设置的图书阅览室、报刊阅览室、特种文献阅览室、工具书阅览室等。根据用户对象的不同需求开设不同类型的阅览室可以大大提高信息传递效率，提高信息的利用率。

外借是为满足用户对文献信息的需求，允许用户把信息机构的文献借出机构外自由阅读的一种方式。

信息机构开展外借服务，必须具备一定的条件与设备，首先是有可供外借的文献与目录；其次是办理外借证，建立用户外借档案；最后是制定外借规则与管理办法。

按外借方式可分为以下几种：

（1）个人外借，是以个人身份外借文献。个人外借对用户比较方便，不受时间、地点、内容限制，是信息机构传递文献信息最主要、最基本的方式。

（2）集体外借，是集体或单位到信息机构借阅文献。一般借阅量较大，品种较多，周期较长，这种方法主要是满足某一有相同需求的用户群对信息的需求。

（3）馆际互借，是文献机构之间，相互利用对方信息源，满足本机构无法解决的用户需求的服务方式。馆际互借方式包括：馆与馆、地区与地区、省市之间、国家之间建立互借关系。馆际互借打破用户利用文献信息的地理区域的界限，实现资源共享，从而提高了信息机构对用户满足率，大大缩短了用户获取信息的时间。

外借方式还有预约借书、邮寄借书、联机借书。当前随着社会发展需要和技术进步，借阅领域还出现了自助服务和流动服务。

（二）报道服务

信息报道是信息机构把采集的信息进行加工、整理、分析、综合，以不同形式和载体出版发行的过程。它是信息机构宣传、报道它所收藏信息，向用户传递信息的重要手段，是一种多向主动传递形式。它可以把经过分析加工的信息直接传递给需求者，帮助他们克服面对数量庞大、文种繁多、形式多样的信息而无从选择的困难。

信息报道的方式按报道功能可分为检索类、译报类和研究类。其中检索类大体上属于二次信息加工、传递范畴，报道类和研究类属于三次信息加工、传递范畴。这里只介绍三次信息的传递。

(1)消息性信息刊物。以报道国内外的消息性信息为主要目的，不包含更多的具体内容。因而又称新闻性报道刊物。这类刊物报道的信息及时、可靠、针对性强。

(2)快报性信息刊物。以选编、节译或编译等方式报道国内外科学技术信息。它不仅仅报道消息，还对原文中一些实质性的内容做节录。此类刊物多以传递技术性信息和开发性研究成果为主，有较强的创新性和实用性。

(3)译报性信息刊物。从国外的信息源中选择有价值的信息翻译成本国文字传递给用户。它以节译和全译两种方式，全面、迅速地把国外主要科技成果和经济发展的信息传递给国内用户。

(4)综述性信息刊物。对某些学科、行业的专业技术做出专题性的或对某一时期作综合性的显示学科发展、技术水平状况、分析市场行情及未来趋势的述评，向用户传递带有分析和评述的有关某一领域的全面信息。

(三)定题文献信息服务

定题文献信息服务即"文献信息的选择性传递"，是文献信息服务机构根据特定范围内的用户所提出的文献信息需求进行文献信息选择性的服务。在服务中，首先确定主题，然后围绕主题进行文献信息的搜集、筛选、整理，以定期或不定期的方式提供给用户。这种服务也称为对口文献信息服务。

定题文献信息服务充分利用经过开发存储在检索工具、检索系统或网络中的文献信息，通过检索、查找，集中有关主题的文献、事实或数据，对其进行重新整理、加工，提供给用户使用。该服务可以缩短用户查找文献信息的时间，提高文献信息的利用率。

1. 定题文献信息服务的特点与要求

定题文献信息服务可分为国际、全国、地区、行业和部门的用户定题服务，还可以分为定期定题文献信息服务和非定期定题文献信息服务。定期文献信息服务是在一段时间内定期连续地向用户提供某一主题的文献信息。非定期文献信息服务是采用不定期连续方式为用户提供服务。

定题文献信息服务使用范围和服务对象比较广泛，其服务对象可以是分布在特定区域内的所有相关用户，具有灵活的服务方式，有利于文献信息资源的有效开发和合理利用。在我国专业文献信息网中，机械信息(文献信息)网、化工信息(文献信息)网内的定题服务十分活跃，深受广大用户欢迎。

"主动性"是定题文献信息服务的又一特点。在定题过程中，文献信息服务人员必须深入实践，与专业文献信息用户相结合，寻找具有普遍意义的重要课题作为服务选题。在选题范围内应注重组织用户调查和文献信息源调查，搜集文献信息变化动态，确定文献信息来源，全面规划和建立检索工具系统，编制专题文摘、题录、目录和索引。

定题文献信息服务具有比较固定的程序，各环节工作已形成规范，主要内容有：文献信息服务内容规范；服务方式规范；用户联系规范；管理、评价规范。

定题服务的基本要求是：选准重点服务课题；深入课题跟踪调查；针对用户需求开展针对性服务。这三方面要求的有机结合，保证了服务的实效性。大量事实表明，利用定题服务可以有效地解决科研和生产中的一系列信息服务难题，具有良好的社会经济效益。

与个别文献信息服务和专项服务相比，定题文献信息服务选题固定、用户稳定、时间连续，可以较少的投入(包括人力、资金、物资)获取较高的产出。

2. 定题文献信息服务的组织

(1)调查研究是定题文献信息服务的必要准备。调查内容有：专业工作情况，如某专业领域的结构和内容，用户文献信息需求情况等；本专业领域内的文献信息源的结构与分布状况、检索工具系统与网络的利用状况等；服务可行性，包括服务人员、经费及其他条件的分析。通过分析，为定题做好准备。

(2)在调查研究的基础上选择和确定服务主题。定题文献信息服务的选题原则是：以满足用户文献信息需求为前提，选择对当前所服务的专业用户具有较大价值的主题；在本文献信息机构业务范围内选题；具备完成定题服务的基本条件。

(3)兼顾机构内外用户。定题文献信息服务首先应满足本机构直接面向的用户需求。由于定题服务是多向型服务，具有不排他性，因此在不损害本机构直接用户利益的前提下，可寻求机构直接用户以外的用户，扩大服务范围。

(4)规定定题服务文献源。在定题服务中，规定定题服务所包括的文献信息源是服务规范化的需要。文献信息源规定包括：文献信息搜集的专业范围、语种、国别、体裁等；专业工具的确定，区分主要和次要检索工具；开发利用文献信息源的方式；文献信息选择标准的确定。

(5)确定文献信息报道方式。在以上工作基础上，应根据需要与可能确定文献信息报道方式。其方式规定的内容有：信息载体形式与出版周期；编辑要求与著录、编辑格式；发行方式；编辑管理体制等。

(6)确定文献检索语言。报道方式确定以后便是选择和确定文献检索语言。选择检索语言应注意：适合专业文献标示；与用户使用文献的方式相匹配；有利于揭示最新专业文献；能提高文献信息的检准率和检全率；有利于实现机检并与其他相关的通用检索工具接口；修改方便、使用灵活。

(7)服务人员配备及其物资、经费准备。定题文献信息服务人员应具备相当的专业水准、文献信息业务和外语水准。经费开支应有长期打算，并做出相应计划，确保工作的顺利开展。为了协调工作，关于人、财、物方面的管理，应做出具体的规定，建立有效的管理制度。

(8)定题服务文献的编制。定题服务文献的编制程序为：搜集和筛选文献资料；按要求加工文献资料(包括文摘、题录、索引)；进行资料编排和审校；资料印刷和发行。

(9)向用户提供服务。包括解答用户咨询提问，按用户要求进行服务(如向用户提供定题服务所包含的原始文献资料，协助用户与文献供应部门联系等)。

(10)建立用户反馈渠道。通过与用户建立联系，维护稳定的反馈渠道，随时掌握用户情况，调整和改进文献信息报道工作，提高服务质量，争取更多的用户。

(四)查新服务

查新服务是针对某一特定课题，搜集国内外最新文献资料，结合必要的调查研究，对有价值的文献信息进行综合分析，对所查课题成果的新颖性进行审查鉴定，编写出有根据、有分析、有对比、有建议的查新报告，为决策机构或科研立项、成果评价提供科学依据。

查新服务与一般的查重不同，查重只是一般性的机械的相似对比，而查新则是在相似对比的基础上加以分析、综合评价，客观、全面地反映该项目的新颖性，故查新服务是一项要求较高，难度较大的信息服务工作。

查新服务的意义在于：

为科研立项是否恰当提供依据，避免不必要的重复研究和无效劳动，节约资金，缩短研究周期。在科研立项前通过查新可以系统地、全面地明确所选客体的现有水平，了解该课题在国内外是否有人做过以及在当前环境中课题的必要性和可行性。

为科学地评价科技成果提供重要的参考依据。通过查新，可明确判断成果是否属于首创，是否达到了国内外领先水平及成果在现有技术水平中所处的地位，为专家评议提供全面、公正、准确的客观依据。

1. 查新服务程序

(1)受理查新课题，办理查新手续。查新服务部门对于接受的查新课题，应要求用户填写成果查新登记表，提供有关的成果报告和适当的课题查新检索词，由查新人员与用户一起分析课题的新颖性和技术要点，进行查新服务登记。

(2)分析课题、确定查新重点。在正式检索之前，查新人员首先对用户提供的各种材料进行分析，确定方向，然后进行检索词筛选，确定检索数据库，编制检索式。

(3)进行课题查新文献检索。对国外文献检索主要依靠国际联机检索，必要时利用光盘预检。

(4)索取原始文献。查新人员通过各种检索途径查到的相关文献，有一些只是题录，没有文摘，或是从文摘中看不出与课题的相关性，不能很好地进行对比，需要查阅原始文献。

(5)分析、对比、综合。将课题的技术要点与相关文献进行比较，若文献中有报道，则该课题的技术新颖性被否定；若文献中未见披露，则该课题具有创新性。

(6)撰写查新报告。报告内容包括：课题名称、课题单位、检索日期、检索单位、课题技术要点(主要根据用户提供的研究报告)、检索手段和检索内容(检索方式及数据库、检索词、检索式和检索结果)、查新结论、查新人员及查新单位签章等。

(7)审核并提供查新结果。审核人由具有丰富查新经验的人员担任，需对查新报告反映的整个查新过程和结论进行审查，确保查新报告的权威性。

2. 查新的文献保障

查新服务的结果关系到用户成果的认可和评价，至关重要，因此需要查看有关的文献，这需要完整的文献保障。

文献保障主要是检索工具和原始文献保障。文献检索根据课题特点确定检索途径，利用检索工具查找文献资料。在查新工作中，仅有文献检索工具是远远不够的，实际查新中有很大一部分课题与产品有关，而文献型检索工具收录的多为理论文章，产品介绍较少，涉及产品整体性能、技术指标、参数的文献更少。这就要求制订系统的查新检索方案，保证所用查检工具和系统对查新专题的涵盖率和文献的查全率。

在查新中，查新结论只有在对相关文献进行对比分析后才能得出。查新质量一方面取决于检索质量，即准与全的查询结果；另一方面，取决于对相关文献的分析水平。目前，文献信息机构对重点书刊只能达到70%的保障率，相关学科仅达到20%~50%的保障率。在网络环境下，文献信息服务机构必须充分开发、利用网络资源，成为网络资源的提供者，以便最大限度地提高文献保障率。在查新检索的文献保障中，因特网上的资源应得到特别关注。

第三节 网络信息服务

网络信息服务以网络信息查询为基础。网络信息查询的特异性在于网络环境引起的资源分布化和数字技术带来的信息资源多媒体化。网络不仅为人们提供了丰富的信息资源，而且也产生了许多新的服务项目。这些项目的特征是以计算机硬件和通信设备为依托，以应用软件为手段，以数据库信息资源为利用对象，将信息提供、信息发布和咨询服务与中介统一起来，最大限度地实现面向用户的个别化服务。

一、网络信息服务的类型

现代网络信息服务离不开因特网环境，网络服务必然以因特网信息服务为基础。当前基于因特网的信息服务可以划分为两种主要类型：一类是基本信息服务，即电子邮件、文件传输、远程登录以及基于电子邮件的各项服务；另一类是网络信息检索服务，包括名录、索引、交互式服务以及数字图书馆服务等。

(一)电子邮件

电子邮件是用户或用户组之间通过计算机网络收发信息的服务。目前电子邮件已成为网络用户之间快速、简便、可靠且成本低廉的现代通信手段，也是Internet上使用最广泛、最受欢迎的服务之一。电子邮件使网络用户能够发送或接收文字、图像和语音等多种形式的信息，许多网上应用性服务以此为基础，如电子公告板、网络新闻、专题讨论组等。电子邮件系统具有开放性，许多非Internet用户也可以通过网关(Gateway)与Internet用户交换电子邮件。

(二)远程登录

远程登录是Internet最基本的信息服务之一。远程登录是在网络通信协议的支持下使本地计算机暂时成为远程计算机仿真终端的过程。利用远程登录服务的用户首先必须成为该系统的合法用户并拥有相应的账号(UserID)和口令(Password)。用户登录时要给出远程计算机的域名或IP地址，并按照系统提示，输入用户名及口令。登录成功后，用户可以实时使用该系统对外开放的功能和资源。当前随着信息平台技术的发展，很多组织内的信息平台融合了多个信息系统，SSO(Single Sign-on)技术提供了一次登录便可使用多个平台的服务，使用户在使用信息平台时不需要分别登录各个系统，增加了系统服务的便捷性，也使统一账号管理成为可能。

(三)文件传输

文件传输是指计算机网络上主机之间传送文件的过程，它是在网络通信协议的支持下进行的。Internet 提供的文件服务能满足用户存取文件的需求。只要 Internet 上的两台计算机都支持 FTP(File Transfer Protocol)协议，网上的用户就能将一台计算机上的文件传送到另一台。

(四)开源软件服务

Internet 上有许多公用开源软件，允许用户无偿转让、复制、使用和修改。开源软件种类繁多，包括多媒体和普通文本文件、大型 Internet 软件包以及小型应用软件和游戏软件等。用户可以利用 FTP 获取任何类型的文件，如文本文件、二进制可执行文件、图形文件、图像文件、声音文件、数据压缩文件等。

(五)数据库检索

Internet 上的数据种类繁多，属于图书馆书目数据库的，如美国国会图书馆、欧美各国公共图书馆和大学图书馆的书目数据库，是 Internet 上可以免费检索的数据库种类之一。其他数据库，如计算机信息数据库、电信信息数据库以及专业性数据库，大多需根据使用时间的长短缴纳数据库检索费用。用户只有向数据库经营商申请专用账号后才能进行数据检索，数据库检索通过 Telnet 命令登录数据库主机完成。

(六)网络信息查询服务

电子邮箱、远程登录、文件传输是 Internet 三项最基本的功能，但由于网上资源数量很多，网上主机数量增长很快，人们往往不知道需要的东西在哪台主机上，也不知道网上新增了什么信息资源。为了帮助人们更方便地获取信息，近年来人们开发出很多功能完备、使用方便的查询工具。继针对 FTP 搜索，由美国明尼苏达大学研发的 Gopher 和由加拿大麦吉尔大学研发的 Archie 之后，出现了 WAIS 广域信息服务和面向互联网的 WWW 超文本信息查询工具。

(七)网络交流服务

网络交流服务以基于网页的社交网站、基于 C/S 或 B/S 的即时通信服务等为主要内容，当前的即时通信服务应用除基本的交流功能外，一般还设计并提供新闻发布服务、电子邮箱服务、个人社交平台服务、讨论组/论坛服务、文件传输服务、网络存储服务等功能，这些服务功能的整合，以一站式和全程化服务为核心理念，给用户提供了前所未有的全方位服务体验。

(八)其他网络信息服务

除以上类型，网络信息服务还包括信息处理服务、软件与系统开发维护服务、信息管理业务外包服务、网络增值服务、数据库服务、市场调查与研究服务等。

二、网络信息服务的特征

现代网络信息服务以从内容为中心——以技术为中心，向以用户为中心发展，在服务理念变革的引导下，加之计算机技术、智能技术和网络技术的有力支撑，信息服务体现出集成化、个性化、交互式、体验式等特征。

(一)集成化

集成化信息服务旨在通过信息服务资源、流程和业务的充分整合，为用户提供一站式、多层次、全方位、全过程的解决方案。从集成方式而言，信息集成服务可以分为以资源整合为基础的集成、以系统融合为基础的集成、以机构合作为基础的集成、以业务流程重组为基础的整合等。

以资源整合为基础是指服务提供者利用其能够获取的多个信息源，依照用户的需求，对这些分布式信息源所拥有的信息资源进行整合，向其提供服务。以系统融合为基础是指服务提供者通过系统数据交换接口，利用多个信息服务系统，融合其业务功能，向用户提供所需要的服务。以机构合作为基础，指不同的信息服务主体机构，通过分工或协同的方式，共同向用户提供服务。以业务流程重组为基础，指信息服务提供者，依照用户的广泛需求，调整自身业务流程和服务功能，有针对性地向用户提供服务。

通过不同方式的集成，乃至采用多种集成方式的再集成，信息服务提供者更有可能面向用户的实际需求，从信息资源获取、整理、分析，到信息服务多种渠道的梳理、选择，再到不同服务业务的有效开展，最终为用户提供资源—平台—应用为一体的解决方案。

(二)个性化

个性化信息服务是在信息服务确立以用户为中心导向后发展起来的服务模式，其核心理念是充分考察不同用户的个性化需求，拟定有针对性的个性化服务方案。个性化可以表现在信息表达个性化、信息提供个性化、信息推送个性化等多个方面。个性化信息服务可以分为个体个性化服务和群体个性化服务两类。

个体个性化，简而言之，即不同的信息接收者，由于其个体信息素养、信息心理、信息行为偏好、信息接收能力、信息接收模式等因素影响，在接受信息服务时会表现出各自不同的特点，个体个性化服务就是要充分掌握这些用户具体的信息需求特点，以此为基础开展有针对性的服务。

群体个性化是指由于一些用户群体在个体需求特征方面体现出一定的共性，而这些共性就成了这个群体的群体个性。通过调研和统计分析，我们可以确定一些具有需求共性的群体，在对这些群体开展服务时，更多地考虑群体个性而非个体个性，这样的做法一方面能够保障信息服务提供的有效性，另一方面也降低了考察每个个体需求所需要耗费的成本。

(三)交互式

虽然信息交流从来都是具备双向性的，即信息提供—信息反馈，然而在很长一段时期，信息服务提供者由于各种因素的限制，更加强调信息提供而忽视了信息反馈特别是及时有效的信息反馈。交互式信息服务概念就是在这样的背景下产生的，其强调信息服务提供者应设计友好便捷的交互功能，保障在信息服务前—中—后3个阶段用户都能够充分表达反馈信息，在及时充分收集用户反馈信息的基础上不断完善服务内容。

(四)体验式

用户体验是指用户在获得服务的过程中的主观感受，如果从人类大脑反应的三个层次即本能层、行为层和反思层角度进行考虑，信息服务提供者应相应设计界面友好的、使用方便的、可行有效的服务业务。

然而就具体操作而言，用户体验往往并不容易切实地获取，因此体验式信息服务理论提出了一些策略。其一通过及时的交互，信息服务提供者有可能获得用户的一部分体验信息；其二，通过信息构建，信息服务提供者可以在集中分析已知的用户体验信息的基础上设计更符合用户需求的服务和系统；其三，通过模拟实验，信息服务提供者可以在发布具体服务业务和系统功能之前，了解用户可能的体验和反应，从而进行有效的调整。

总之，信息服务总是在当前社会、经济条件许可的前提下，充分利用新技术带来的可利用成果，不断挖掘最有利于用户接受的服务方式和内容。

三、我国网络信息服务业

我国信息服务业的形成和演化既有与世界其他各国相同之处，同时也有我国自身的特点。根据中国信息产业商会对我国信息服务业分类构成的研究报告，我国信息服务业主要包括5个部分：

(1)信息提供业。主要有数据库信息检索服务业、联机信息服务业、文本信息产品提供服务业等。

(2)信息处理业。主要业务有计算机计算服务和分时服务、数据输入、处理和验证服务、机时租赁服务、光学扫描数据服务、计算机制表服务、电子数字交换服务、增值网络服务、受托数据处理等。

(3)软件开发服务业。主要业务有应用软件、系统软件和支持软件的分析与设计、开发与维护、按需修改用户软件、通用软件销售、定制软件的开发等。

(4)系统集成服务业。主要业务有计算机及外围设备的管理、操作、维护服务、计算机辅助工程(CAE)系统服务、计算机网络系统集成服务、综合计算机办公自动化系统开发服务等。

(5)咨询业及其他。主要服务有提供调查报告、定题研究、现场咨询、辅助决策咨询、网上业务代理等。

目前，面对用户的网络信息服务主要有3种形式：①网络接入。信息企业向国内网络中的某网申请地址，租用数据通信线路，然后向用户推销上网终端，类似于批发零售服务。②增值(Value-added)服务。信息企业从各种渠道收集信息、数据，制定统一标准格式，汇编成数据库，上网服务。这是为满足不同用户和消费者的需求而开发的信息服务，在提供服务时必须保证提供者和中间商的收益。③网络集成服务。信息企业帮助用户建立局域网或内联网，一般采用互联网技术为用户进行系统分析、设计、硬件配置、软件选用及设计，直至系统建立。

从综合角度看，网络服务的作用不仅在于提供电子化、网络化手段，而且在于充分发挥Internet的交互作用，开拓建构在信息经济基础上的新型服务业务(如电子商务等)。更直接地说，网络信息服务绝不是只让人们上网，而是让网络信息服务真正可以取代或部分取代原本属于工业社会的其他服务，也就是将工业经济转到信息经济的轨道上来。

思　考　题

1. 信息服务有哪些主要特性？
2. 开展信息服务应遵循哪些原则和规范？
3. 为什么信息服务人员应重视职业修养和道德？

4. 文献信息服务有哪些主要业务类型？
5. 网络信息服务有哪些主要业务类型？
6. 试分析信息服务的发展趋势。

第八章　信息系统

信息系统是现代信息社会发展的基础，信息社会促使信息系统快速发展，为信息系统的广泛应用提供了需求，信息系统的建设和发展又将进一步促进现代信息社会的发展。

第一节　信息系统的概念与结构

一、信息系统的概念

系统(System)指由若干要素以一定结构形式联结构成的具有某种功能的有机整体。系统具有整体性、关联性、等级结构性、动态平衡性、时序性等基本特征。系统的分类方式很多，不同分类方式有不同的结果。按其组成可分为自然系统、人造系统和复合系统三大类。自然系统是客观世界自然形成的、不以人的意志为转移的系统。人造系统是人类为了达到某种目的而对一系列的要素作出有规律的安排，使之成为一个相关联的整体。复合系统是自然系统和人造系统相结合的系统。大多数系统属于复合系统，复合系统的一个重要特征是人的参与。

信息系统(Information System，IS)是一个由人、计算机和网络通信设备等组成的能够进行信息收集、加工、存储、传递和使用，提供信息服务的人机系统。

二、信息系统的结构

信息系统结构是指信息系统内部各组成要素之间相对稳定的分布状态、排列顺序和作用方式。信息系统的结构形式是多种多样的，一般可分为概念结构、层次结构、功能结构、硬件结构、软件结构等。

(一)概念结构

从概念上看，信息系统由信息源、信息处理器、信息用户和信息管理者四大部件组成。信息源是信息产生地；信息处理器担负着信息的传输、加工、存储等任务；信息用户是信息的最终使用者，应用信息系统进行业务操作和管理决策；信息管理者负责信息系统的规划、分析、设计、实施、维护和管理工作，信息管理者在信息系统中起着主导作用。信息系统概念结构如图 8-1 所示。

(二)层次结构

从信息系统处理的内容及决策的层次来看，可分为战略规划、管理控制、运行控制、业务处理四个层次。信息系统的层次结构呈“金字塔”形，如图 8-2 所示。

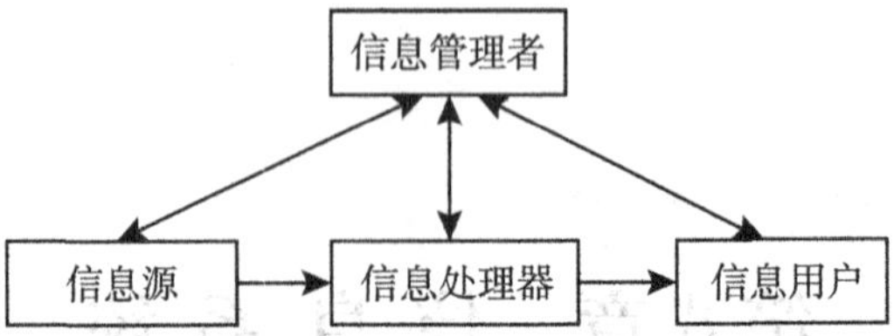

图 8-1 信息系统概念结构

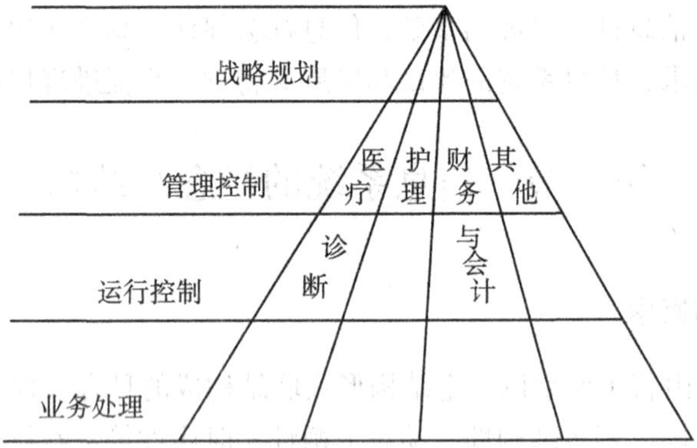

图 8-2 信息系统层次结构

（三）功能结构

从使用者角度看，任何一个信息系统均有明确的目标，并由若干具体功能子系统组成，形成信息系统的功能结构，如图 8-3 所示。

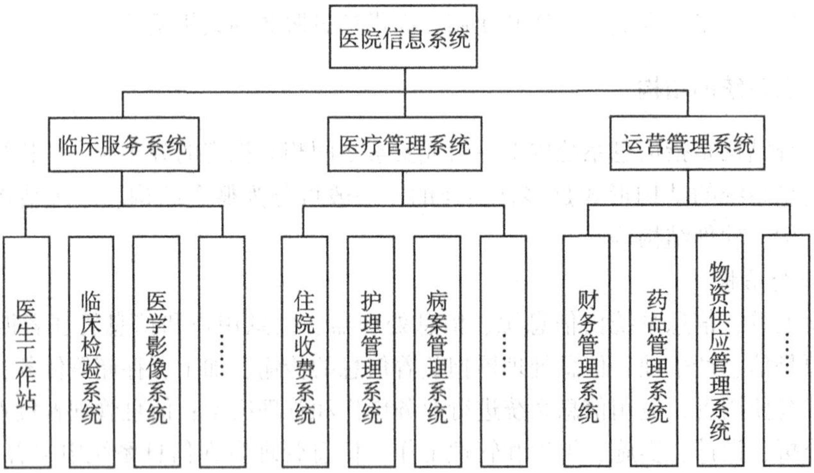

图 8-3 医院信息系统功能结构

（四）硬件结构

信息系统的硬件结构是指系统硬件的各组成部分及其连接方式，主要包括计算机设备，网络设备和其他与计算机相连接的外部设备，如图 8-4 所示。

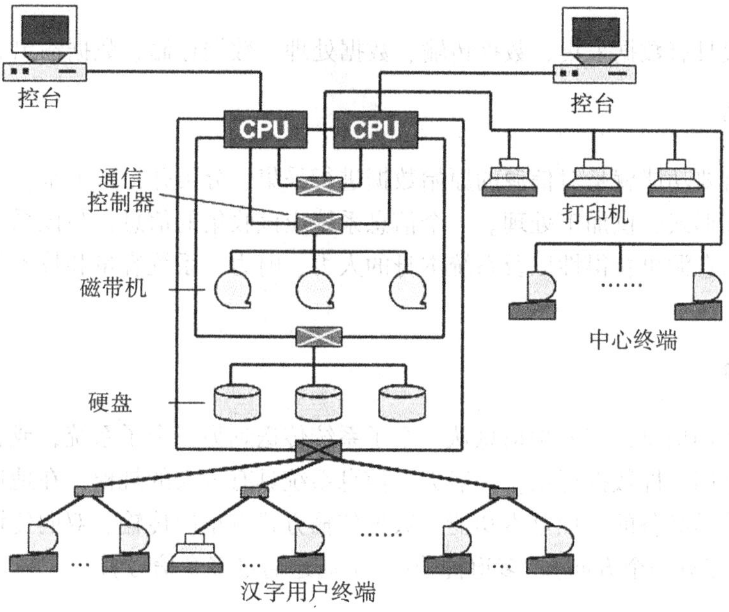

图 8-4 信息系统硬件结构

（五）软件结构

信息系统的软件结构由支持信息系统各种功能的应用软件和系统软件组成，如图 8-5 所示。

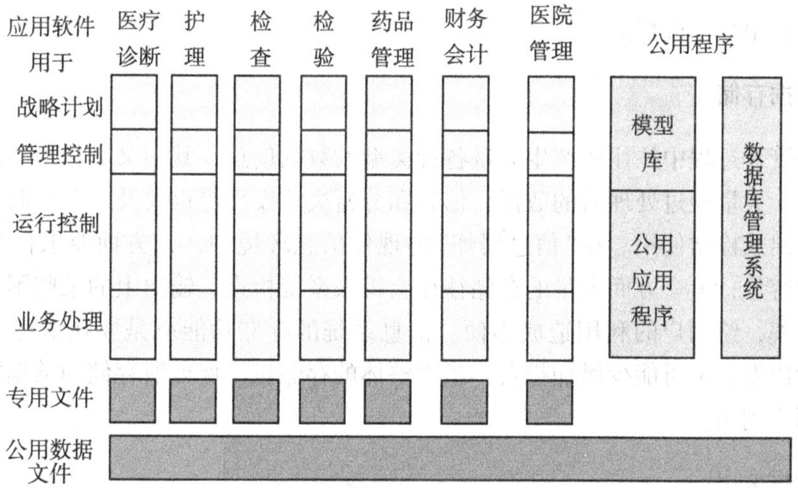

图 8-5 信息系统软件结构

第二节 信息系统功能

信息系统一般具有数据采集、数据传输、数据处理、数据存储、数据输出五大功能。

一、数据采集

信息系统的首要功能就是对信源的原始数据进行采集、分类并记录下来，整理成信息系统要求的格式和形式，供加工处理。一个信息系统应该收集的信息，与该系统所直接服务的用户需求、信息源可获得性以及系统本身的人力、财力、系统容量和技术条件等因素密切相关。

二、数据传输

为了收集和使用信息，需要把信息从一个子系统传送到另一个子系统，或者从一个部门传送到另一个部门，即数据通信。一般大型信息系统具有较大的规模，在地理上有一定的分布，数据传输是必备的一项基本功能。数据传输方式有单向传输、双向传输、半双向传输(每次传输只能有一个方向)、多道传输(一个通道通过多个信号)。

三、数据处理

数据处理是信息系统内部的生产过程。采集的原始数据具有一定的抽象性，要使之成为有用的信息，就必须根据数据的特点和使用目的对数据进行各种转换和加工处理。利用计算机硬件、软件和人员把数据和信息转换为各种信息产品，包括从简单的查询、排序、合并、计算一直到复杂的模型的仿真、预测、优化计算等。这一部分功能的强弱直接关系到信息系统的优劣，为了减少不必要的重复劳动，提高工作效率，信息系统一般是将分散的处理业务集中统一进行。

四、数据存储

在日常管理过程中往往要产生大量各种类型的数据信息，其中又有相当一部分数据需要重复使用。大量经过处理后的数据、信息和分析决策模型等也要及时存储起来以便进一步加工、输出或检索使用。在“信息爆炸”的现代信息环境中，一方面要求信息系统具有最大的存储容量，另一方面大量的存储往往会带来系统检索、输出上的某些困难，降低系统的服务效率，给用户的利用造成不便。信息系统的存储功能就是要在上述矛盾的情况下，从实际出发，尽可能少增加投资，扩大整体的存储量，保证所存储的数据资料充分有效，便于用户利用。

五、数据输出

信息系统的各种功能都是为了保证最终实现最佳的输出功能。信息系统将加工处理后的数据，根据不同的需要，以不同的形式和格式分别进行输出。信息系统对外界环境所产生的效益，用户对信息系统的满意程度，都是通过信息系统的输出功能来体现的。就信息系统内部来看，数据采集、传输、处理功能都是根据输出功能来确定并随之不断进行调整的。

第三节 信息系统类型

由于各组织内、外环境的差别，不同组织的系统可能呈现不同的特点。一个组织内由于信息处理的复杂性，其所属的信息系统在功能、结构和信息内容与处理方式方法上，可以根据一定原则分成不同的类型。为便于对一个组织内的信息系统进行开发、应用与管理，以信息系统支持业务与管理活动的内容、层次与范围为依据，信息系统可分为面向业务运行的系统、面向管理决策的系统、面向协作与交流的系统三大类。

一、面向业务运行的系统

1. 事务处理系统(Transaction Processing System，TPS)

事务处理系统是组织中处于业务操作层最基本的信息系统，它应用信息技术支持组织中最基本的、每日例行的业务处理活动。TPS 直接支持业务职能的具体实现，对安全性、可靠性要求极高，并且为组织内各层次管理人员提供业务运行状况的第一手资料，是组织中其他各类信息系统的主要信息来源，典型的应用系统如临床信息系统、基层医疗卫生信息系统等。

2. 知识工作支持系统(Knowledge Work Support System，KWSS)

知识工作支持系统主要面向组织中的业务管理层和管理控制层，支持知识工作者所进行的创造新信息和知识的工作。知识工作支持系统需要具有强大的数据、图形、图像以及多媒体处理能力，能够在网络化条件下广泛应用多方面信息和数据资源，并为知识工作者提供多方面的知识创造工具和手段。典型的应用系统如计算机辅助设计系统(Computer Aided Design System，CADS)、三维动画制作系统、虚拟现实系统(Virtual Reality System)等。

3. 办公自动化系统(Office Automation System，OAS)

办公自动化系统主要面向组织中的业务管理层，以先进技术和自动化办公设备(如文字处理设备、电子邮件、轻印刷系统等)支持人的部分办公业务活动，协调不同地理分布区域之间、各职能部门之间和各信息工作者之间的信息联系，提高办公活动的工作效率和质量。

二、面向管理决策的系统

1. 管理报告系统(Management Reporting System，MRS)

管理报告系统主要面向组织中的管理控制层，为组织的计划、控制和决策等提供规范化的综合信息报告，同时提供对组织当前运行状态和历史记录信息的检索与查询功能。其信息源于组织内部各个方面，相对于事务处理系统来讲，管理报告系统具有综合性和周期性的特征。在数据处理方式上系统擅长对大量数据进行简单的算术运算，而不以定量化、模型化分析为重点。典型的管理报告系统如医疗服务统计分析系统、医院年度预算系统等。

2. 决策支持系统(Decision Support System，DSS)

决策支持系统面向组织的管理控制层和战略决策层，侧重于应用模型化的数量分析方法进行数据处理，以支持管理者对半结构化或非结构化的问题进行决策。为决策者提供所需的数据、信息和背景资料，帮助决策者明确决策目标和进行问题识别，建立或修改决策模型，提供各种备选方案，并对各种方案进行评价和优选，通过人机交互功能进行分析、比较和判断，为正确的决策提供必要的支持。典型的决策支持系统如临床决策支持系统(Clinical Decision Support System，CDSS)、医疗费用与成本分析系统等。

3. 主管信息系统(Executive Information System，EIS)

主管信息系统面向组织的战略决策层，旨在为组织的高级主管人员建立一个通用的应用信息平台。系统借助强大的数据通信能力和综合性信息检索和处理能力，提取组织内外各种信息进行组合、筛选和聚合操作，运用先进的通信技术和多媒体技术展示数据处理结果，为高级主管人员提供一个面向随机、非规范、非结构化信息需求和决策问题的支持手段。

三、面向协作与交流的系统

1. 协作与协调系统(Collaboration and Communication System，CCS)

协作与协调系统涉及一个组织的业务与管理的诸多方面，与其他业务、管理系统有着密切联系，为组织部门之间、员工之间以及组织之间的协作与协调提供支持。CCS 一般具有实现协作者之间畅通的信息交流和充分的信息共享；建立计算机和网络环境下的多人、多单位协同工作环境；为协作者之间的任务分担、工作进度、质量以及协作目标的协商与协调提供支持等特点。

2. 信息门户网站(Information Portal Website，IPWS)

信息门户网站简称门户(Portal)，是一个组织信息系统的单一出入关口。门户可以跨越地域和部门限制，在合理的授权与认证机制下，组织的管理者、员工、合作伙伴和服务对象都可以利用标准的浏览器实现对整个组织信息的单点访问，获得组织内外各种有关工作需要的信息，以便开展交流和协同工作。组织还可以通过信息门户向其他组织、有关人员或公众发布信息，也可通过信息门户利用各种检索工具(如搜索引擎)收集信息。信息门户一般具有易于使用；全面的信息收集与访问能力；动态资源访问；可交互性；个性化；主动通知功能；良好的安全性；易升级、易扩展等特点。信息系统各类型的分类结构如图 8-6 所示。

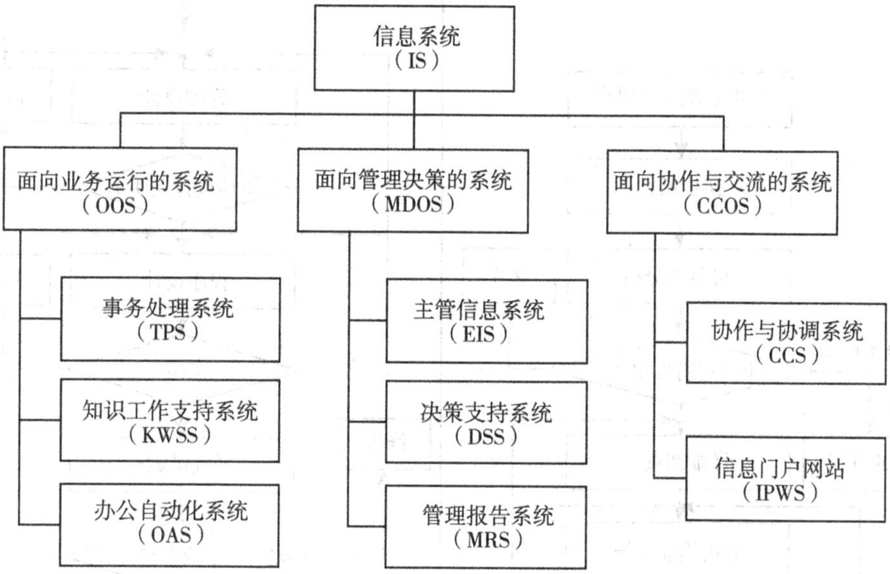

图 8-6　信息系统类型

第四节　信息系统生命周期

信息系统生命周期是指信息系统在使用过程中随着其需求和环境的变化，需要不断进行维护和完善，具有产生、发展、成熟、消亡(更新)的过程周期循环。信息系统生命周期一般包括系统规划、系统分析、系统设计、系统实施、系统运行和维护五个阶段，如图 8-7 所示。

一、系统规划

系统规划是指根据组织的战略目标和用户提出的需求，对现行系统进行初步调查，对系统建设作全面长远的考虑，并研究系统的可行性，提出系统的人力、财力、物力要求和各阶段的投入计划。

当今信息系统建设已进入基于业务流程再造的信息系统规划阶段，其趋势是将信息系统规划和业务流程再造结合在一起进行。业务流程(Business Process)是指一组共同为顾客创造价值的相互关联的任务或活动。业务流程再造则是对业务的结构、流程、工作方法、管理系统等的重新思考和重新构造，实现提高整体效率的目标。基于业务流程再造的信息系统规划能够适应组织当前或未来的发展需要，使信息系统的建设更具有效性与灵活性。

基于业务流程再造的信息系统规划的主要步骤如下：

(1)战略规划。主要是明确组织的战略目标，制定业务流程远景和信息系统战略规划，为未来工作的进行提供战略指导。

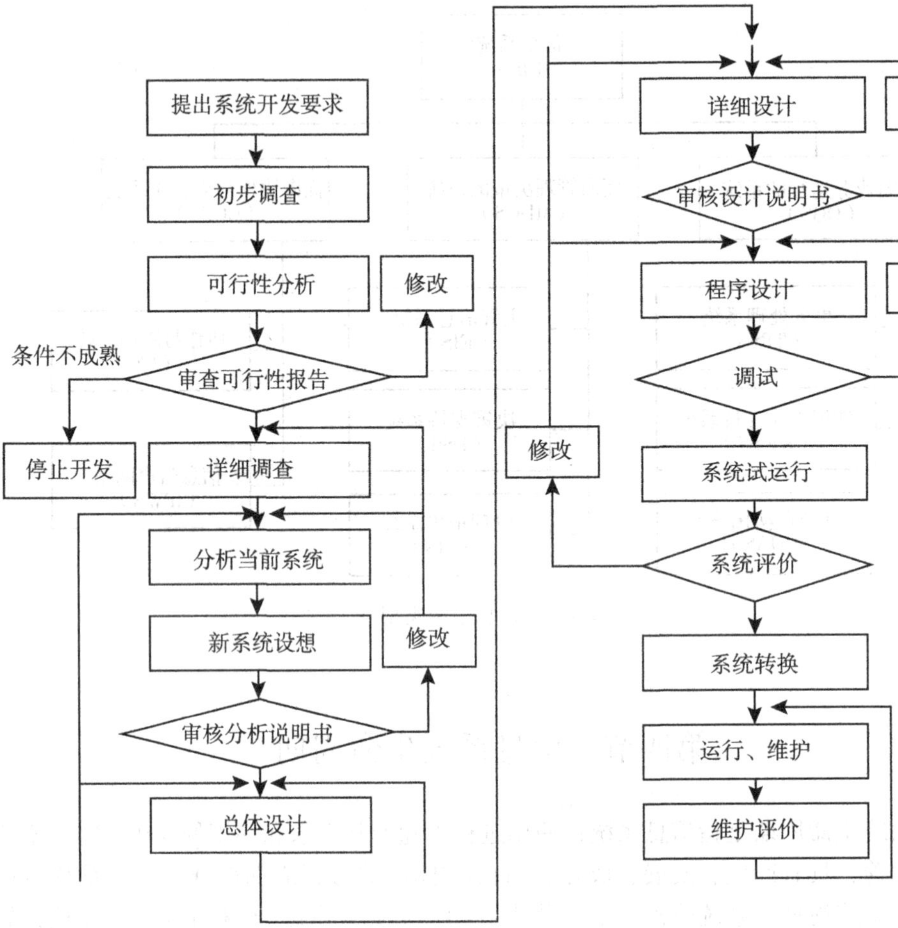

图 8-7 信息系统生命周期

(2)业务流程规划。面向业务流程进行信息系统规划，主要任务是选择核心业务流程，进行流程分析，形成系统的流程规划方案。

(3)数据规划。在业务流程再造的基础上识别和分类由流程产生、控制和使用的数据，对数据资源进行严格的定义、科学的分类和合理的组织。

(4)功能规划。建立数据类与过程的关系矩阵(U/C 矩阵)，并通过 U/C 矩阵识别子系统，进一步进行系统总体逻辑结构规划(即功能规划)，识别功能模块。

(5)实施阶段。进行系统的总体网络布局，并针对这些应用项目的优先顺序给予资源上的合理分配，并根据项目优先顺序来进行具体实施。

二、系统分析

系统分析是在系统规划的指导下，对系统进行深入详细的调查研究，确定新系统的逻辑模型的过程。系统分析的主要任务是解决新系统应该“做什么”的问题。

信息系统分析的一般步骤如下：

(1)现行系统的详细调查。集中一段时间和人力，通过各种途径进行全面、充分、详细的调查，弄清现行系统的边界、组织机构、人员分工、业务流程、各种计划、单据和报表的格式、种类及处理过程等，为系统开发做好原始资料的准备工作。

(2)组织结构与业务流程分析。在详细调查的基础上，用规范化的图表和文字对现行系统进行描述。利用组织结构图和组织/功能(业务)关系图进行组织结构分析，详细了解组织的职能和有关人员的工作职责、决策内容以及对新系统的要求。业务流程分析则通过业务流程图(Transaction Flow Diagram，TFD)详细描述业务的具体处理过程，为优化业务处理流程和数据流程分析提供基础。

(3)数据流程分析。利用数据流程图(Data Flow Diagram，DFD)进行数据流程分析，把数据在组织或原系统内部的流动情况抽象地独立出来，仅从数据流动过程考察实际业务的数据处理模式，主要包括对信息的流动、传递、处理与存储的分析。一个畅通的数据流程是信息系统用以实现业务处理过程的基础。

(4)建立新系统的逻辑模型。在系统调查和系统分析的基础上建立新系统逻辑模型，用一组图表工具表达和描述，方便用户和分析人员对系统提出改进意见。

三、系统设计

系统设计是新系统的物理设计阶段。根据系统分析阶段所确定的新系统的逻辑模型，综合考虑各种约束，进行各种具体设计，提出一个能在计算机上实现的新系统的实施方案。系统设计阶段是解决新系统“怎么做”的问题，系统设计由系统总体设计和详细设计两部分组成。

(1)总体设计。依据系统分析报告，建立系统总体结构和各子系统之间(或各子系统与其各模块之间)的关系，定义各子系统或各功能模块之间的接口，设计总体数据存储结构，规定设计限制，制订组装测试计划等。

(2)详细设计。包括功能设计、代码设计、文件和数据库设计、输入/输出设计、人机界面设计、处理流程设计、程序流程设计、模块内部的算法设计、软硬件平台设计等。

四、系统实施

系统实施是指将新系统的设计方案转换成实际运行系统的全过程。在此期间，将投入大量的人力、物力，占用较长的时间，使用部门将会发生组织机构、人员、设备、工作方法和工作流程的重大变革。

系统实施的一般步骤包括：

(1)程序编制。按照详细设计阶段产生的程序设计说明书，用选定的程序设计语言编写源程序。

(2)系统调试。运用一定的测试技术与方法进行测试，发现系统可能存在的问题，并及时加以修改和完善。需要说明的是，因为不可能穷举数据，也不可能完全覆盖路径，因此系统测试只能证明错误存在，不能证明错误不存在。

(3)系统安装。包括各种软、硬件设备的选型、论证、购置、安装以及整个系统调试运行。

(4)新旧系统转换。完成系统调试工作后，即可将其交付使用，进行新系统与旧系统的转换，旧系统停止使用，新系统投入运行。在这个过程中需要选择系统切换方式，进行用户的操作培训，完成数据的转换，进行系统的试运行等工作。

五、系统运行和维护

系统运行与维护阶段是系统开发成功后，交付用户使用的阶段。在系统的运行过程中，不仅要进行机房环境和设施的管理，更主要的是对系统每天运行状况、数据输入和输出情况以及系统的安全性与完备性及时准确地记录和处置。此外还需要对系统硬件、软件进行日常维护和升级维护，同时系统运行环境因素变化导致的系统功能的某些缺陷和不足也需要对系统进行修改、维护或局部调整。当系统运行若干年后，系统运行的环境可能会发生根本的改变，出现一些不可调和的问题，用户将会进一步提出开发新系统的要求。至此，也就标志着老系统生命的结束，新系统的诞生。

第五节 信息系统开发与管理

一、信息系统开发方法

信息系统开发是一项艰巨的工作，需要投入大量的人力、物力、财力和时间。系统开发的效率、质量、成本及用户满意度，除了技术和管理等因素外，很大程度上取决于系统开发方法的选择。目前，常用的信息系统开发方法主要有：结构化系统开发方法、原型法、面向对象的开发方法、计算机辅助软件工程法等。

1. 结构化系统开发方法

①基本思想。结构化系统开发方法(Structured System Analysis and Design，SSA&D)又称系统生命周期法，采用瀑布模型(Waterfall Model)作为开发模型。该方法是采用系统工程的思想和工程化方法，按照用户至上的原则，自顶向下分析与设计和自底向上逐步实施地建立信息系统的一种方法。

②开发过程。采用结构化方法开发系统时，整个开发过程按照信息系统生命周期被划分为首尾相连的五个阶段，如图8-8所示。

系统规划阶段：根据用户的系统开发请求，进行初步调查，明确问题，确定系统目标和总体结构，确定分阶段实施进度，然后进行可行性研究，提出系统开发规划和可行性研究报告。

系统分析阶段：主要任务是分析组织结构、业务流程、数据与数据流程以及功能与数据之间的相互关系，最后提出新系统的逻辑方案和系统分析说明书。

系统设计阶段：主要任务是进行系统总体结构设计和系统详细设计，最终提出设计方案，形成系统设计说明书。

系统实施阶段：主要任务是进行系统程序编制、系统测试、人员培训以及数据准备工作，然后投入试运行。

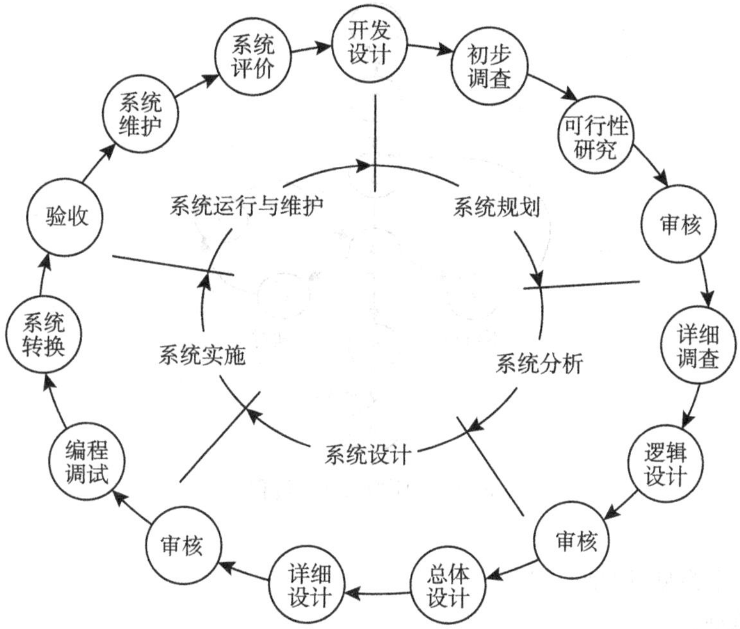

图 8-8 结构化方法开发过程

系统运行与维护阶段：主要任务是进行系统的日常运行管理与维护工作，分析运行结果。

③优缺点。结构化系统开发方法的突出优点就是它强调系统开发过程的整体性和全局性，强调在整体优化的前提下来考虑具体的分析设计问题，即自顶向下的观点。同时严格地区分系统开发的各个阶段，每一阶段工作都需要及时进行审核，发现问题及时地反馈和纠正。结构化系统开发方法具有工作文档标准化、规范化和工程化的特点。

但是，这种方法要求系统开发者在调查中就充分地掌握用户需求，这不大符合人们循序渐进地认识事物的规律性，开发周期过长、开发过程复杂烦琐，难以适应迅速变化的环境等都是结构化系统开发方法的缺点。

④适用范围。结构化系统开发方法适用于一些组织结构相对稳定、业务处理过程规范、需求明确且在一定时期内不会发生重大变化的大型复杂系统的开发。

2. 原型法

①基本思想。原型法(Prototyping Method)采用增量式和螺旋式开发模型，在系统开发初期，凭借系统开发人员对用户需求的了解和系统主要功能的要求，在强有力的软件环境支持下，在短期内构造出系统的初始原型，然后与用户一起不断对原型进行修改、完善，直到满足用户需求。

②开发过程。采用原型法开发系统时，其整个开发过程如图 8-9 所示。

a. 用户提出系统要求；

b. 识别、归纳上述要求；

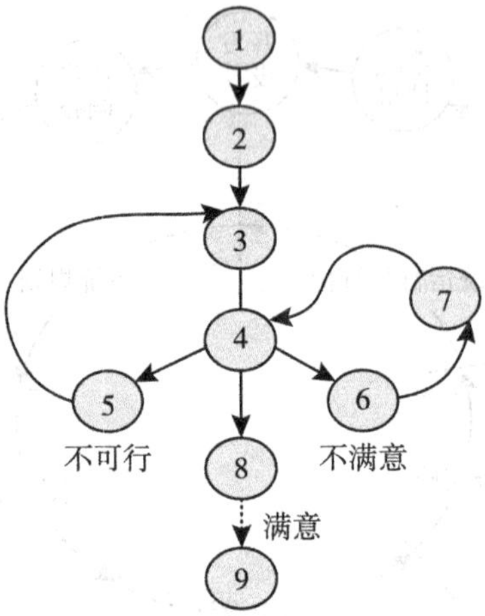

图 8-9 原型法开发过程

c. 开发一个模型/原型；

d. 评价模型；

e. 模型不可行处理；

f. 模型不满意处理；

g. 修改模型；

h. 确定模型后的处理；

i. 实际系统开发、运行、维护等。

③优缺点。原型法的优点：符合人们认识事物的规律，系统开发循序渐进，反复修改，确保了较好的用户满意度；改进了用户和系统开发人员的交流方式；降低了系统开发风险，一定程度上减少了开发费用。

但是，对于大型系统和复杂系统，原型法就难以解决，并且原型法开发过程管理要求高，整个开发过程要经过“修改—评价—再修改”的多次反复，也缺乏规范化的文档资料。

④适用范围。原型法的适用范围比较有限，适用于小型、简单、处理过程比较明确和管理及业务不稳定，需求经常变化的系统。

3. 面向对象的开发方法

①基本思想。面向对象的开发方法(Object Oriented，OO)认为客观世界由各种各样的对象组成，每种对象都有各自的内部状态和运动规律，不同的对象之间的相互作用和联系就构成了各种不同的系统。从现实世界的客观事物(即对象)出发来构造信息系统，并在系统构造中尽可能运用人类的自然思维方式，可以使系统直接地映射现实世界，保持事物及其相互关系的本来面貌。

②开发过程。系统调查和需求分析。对系统将要面临的具体管理问题以及用户对系统开发的需求进行调查研究，即先弄清要干什么的问题。

分析问题的性质和求解问题。在繁杂的问题域中抽象出对象以及行为、结构、属性、方法等。这一阶段一般被称为面向对象分析(Object-oriented Analysis，OOA)。

整理问题。对分析的结果作进一步的抽象、归类、整理，并最终以范式的形式将它们确定下来。这一阶段一般被称为面向对象设计(Object-oriented Design，OOD)。

程序实现。即用面向对象的程序设计语言将上一步整理的范式直接映射为应用程序软件。这一阶段一般被称为面向对象的编程(Object-oriented Programming，OOP)。

③优缺点。面向对象的开发方法的优点是以对象为基础，实现从对象客体的描述到软件结构之间的转换，解决了传统结构化开发方法中客观世界描述与软件结构不一致的问题，缩短了开发周期，也利于软件的重用和维护。但是，OO 方法需要一定的软件基础支持才能应用。此外，在大型信息系统开发过程中，如果直接使用自底向上的方法，会造成系统结构不合理，缺乏全局考虑，使各模块之间的关系失调等。因此，OO 方法和结构化方法在系统开发中相互依存、不可替代。

除了上述方法之外，还有计算机辅助开发(Computer Aided Software Engineering，CASE)方法。它是一种自动化和半自动化的系统开发方法，集图形处理技术、程序生成技术、关系数据库技术和各类开发工具于一身，全面支持系统调查以外的每一个开发步骤。CASE 工具实际上把原先由手工完成的开发过程转变为以自动化工具和支撑环境支持的自动化开发过程，采用 CASE 工具进行系统开发，还必须结合某种具体的开发方法，如结构化系统开发方法、面向对象的开发方法等。

二、信息系统项目管理

项目管理(Project Management，PM)是“管理科学与工程”学科的一个分支，包含 IT 项目管理、工程项目管理、科研项目管理、制造项目管理、服务项目管理等，项目管理起源于 20 世纪 40 年代美国的“曼哈顿计划”。

信息系统项目管理属于 IT 项目管理范畴，是指在一定资源(如资金、人力、设备、材料、时间、能源、动力等)约束条件下，为了高效率实现特定信息系统项目目标(即项目质量、投资、进度等)，按照其内在规律和程序，利用工程化开发方法，在项目全过程中对需求、成本、人员、进度、质量、风险等进行科学分析和有效的计划、组织、协调、领导和控制的系统管理活动。

项目管理通过合理运用与整合 47 个项目管理过程得以实现，可根据其逻辑关系把项目管理过程归入五大项目管理过程组和十大项目管理知识领域，如图 8-10 所示。

1. 五大项目管理过程组

①启动过程组。包含定义一个新项目或现有项目的一个新阶段，授权开始该项目或阶段的一组过程。在启动过程中需要定义初步范围和落实初步财务资源，识别那些将相互作用并影响项目总体结果的内外部干系人，并选定项目经理。

②规划过程组。规划过程组制订用于指导项目实施的项目管理计划和项目文件，包含明确项目范围、优化目标，为实现目标制订行动方案的一组过程。规划过程确定实现期望目标的路径，在整个项目生命周期中持续不断、贯穿始终，对项目的成败有着重大影响。

知识领域	项目管理过程组				
	启动过程组	规划过程组	执行过程组	监控过程组	收尾过程组
项目整合管理	制定项目章程	制订项目管理计划	指导与管理项目工作	监控项目工作实施整体变更控制	结束项目或阶段
项目范围管理		规划范围管理 收集需求 定义范围 创建工作分解结构		确认范围 控制范围	
项目时间管理		规划进度管理定义活动 排列活动顺序 估算活动资源 估算活动持续时间 制定进度计划		控制进度	
项目成本管理		规划成本管理 估算成本 制订预算		控制成本	
项目质量管理		规划质量管理	实施质量保证	控制质量	
项目人力资源管理		规划人力资源管理	组建项目团队 建设项目团队 管理项目团队		
项目沟通管理		规划沟通管理	管理沟通	控制沟通	
项目风险管理		规划风险管理 识别风险 实施定性风险分析 实施定量风险分析 规划风险应对		控制风险	
项目采购管理		规划采购管理	实施采购	控制采购	结束采购
项目干系人管理	识别干系人	规划干系人管理	管理干系人参与	控制干系人参与	

图 8-10 项目管理过程组与知识领域

③执行过程组。包含完成项目管理计划中已确定的工作，以使项目工作满足项目规范要求的一组过程。执行过程组需按照项目管理计划来协调人员和资源，管理干系人期望，整合并实施项目活动。项目执行中的偏差可能影响项目管理计划或项目文件，需要仔细分析，并制定适当的项目管理应对措施。项目的大部分预算将花费在执行过程组中。

④监控过程组。包含跟踪、审查和调整项目进展与绩效，识别必要的计划变更并启动相应变更的一组过程。监控过程组的主要作用是定期(或在特定事件发生时、异常情况出现时)对项目绩效进行测量和分析，从而识别项目管理计划的偏差。由于用户需求的不确定和管理环境的改变等种种原因，信息系统开发过程中的项目范围变更、进度改变、成本上升等经常会发生，因此必须有效地进行控制。

⑤收尾过程组。包含完结所有项目管理过程组的所有活动，正式结束项目或阶段或合同责任的一组过程。收尾过程组完成时，表明可交付成果已经符合要求，标志着为完成某一项目或项目阶段所需的所有过程组的所有过程均已完成。

2. 十大项目管理知识领域

①整合管理。整合管理工作由项目计划编制、计划实施、综合变更控制等过程组成，是进行项目各要素综合调整和控制的工作。整合管理使项目管理各阶段、各过程、各种资源、各项目标得以有机地整合。

②范围管理。范围管理确保项目做并且只做所需的全部工作，以成功完成项目的各个过程。管理项目范围主要是定义和核准项目的工作范围，并在必要时调整和变更项目范围。

③时间管理。将项目的工作范围分解成若干活动，定义活动内容，估算活动时间，安排活动的先后顺序，并进行相应的进度计划编制和控制等。

④成本管理。包含为使项目在批准的预算内完成而对成本进行规划、估算、预算、融资、筹资、管理和控制的各个过程。

⑤质量管理。质量管理是指为使项目能够达到用户满意的预先规定的质量要求和标准所进行的一系列管理与控制工作。质量管理包括进行质量规划、安排质量保证措施、设定质量控制点、对每项活动进行质量检查和控制等。

⑥人力资源管理。人力资源管理包括组织、管理与领导项目团队的各个过程，以使项目参加人员均能最有效地发挥作用。人力资源管理包括制订人力资源计划、进行人员培训、做好人员的沟通与协调等工作。

⑦沟通管理。沟通管理包括为确保项目信息及时且恰当地规划、收集、生成、发布、存储、检索、管理、控制、监督和最终处置的各个过程。

⑧风险管理。风险管理包括规划风险管理、识别风险、实施风险分析、规划风险应对和控制风险等各个过程，使项目的风险隐患得以避免，或最大限度地减少风险所带来的损失。

⑨采购管理。采购管理是指为保证项目顺利执行所需的物资、服务或信息的获取过程。一般包括制订采购计划、选择供应商及相应资源、进行合同管理等内容。

⑩干系人管理。干系人管理用于开展下列工作的各个过程：识别能影响项目或受项目影响的全部人员、群体或组织，分析干系人对项目的期望和影响，制定合适的管理策略来

有效调动干系人参与项目决策和执行等。

对信息系统项目而言，项目管理过程主要规定如何设置关键节点或里程碑、组织全体人员、进度管理、风险防控、质量监督等。一般情况下，IT项目成功的七大因素为：用户的参与、管理层支持、清晰的需求描述、合适的计划、现实的客户期望、较小的里程碑和有才能的员工。相应地，失败的八大原因有：不完整的需求、缺乏用户的介入、缺乏资源、不实际的客户期望、缺乏管理层的支持、需求和规范的变更、缺少计划和业务战略变化。

信息系统项目管理是一个充满挑战的领域，管理人员必须综合考量各方面因素，在确定好的人力、物力、财力、时间的基础上得到预期质量的项目结果。

第六节 卫生管理信息系统

一、医院信息系统

医院信息系统(Hospital Information System，HIS)是指利用计算机软硬件技术、网络通信技术等现代化手段，对医院及其所属各部门的人流、物流、资金流进行综合管理，对在医疗活动各阶段中产生的数据进行采集、存储、处理、提取、传输、汇总、加工生成各种信息，从而为医院的整体运行提供全面的、自动化的管理及各种服务的信息系统。

医院信息系统不仅要像其他管理信息系统一样追踪和管理伴随业务流、人流、物流、资金流所产生的管理信息，以提高整个医院的运行效率，同时还要支持以病人为中心的整个医疗、教学和科研活动。

在区域卫生信息化和区域协同医疗迅速发展的今天，医院信息平台(Hospital Information Platform)建设已成为医院信息化建设的重要内容。医院信息平台是以患者电子病历的信息采集、存储和集中管理为基础，连接临床信息系统和管理信息系统的医疗信息共享和业务协作平台，是医院内不同业务系统之间实现统一集成、资源整合和高效运转的基础和载体，也是在区域范围支持实现以患者为中心的跨机构医疗信息共享和业务协同服务的重要环节。

医院业务应用是医院信息平台的基础，包括三大类业务系统：临床服务系统、医疗管理系统和医院运营管理系统。

1. 临床服务系统

临床服务系统以病人信息为核心，以整个病人诊疗过程为主线，其主要目标是支持医院医护人员的临床活动，收集和处理病人的临床医疗信息，丰富和积累临床医学知识，并提供临床咨询、辅助诊疗、辅助临床决策，提高医护人员的工作效率，为病人提供更多、更快、更好的服务。

主要包括门急诊挂号系统、门诊医生工作站、分诊管理系统、住院病人入出转系统、住院医生工作站、住院护士工作站、电子化病历系统、合理用药管理系统、临床检验系统(Laboratory Information System，LIS)、放射信息系统(Radiology Information System，RIS)、医学影像归档和通信系统(Picture Archiving and Communication Systems，PACS)、超声/内镜/病理管理系统、手术麻醉管理系统、临床路径管理系统、输血管理系统、重症监护系统、心电管理系统、体检管理系统等。

2. 医疗管理系统

医疗管理系统主要支持医院的事务处理业务以及提供医院信息系统与社会上的其他相关系统的互联接口。其目标是减轻事务处理人员的劳动强度，辅助医院管理，辅助高层领导决策，提高医院的工作效率，从而使医院能够以少的投入获得更好的社会效益与经济效益。

主要包括门急诊收费系统、住院收费系统、护理管理系统、医务管理系统、院感/传染病管理系统、科研教学管理系统、病案管理系统、医疗保险/新农合接口、职业病管理系统接口、食源性疾病上报系统接口等。

3. 医院运营管理系统

医院资源计划(Hospital Resource Planning，HRP)是医院引入企业资源计划(Enterprise Resource Planning，ERP)的成功管理思想和技术，融合现代化管理理念和流程，整合医院已有信息资源，创建一套支持医院整体运营管理的统一高效、互联互通、信息共享的系统化医院资源管理系统。

医院运营管理系统主要包括全面预算管理系统、财务管理系统、物资管理系统、固定资产管理系统、药品管理系统、人力资源管理系统、成本核算系统、绩效考评系统等。

二、公共卫生信息系统

1. 疾病预防控制信息系统

疾病预防控制信息系统是实现公共卫生事件实时监测与预警、疾病预防和控制的公共卫生信息系统，是国家突发公共卫生事件应急反应机制的重要组成部分。通过它获取的各种公共卫生监测信息，是国家确定公共卫生工作重点，制定公共卫生政策和措施，及时发现突发性公共卫生事件，迅速采取应急行动的重要基础。

疾病预防控制信息系统以完善疾病控制、健康危险因素监测网络为主体，建立疾病预防控制基础数据库，全面增强疾病预防控制信息化管理、信息综合利用和信息服务能力，提高预测预警和分析报告能力，以适应政府公共卫生职能和预防医学学科发展需要，全面提升疾病预防控制和公共卫生应急能力，保障市民身体健康和城市公共卫生安全，促进经济社会发展。

2. 突发公共卫生事件应急指挥信息系统

突发公共卫生事件应急指挥信息系统是利用计算机网络技术、多媒体技术，以资源数据库、方法库和知识库为基础，以地理信息系统、数据分析系统、信息表示系统为手段，实现对突发公共卫生事件的分析、计划、组织、协调和管理控制功能的公共卫生信息系统，主要由基础数据库子系统、地理信息子系统、遥感动态监测子系统、专家知识与专业模型分析子系统、虚拟现实子系统、决策支持子系统、综合查询子系统、应急指挥中心平台等功能子系统组成。

其主要功能是实现对突发公共卫生事件应急有关信息资源的有效管理；实现突发公共卫生事件的动态监测，并提供专业预警信息；面对各级各类突发公共事件，能够快速采集数据，为领导提供决策依据和命令指挥工具，为卫生应急部门的业务人员和专家提供形势研判信息与分析手段以及通信和命令指挥等支持。

3. 医疗救治信息系统

医疗救治信息系统是指急救中心服务于院前急救和开展突发事件紧急医疗救援工作的专业调度和指挥，并围绕支撑、提高急救管理和服务水平，挽救患者生命、减轻患者病痛而提供信息处理和智能化决策功能的公共卫生信息系统。

医疗救治信息系统的核心业务功能包括：

①调度指挥。主要有120求助电话呼叫受理，急救站终端处理，针对危重病人或者突发事件等进行远程监控、远程医疗和综合决策指挥以及突发事件的救治指挥。

②质量控制和管理。主要是在对日常受理信息、调度以及院前急救工作和管理等综合急救医疗信息进行分析的基础上实现统计分析，达到急救工作质量控制、科学化管理和监测预警的要求。

③急救资源管理。主要是针对急救业务开展中的急救站、救护车辆、急救人员、急救设备、急救药品、急救专家等急救资源的动态管理。

4. 慢性病监测信息系统

慢性病管理是基本公共卫生服务项目的主要内容。慢性病监测信息系统指有计划地、连续地和系统地收集、整理、分析和解释慢性病及其生物、环境和行为危险因素的相关数据，并将所获得的信息及时上报、反馈给相关的机构与人员，用于慢性病预防控制策略和措施的制定、调整和评价。

慢性病监测信息系统主要用于高血压、糖尿病、冠心病、脑卒中、恶性肿瘤、慢性阻塞性肺病等慢性病的病例报告、随访管理及相关信息的采集、管理、分析和利用。其业务功能主要包括病例报告、随访管理、统计分析和质量控制等。

5. 妇幼保健信息系统

妇幼保健信息系统是指按照国家有关法律法规和政策的要求，通过计算机技术、网络通信技术等手段，对妇幼保健机构及相关医疗卫生机构开展的妇幼保健工作各主要阶段的业务和管理等数据进行采集、处理、存储、传输及交换、分析与利用的业务应用系统。妇幼保健信息系统以服务居民个人为中心，兼顾管理与决策需要，是妇幼保健相关机构向其服务对象提供长期、连续、动态的系统保健服务和进行科学管理的重要技术支撑手段。主要分为两个应用系统：

①妇幼保健服务信息系统。妇幼保健服务信息系统主要是以妇女儿童个案为单位，以妇幼保健服务工作为核心，对妇幼保健服务过程中所产生的主要业务数据进行处理与计算机管理，实现妇幼保健服务管理的智能化、现代化和科学化。

②妇幼卫生管理信息系统。妇幼卫生管理信息系统是以妇幼卫生管理工作为核心，对妇幼保健服务信息系统中的主要业务数据进行处理与利用的管理业务应用信息系统。

6. 卫生监督信息系统

卫生监督执法是我国公共卫生体系和国家行政执法体系的重要组成部分，对维护公共卫生和医疗服务秩序，保护人民群众健康，促进经济社会协调发展起着重要的保证作用。卫生监督信息系统主要面向卫生监督机构，为卫生监督业务开展提供信息化支撑，对实施卫生监督的实时动态监控和高效管理，提高卫生监督机构的综合执法监督能力和运行效率具有重要作用。主要由业务信息系统、管理信息系统、集成化网站、接口管理系统、信息平台管理系统几部分组成。

卫生监督信息系统的业务功能主要包括卫生行政许可审批信息管理、日常卫生监督检查和行政处罚信息管理、卫生检测与评价信息管理、突发公共卫生事件和重大活动信息管理、投诉举报信息管理、卫生监督员信息管理和卫生监督数据信息综合利用。

三、基层医疗卫生管理信息系统

基层医疗卫生机构是整个医药卫生服务体系网络的网底，主要指社区卫生服务中心(站)、乡镇卫生服务机构、村级卫生室以及相关卫生管理机构。

按照国家完善医药卫生四大体系(公共卫生服务体系、医疗服务体系、医疗保障体系、药品供应保障体系)，建立覆盖城乡居民基本医疗卫生制度的要求，基层医疗卫生信息系统主要包括六个子系统：

(1)基本医疗服务系统：为基层医疗卫生机构提供全科诊疗、住院、家庭病床与护理、健康体检、双向转诊以及远程医疗等临床应用与管理功能。

(2)基本公共卫生服务系统：为适应《国家基本公共卫生服务规范(2011年版)》要求，提供相应的服务功能。包括：孕产妇健康管理、儿童健康管理、预防接种服务、老年人健康管理、高血压患者健康管理、Ⅱ型糖尿病患者健康管理、重性精神疾病患者管理、健康教育、传染病及突发公共卫生事件管理和卫生监督协管。

(3)健康档案管理系统：为居民个人健康档案管理、家庭健康档案管理、居民健康卡管理提供建立、管理与使用功能。

(4)健康信息服务系统：为居民、基层医疗卫生机构、卫生管理部门提供与健康相关的信息服务。包括：健康档案查询，健康信息发布管理，网上预约、提醒，健康教育信息服务等。

(5)运营管理系统：为基层医疗卫生机构的运营，提供与药品、物资、设备、财务以及个人绩效相关的管理。

(6)监管接口：为基本公共卫生服务监管、基本医疗服务监管、基本药物监管、新农合补偿监管提供接口。

四、卫生综合管理信息系统

1. 卫生电子政务系统

电子政务就是应用现代化的信息技术和管理理论，对传统政务进行持续不断的革新和改善，以实现高效率的政府管理和服务。

卫生电子政务系统是一个利用现代信息技术进行卫生行政事务处理的系统，主要包括门户网站建设、网站互动平台建设和办公自动化等应用系统建设和信息资源整合。其业务功能包括静态信息发布和动态政务服务，实现各级卫生行政部门、疾病预防控制中心、卫生监督机构等的网上公文流转、卫生政务公开、行政许可审批、监管及卫生政务网站建设，以提高行政办公效率。

2. 卫生统计网络直报系统

卫生统计网络直报系统承担卫生统计年报和季报数据的收集工作，实现从医疗机构基础单位直接收集统计报表数据的功能。

国家卫生统计信息网络直报系统由部、省两级平台组成，部级平台汇集各省级平台数据，进行综合分析，为部领导决策服务，省级平台承担本省(区市)范围内各报告单位的数据报送、审核、汇总工作。系统的主要功能如下：

①数据采集：通过基层卫生机构在线、离线填报和数据导入方式报送统计数据。

②数据分析：对基层医疗卫生机构上报数据进行汇总分析，并生成报表。可以进行高级数据挖掘展示，如相关分析、聚类分析等。根据业务提炼出来的重要内容，通过图表结合的方式展示数据，主要供部高级管理层人员使用，方便领导层对卫生资源数据的查询及应用。

③数据交换：满足省级直报平台与部级直报平台的数据交互，支持灵活的数据交换模块，实现省级数据中心定时自动向上推送数据。

3. 卫生政策支持管理系统

卫生政策支持管理系统对卫生政策相关知识进行收集和整理，建立知识库和知识服务平台，为各级卫生政策决策者、制定者、研究者、执行者以及学者和公众提供服务。

整个系统包括知识库、知识整合平台、实践社区、作者信息库、卫生政策词典及系统管理六大功能模块和子系统。知识库是系统的数据支撑模块，可以提供多维度导航功能；知识整合平台为卫生政策研究提供一套方便可靠的实用工具，完成证据的收集、筛选、评估、分析、摘录等整合流程，最终形成综述报告；实践社区则可以提供一个信息交流和知识共享的平台。所有这些业务子系统都是集成在知识管理门户上面，知识管理门户是整个系统的工作平台和入口。

思 考 题

1. 简述信息系统的含义与特点。
2. 试述信息系统的结构和功能。
3. 信息系统主要有哪些类型？
4. 什么是信息系统生命周期？各阶段的主要内容是什么？
5. 结构化系统开发方法的基本思路和特点是什么？
6. 原型法的基本思路和特点是什么？
7. 面向对象的开发方法的基本思路和特点是什么？
8. 如何认识信息系统项目管理的主要内容？
9. 阐述医院信息系统的内容与功能。
10. 公共卫生信息系统主要包括哪些应用系统？
11. 基层医疗卫生管理信息系统与其他卫生管理信息系统有何联系？

第九章　信息技术管理

当今社会，信息技术已成为社会技术体系中的主导技术，现代信息技术已广泛应用于各个领域。信息技术管理(Information Technology Management，ITM)主要是指对现代信息技术如计算机技术、通信技术、微电子技术、传感技术等的科学管理活动和过程。它以信息服务业务开展和社会实际需要为依据，组织好各种信息技术的开发与应用，并对信息技术进行标准化和规范化的管理。

第一节　信息技术的概念与类型

一、信息技术的概念

信息技术一词最早出现在 1958 年由 Harold J. Leavitt 和 Thomas L. Whisler 发表在《哈佛商业评论》上的 *Management in the* 1980's 一文中，该文指出“这种新技术还没有一个特定的名称，我们可以将其称为信息技术”。

信息技术(Information Technology，IT)是用于处理信息所采用的各种技术总称。一切与信息的识别、获取、存储、处理、表达、传递、分析和利用等有关的技术都可称为信息技术。信息技术也常被称为信息和通信技术(Information and Communications Technology，ICT)，主要是利用计算机技术和通信技术来规划、分析、设计和实施各种信息系统或应用软件。现代信息技术主要以计算机技术、通信技术、微电子技术和传感技术为主要特征。

二、信息技术的类型

可以从信息技术的技术特征、表现形态、信息处理环节等角度对信息技术进行分类。

1. 按技术特征划分

信息技术按技术特征可分为计算机技术、通信技术、微电子技术、传感技术四类。其中：计算机技术是指用计算机处理数据的技术；通信技术是信息的传递技术；微电子技术是用于缩小元件体积的技术；传感技术是信息的采集技术。

2. 按技术表现形态划分

信息技术按表现形态可分为硬件技术和软件技术两大类。前者指各种信息设备技术，后者指有关信息获取和处理的各种知识、方法与技能，一般以软件系统和程序方式呈现。

3. 按信息处理环节划分

信息技术按数据处理应用环节可分为信息获取技术、信息加工技术、信息存储技术、信息传递技术、信息安全技术、信息标准化技术等。

第二节 信息技术标准化管理

一、信息技术标准化的概念

信息技术标准化是指为使信息化获得最佳秩序，对信息化过程中现实的或潜在的问题制定共同和重复使用的规则的一系列活动(过程)。信息技术标准化是围绕信息技术开发、信息产品研制和信息系统建设与管理而开展的一系列标准化工作。

信息技术标准化是标准化范畴中不可分割的一个重要组成部分。信息技术标准化不仅能有效提高信息资源的开发和利用水平，还可加快国家信息化进程，提高国家在国际竞争中的地位。

我国信息技术标准管理的最高机构是全国信息技术标准化技术委员会，技术委员会现下设22个分技术委员会、18个工作组。22个分技术委员会分别为词汇、字符集与编码、非键盘输入、数据通信、软件工程、磁盘、柔性磁媒体、微处理机系统、数据元表示、开放系统互联、程序设计语言、光盘、办公机器和外围设备及耗材、多媒体、中文平台、自动识别与数据采集、教育技术、信息系统用户界面、生物特征识别、面向服务的体系结构、信息技术和可持续发展、信息技术服务分技术委员会。18个工作组分别为少数民族信息技术、传感器网络、基于射频技术的电子支付技术、实时定位系统技术、通用布缆、彩票、电子书、计算机及外围设备、游戏游艺机产品、软件资产管理、非结构化数据管理、云计算工作组。

截至2013年10月，全国信息技术标准化技术委员会已归口管理国家信息技术标准740项，涉及词汇、编码字符集和字型、数据通信、软件和系统工程、卡和身份识别、程序设计语言、图形图像表示、信息技术设备、多媒体、自动识别和数据采集技术、数据管理、文件描述与处理语言、用户接口、信息技术教育、生物特征识别、分布应用平台与服务、信息技术可持续发展等22个信息技术相关领域。

二、信息技术标准类型

信息技术标准涉及信息的识别、获取、存储、处理、表达、传递、分析和利用各个环节，涉及信息技术开发、信息产品研制和信息系统开发各个方面。

信息技术标准按标准应用属性可分为基础类标准、数据类标准、技术类标准和管理类标准四大类型。

1. 基础类标准

基础类标准是其他各类标准的上位标准，具有指导性和全局性，涉及信息技术标准的体系框架、理论与方法、术语及高层信息模型等。

2. 数据类标准

数据类标准是信息采集、表达、处理与传输交换过程中涉及的相关数据标准，是保证语义无歧义的重要基础，涉及数据元、分类与编码、数据集、共享文档规范等。

3. 技术类标准

技术类标准对业务应用系统设计、开发、实施、运行等各建设环节的技术要求、系统架构、技术实现方式以及信息网络安全和隐私保护等予以规范约束，一般涉及系统功能规范、系统技术规范、信息安全规范等。

4. 管理类标准

管理类标准用于指导业务应用系统合理应用相关标准以及对标准应用实施水平进行评价与监督管理，涉及测试与评价、隐私保护规范、监理与验收规范等。

此外，信息技术标准还可按多种途径进行分类，例如还可分为推荐标准和强制执行标准两大类。

三、人口健康信息技术标准

人口健康信息是指依据国家法律法规和工作职责，各级各类医疗卫生计生服务机构在服务和管理过程中产生的人口基本信息、医疗卫生服务信息等，主要包括全员人口、电子健康档案、电子病历以及人口健康统计信息等。

人口健康信息技术标准主要是指有关人口健康信息的采集、管理、利用、安全和隐私保护标准等方面的专业信息标准，是人口健康领域信息化工作的行动准则和规范。

(一)国外人口健康信息技术标准

国外制定和发布人口健康信息标准的标准化权威组织主要有国际标准化组织 ISO/TC215、HL7、欧洲标准化组织 CEN/TC 251、美国 IEEE 等。例如仅 ISO/TC 215 已经发布的人口健康信息标准就已达 126 项。ISO/TC215 包括多个工作组，其工作组分别为健康数据结构、健康数据交换、语义内容、健康信息安全、健康卡、药房与医药电子商务、健康设备、电子健康档案业务需求、与其他标准组织开发协调等。分别制定数据结构类标准、数据交换类标准、语义内容类标准、信息安全类标准、健康卡标准、药房与医药电子商务类标准、设备类标准、电子健康档案业务需求类标准等。

1. 电子病历标准

国外电子病历相关标准包括：《电子病历系统功能模型 V1.1》(ISO/HL7 10781：2009)、《数据交换标准 HL7 V2.5—医疗情景下的电子数据交换应用协议》(ISO/HL7 27931：2009)、《医学信息学—电子病历通信 第 1~5 部分》(ISO 13606：2008)、《医学信息学—个人健康档案定义、范围和内容》(ISO/TR 14292：2012)、《医学信息学—电子病历系统的合格评定使用的安全性和私密性的要求》(ISO/TS 14441：2013)、《医学信息学—电子病历架构要求》(ISO 18308：2011)、《医学信息学—健康卡通用特征》(ISO 20301：2014)、《医学信息学—健康卡编号系统和注册程序发行者标志符》(ISO 20302：2014)、《医学信息学—电子病历定义、范围和内容》(ISO/TR 20514：2005)、《医学信息学—电子病历架构要求原则》(ISO/TS 21547：2010)、《医学信息学—电子病历架构要求指南》(ISO/TR 21548：2010)、《医学信息学—病人健康卡数据第 1~8 部分基本结构》(ISO 21549)等。

2. HL7 标准

健康信息交换第七层协议(Health Level Seven，HL7)是标准化的医疗领域不同应用之间的电子传输协议。HL7 标准可以应用于多种操作系统和硬件环境，也可以进行多应用系统间的文件和数据交换。HL7 标准覆盖的医疗信息业务范围包括：病人个人信息管理、病人入出院信息和转院信息、各类医疗服务(如手术、检查、化验、用药、医用材料及饮食等服务项目管理)、财务管理信息、病人账户管理、收费管理、医疗保险理赔支付、检查和化验结果回报、档案管理、病案管理、医疗服务预约管理。除以上列出的业务范围，HL7 还为未覆盖的业务提供了可扩展的自定义方案。

HL7 标准包括：《数据交换标准 HL7 临床文档架构 V2.0》(ISO/HL7 27932：2009)、《医学信息学—通用终端服务 V1.0》(ISO/HL7 27951：2009)、《医学信息学—药物监测中的个案安全报告第 1 部分：不良反应上报框架》(ISO/HL7 27953-1：2011)、《医学信息学—药物监测中的个案安全报告第 2 部分：药物监测中的人类药物上报要求》(ISO/HL7 27953-2：2011)、《医学信息学—信息和通信 Web 访问参考目录》(ISO 10159：2011)、《医学信息学—手术过程术语系统的分类结构》(ISO 1828：2012)。

HL7 自 1987 年发布 V1.0 版后相继发布了 V2.X 版和 V3 版，国内目前使用的主要是 HL7 V2.4。临床文档架构(Clinical Document Architecture，CDA)是 HL7 V3 标准的组成部分，是基于 XML 的指定结构和语意的文档标记标准，主要用于规范各种临床诊断报告和文档的格式。与 HL7 V3 标准的其他组成部分类似，CDA 的制定工作也采用了 HL7 开发框架(HL7 Development Framework，HDF)，CDA 基于 HL7 参考信息模型(Reference Information Model，RIM)以及第 3 版 HL7 数据类型。

CDA 文档的结构由文档头(Header)和文档体(Body)组成。CDA Header 确定了文档的分类，提供了鉴定信息、文档信息、患者、相关医生等信息。CDA Body 中包括临床报告。结构化和非结构化的报告均可在 Body 中体现。

CDA 为医疗文档的共享提供了文档的结构标准。在 RIM 模型的指导下，可根据需要制定出符合 CDA 标准的多种医疗文档结构。

3. LOINC 标准

观测指标标志符逻辑命名与编码系统(Logical Observation Identifiers Names and Codes，LOINC)由美国 Regenstrief 研究院建立和维护。LOINC 已被美国接纳为行业标准，公开发布并可免费下载使用。在中国卫生信息标准网上已提供按名称各要素通过关键字模糊查询来获取观测指标中文名称和代码的功能，LOINC 网站可下载全套数据以及数据库工具。LOINC 系统主要分为实验室 LOINC 和临床 LOINC 两个部分。国内已发布的相关行业标准为《WS/T 102—1998 临床检验项目分类与代码》。

4. SNOMED CT 标准

国际系统医学术语全集(Systemized Nomenclature of Human and Veterinary Medicine，SNOMED)是美国病理学家学会(CAP)编著出版的当今世界上最庞大的医学术语集。内容包括人体解剖学、生理学、病生理学、组织形态学等基础临床医学；细菌学、病毒学、真菌学、寄生虫学及动物传媒体等病源学；生物化学、药物、生物制品等；物理因素和致病动因等；手术操作、处理、康复医学等；遗传学、性医学、免疫学、肿瘤学、酶学、核医学、化验及人体检查法等；诊断学、治疗学、护理学、医院管理学、医学社会学等以及其他贯穿于各个专门领域的医学术语。

2002年1月，CAP与英国国家卫生局合作推出SNOMED CT并于2005年7月发布。SNOMED CT由概念表、描述表、关系表以及一份历史表、映射表和相关的技术性文件组成。SNOMED CT自身开放性的构架形式使新生的医学概念、医疗信息术语均可通过SNOMED分类方法迅速添加到术语集体系中，并按照SNOMED编码原则实现数字化。SNOMED CT已逐步得到大多数国际标准化组织，如ISO、ANSI等重要机构的认证。

5. DICOM标准

在医学影像信息学和PACS系统的研究和发展过程中，医疗设备生产厂商的不同，造成与各种设备有关的医学图像存储格式、传输方式千差万别，使得医学影像及其相关信息在不同系统、不同应用之间的交换受到严重阻碍。为此，美国放射学会(ACR)和全美电子厂商联合会(NEMA)联合组成委员会，在参考其他相关国际标准(CNET251、JIRA、IEEE、HL7、ANSI等)的基础上，联合推出了医学数字图像存储与通信标准(Digital Imaging and Communications in Medicine，DICOM)。它从最初的1.0版本(ACR-NEMA Standards Publications No. 300-1985)到1988年推出的2.0版本(ACR-NEMA Standards Publications NO. 300-1988)，再到1993年发布的3.0版本，已发展成为医学影像信息学领域的国际通用标准。

DICOM标准涵盖了医学数字图像的采集、归档、通信、显示及查询等所有信息交换的协议；以开放互联的架构和面向对象的方法定义了一套包含各种类型的医学诊断图像及其相关的分析、报告等信息的对象集；定义了用于信息传递、交换的服务类与命令集以及消息的标准响应；详述了唯一标示各类信息对象的技术；提供了应用于网络环境(OSI或TCP/IP)的服务支持；结构化地定义了制造厂商的兼容性声明(Conformance Statement)。

DICOM标准的推出与实现，大大简化了医学影像信息交换的实现，推动了远程放射学系统、图像管理与通信系统(PACS)的研究与发展，并且DICOM的开放性与互联性，使得它与其他医学应用系统(HIS、RIS等)的集成成为可能。

(二)国内人口健康信息技术标准

目前，我国已开发各类卫生行业信息标准240项，其中已正式发布112项。

1. 基础类标准

基础类已发布的标准有《卫生信息数据元标准化规则》(WS/T 303—2009)、《卫生信息数据模式描述指南》(WS/T 304—2009)、《卫生信息数据集元数据规范》(WS/T 305—2009)、《卫生信息数据集分类与编码规则》(WS/T 306—2009)、《卫生信息基本数据集编制规范》(WS 370—2012)。

2. 数据类标准

数据类已发布的标准有《城乡居民健康档案基本数据集》(WS 365—2011)、《儿童保健基本数据集 第1~5部分》(WS 376—2013)、《妇女保健基本数据集　第1~7部分》(WS 377—2013)、《基本信息基本数据集　个人信息》(WS 371—2012)、《疾病管理基本数据集　第1~6部分》(WS 372—2012)、《医疗服务基本数据集　第1~3部分》(WS 373—2012)、《卫生管理基本数据集　第1~4部分》(WS 374—2012)、《疾病控制基本数据集　第1~12部分》(WS 375—2012)、《电子病历基本数据集　第1~17部分》(WS 445—2014)、《卫生信息数据元目录　第1~17部分》(WS 363—2011)、《卫生信息数据元值域

代码 第1~17部分》(WS 364—2011)、《居民健康档案医学检验项目常用代码》(WS 446—2014)。

处于征求意见阶段的标准有《卫生信息共享文档规范：总则》、《健康档案共享文档规范 第1~20部分》、《电子病历共享文档规范 第1~53部分》、《远程医疗服务基本数据集》、《继续医学教育管理数据集》、《卫生应急管理数据集标准》、《疾病控制基本数据集 第14~23部分》、《手术与操作编码标准》、《居民健康卡数据集》、《卫生统计指标目录》等。

3. 技术类标准

技术类已发布的标准有《基于居民健康档案的区域卫生信息平台技术规范》(WS/T 448—2014)、《基于电子病历的医院信息平台技术规范》(WS/T 447—2014)、《院前医疗急救指挥信息系统基本功能规范》(WS/T 451—2014)、《新型农村合作医疗信息系统基本功能规范》(WS/T 450—2014)、《卫生监督信息系统基本功能规范》(WS/T 452—2014)、《慢性病监测信息系统基本功能规范》(WS/T 449—2014)。

处于征求意见阶段的标准有《区域卫生信息平台交互规范》、《医院信息平台交互规范》、《居民健康卡综合管理信息系统基本功能规范》、《居民健康卡技术规范 第1~5部分》、《远程医疗信息系统技术规范》、《远程医疗信息系统基本功能规范》、《远程医疗设备及统一通信交互规范》、《医院感染管理信息系统基本功能规范》、《免疫规划信息系统基本功能规范》等。

4. 管理类标准

管理类处于征求意见阶段的标准有《电子健康档案与区域卫生信息平台标准符合性测试规范》、《电子病历与医院信息平台标准符合性测试规范》、《远程医疗信息系统功能应用评价标准》等。

第三节 信息技术政策管理

一、信息技术政策的含义和类型

1. 信息技术政策的含义

信息技术政策是开发、引进、推广与应用信息技术的法律、条例和政策的集合，侧重于从不同的层面和角度来调节信息技术领域发生的各种经济关系和社会关系，解决各种信息矛盾。

2. 类型

按照信息技术政策内容，可将信息技术政策划分为信息基础设施政策、信息技术开发和引进政策、信息技术标准化政策、信息技术利益分配和平衡政策、信息技术人才的培养和选拔政策、其他与信息技术有关的政策等类型。

①信息基础设施政策。宏观上强调资源共享，避免重复建设带来的经济浪费。信息基础设施(特别是公用通信网)建设的投入一般很大。实现国际联网以及国内网间互联互通和三网(通信网、计算机网和有限电视网)融合，必然会涉及利益(含产权)分配、安全保

护等方面的问题，急需国家制定信息基础设施政策予以引导和调节。

②信息技术开发和引进政策。结合我国实际情况引进和消化外来信息技术是目前的主流，但从国家安全和主权的战略高度来看，国家必须逐步从政策上加以引导和调节，鼓励信息技术的自主开发活动，开展信息技术的不断创新，扶持若干具有国际竞争力的信息技术研发和生产企业，形成具有自主知识产权的信息技术产品。

③信息技术标准化政策。信息技术标准就是对信息技术领域中的重复性事物或概念所做的统一规定，通常这些重复性事物或概念对信息技术具有基础性、通用性作用，是从事信息生产、收集、处理、积累、储存、检索、传递和消费的一种共同遵守的技术依据。信息技术标准化的目的在于通过信息技术的统一，共同建立和取得最佳的信息资源开发利用秩序和效益。信息技术标准化是一项有序的活动，一般包括标准项目下达、资料准备(方案论证)、准草案起草和送审、审批和发布为正式标准等几个环节。由于标准本身所具有的特殊功用，在信息技术标准生成过程的每个环节中，都可能会涉及不同利益主体之间的冲突，因此，有必要制定国家信息技术标准化政策对标准的生成过程加以正确的引导。

④信息技术利益分配和平衡政策。信息技术本身具有中立性质，但信息技术在应用过程中并不能避免利益分配不公问题和数字鸿沟问题的发生。信息技术的应用突破了传统的信息获取模式，使信息的复制和扩散变得轻而易举，国家在制定信息技术政策时应当注意信息生产者、传播者和使用者之间的利益分配和平衡。关于数字鸿沟问题，我国面临着双重数字鸿沟，一方面是与发达国家之间存在着数字鸿沟，在信息化投入方面，美国是我国的45倍；另一方面是我国东西部之间、城乡之间以及不同人群之间存在着数字鸿沟。在互联网普及应用方面，东西部互联网普及率之比为197：32。因此，国家信息技术政策应当在缩小数字鸿沟以及为发展中国家和地区创造机遇方面担当重任，发挥积极作用。

⑤信息技术人才的培养和选拔政策。信息技术人才具有层次性，包括高级人才、中级人才和一般性人才3种基本类型。国家信息技术政策应涉及信息技术人才的培训、资格认定、考核晋升、选拔任用及管理与评估等问题。

⑥其他与信息技术有关的政策。此类政策主要指信息技术的安全、知识产权等其他与信息技术有关的政策，如国家主权和利益、国际关系、信息技术同其他技术的协调与融合等方面。

此外，信息技术政策还可从政策的作用目的、作用形式、生命周期、期望达到的目标大小、所处地位等多种角度进行分类。如按政策作用目的划分，可分为保护性政策、防范性政策、发展性政策；按政策作用形式划分，可分为鼓励性政策、限制性政策；按政策生命周期划分，可分为长期政策、中期政策、短期政策；按政策所期望达到目标的大小划分，可分为总政策、分政策、宏观政策、微观政策；按政策所处的地位不同，可分为主体性政策、配套性政策等。

二、信息技术政策发展现状

1. 美国信息技术政策

美国信息技术政策可分为两大类：一类是促进信息技术发展的政策，另一类规范信息技术社会影响的政策。

第一类政策强调信息技术研发的投入。首先，政府从多方面增加对信息技术的研发投入，如美国的国家科学基金资助计算机和网络研究，国防部资助半导体和通信技术研究，能源部资助国家试验室和重点大学的超级计算机研究。其次，信息技术发展的政策环境得以改善。政府解除过去对信息产业的众多管制，启动市场竞争，调动社会资源。如联邦通信委员会的解除管制，支持竞争的政策，促进了对信息基础设施的投入和更新，有助于建立一大批新的公司，开发新产品，提供新服务。政府对电子商务也避免设立不成熟限制，1998 年美国通过的互联网税收优惠政策，为互联网发展提供了宽松的环境。最后，制定了一系列信息技术普及政策。美国政府很早就关注信息化中出现的数字鸿沟，致力推进普遍服务，并出台相关政策措施。1993 年"国家信息基础的行动议程"中，将扩展"普遍服务"作为目标之一，并且出台了图书馆和学校接入互联网的价格优惠政策，即 E-rate 政策，对贫困阶层使用互联网提供帮助，并推广在公共场所提供免费的互联网信息服务。

第二类政策规范信息技术的社会影响。美国调整了某些既有的政策，应对信息技术的冲击和影响。信息技术的广泛应用对社会各个方面都产生了冲击，社会政治经济文化政策都必须进行相应的修正和调整，以适应新的信息社会要求。如版权政策、教育政策、税收政策等"与网俱进"。美国还对某些负面影响进行控制，例如色情问题。1996 年克林顿签署了经国会以多数票通过的《传播净化法案》，意在保护未成年儿童的身心健康，使他们不被网络上的内容侵害。1998 年美国的《儿童在线隐私保护法》，要求商业成人网站经营者限制未成年人浏览网站。鉴于垃圾邮件所带来的社会问题，2000 年美国众议院商业委员会通过法案，禁止互联网运营商向用户传送包括促销邮件在内的垃圾邮件。为加大对金融诈骗的监察，2001 年美众议院通过决议，将创建一套全新的互联网络，连接美国各州、联邦银行、债券保险等金融机构。

2. 芬兰信息技术政策

据世界经济论坛发布的《2003 年世界信息技术报告》，芬兰是排名第一的世界领先的信息技术国家。在世界经济论坛 2004 年 10 月发表的《2004 年世界竞争力报告》中，芬兰连续 3 年排名世界第一。芬兰信息技术在世界领先，得益于其良好的国家信息技术政策。

首先，芬兰在逐年加大科研投入的同时，特别强调了政府、企业和大学的战略合作。其次，芬兰政府在制定信息技术发展战略时，不仅考虑到信息技术，而且还顾及整个芬兰的福利和环境的发展前景，包括建立国家级的信息基本设施和向全国民众提供可利用的信息服务，保持芬兰文化和确保芬兰语言特点，改进公共事业和服务，促进欧洲通信竞争等。芬兰国家信息技术政策和措施的有力执行，保障了芬兰成为福利型国家，而由国家主导的将福利国家与信息社会相结合的芬兰模式，有效地实现了芬兰经济和社会发展的良性循环。

3. 法国和德国的信息技术政策

法国政府通过建立公共开发环境和平台来支持信息技术及其应用的开发。

①由政府提出战略性的引导策略和制定切实可行的政策措施。如鼓励多种形式的项目合作，由国家出资吸引欧洲各国和企业的资金支持，为鼓励 IT 技术和应用创新，将用于研发和科研开支部分的资金转化为退税额返还给企业，并对新成立企业 5 年内实行税收优惠。

②政府实施《信息传播计划》。将信息技术向各类企业进行宣传、推动，帮助企业分析应用信息技术的好处。

③法国政府技术创新署是法国政府出资面向市场的、专门负责技术创新的机构，为广大中小企业创造信息技术的研发和应用平台。创新署面向全国中小企业选择最有前途的项目进行资金支持，企业创新成功后再将资金返还给创新署，由此许多中小企业在科技创新方面获得了巨大成功。

德国除了政府的引导、示范和宣传外，更多的是推动 IT 厂商与传统产业企业直接对话和相互合作，帮助企业提供和实施信息技术应用的解决方案。德国对信息技术及其应用的研发投入更大，仅西门子公司每年研发费用投入就达 50 亿欧元。德国对信息产业和信息技术应用的研发主要是用于信息技术自身的发展，如汽车电子、自动化控制、冶金电、交通电子、数控机床等方面。信息技术的研发和应用，全面提升了德国传统产业的全球竞争力，开拓了全球市场。

4. 印度信息技术政策

1983 年印度政府在《科学政策决议案》基础上公布了《技术政策声明》，进一步确认了科技是发展经济的基础，重申依靠自身力量进行科学研究和技术开发的重要性，并提出了技术政策的 11 项目标。1993 年印度政府又公布了《新技术政策声明》，确定了科技发展重点领域为微电子技术、生物工程、超大型计算机、新材料的合成与加工、传感器以及计算机软件等。

1997 年以来，印度连续发射遥感卫星，试射远程导弹，进行核爆炸试验。1998 年 8 月，印度政府出台了《2008 年信息技术发展计划》(又称作《信息技术超级大国计划》，以下简称《计划》)，制订了今后十年印度信息技术的全面发展规划，提出了到 2008 年成为“世界信息技术产业超级大国”的目标。该《计划》共有 108 条，其内容超越了单一的信息产业规划，而成为一个覆盖社会、经济、政治、教育、国防各个领域的一揽子计划。其目标不仅仅是推动信息技术产业的发展，而更强调提升印度全国的信息技术的深入应用和信息意识的全面普及，着眼于更长远的战略目标。

印度信息技术部是信息技术和信息技术服务(ITES)产业的主管机构，相继出台了一系列政策，为信息技术基础设施、电子政务以及信息技术教育等关键问题营造了良好的环境。相关政策和措施包括：

①为实现国家信息技术政策的长期目标，成立国家信息技术和软件开发工作队。

②颁布《信息技术法》，为促进电子商务和电子交易、防止电子犯罪、推行电子方式提交文件和数字签名提供了一个法律框架。

③为地区经济社会发展建立社区信息中心(CIC)，为群众提供上网、电子邮件、公民与政府交流及远程教育课程等服务，并传播有关国家计划、灾害管理、公众健康等方面信息。

④制订国家电子政务计划(NEGP)，让普通老百姓通过公共服务设施在当地以可以负担得起的费用有效地、透明地、可靠地享受到政府的所有服务。

⑤建设国家广域网络(SWAN)，计划用 5 年时间在全国 28 个邦和 7 个中央直辖区建立广域网，带宽容量至少达到 2 Mbps。

⑥启动电子县项目，目的是通过适当的业务流程再造使县一级的工作流程电子化，减少县级工作负荷，保证迅速处理案件或投诉，更好地监督政府各项计划。其服务内容包括落实信息权法、申请宅基地、申领配给卡、教师流动、选民登记、投诉报案、办理出生/死亡证明书、土地证等。

5. 中国信息技术政策

从1993年起，国务院及国家科委、国家计委、国家经委等机构为国家信息技术政策的形成进行了大量基础性的调研、论证、起草工作，形成了一批相关政策文件，如《通信技术政策》、《关于加速发展微电子和计算机产业的对策》、《关于加速建设和发展我国计算机信息系统的对策》以及《关于我国电子和信息产业发展战略的报告》等。1988年国务院正式批准了《信息技术发展政策要点》以及计算机、微电子、软件和传感器4个专项信息技术发展政策要点。1990年，国家科委以中国科学技术蓝皮书的形式正式发布《信息技术发展政策》，该政策对我国信息技术和信息产业的发展起到了总结经验、调整政策、探索出路的作用。《信息技术发展政策》文本包括11个方面：以市场和效益为目标，大力发展信息技术的商品生产；在国际竞争的环境中发展信息技术和信息产业、选择信息技术和产业的优先发展目标；集中力量、快速前进、统筹兼顾，做到微电子、通信、计算机和软件技术的协调发展；实现信息产业的规模经济和生产合理化；加强信息技术的研究开发；推动技术创新、应用信息技术；促进经济和社会发展、积极发展信息技术服务业；正确处理信息共享与安全保密的关系；提高信息产业的出口创汇能力；普及信息技术知识；加强人才培养。

2004年国务院办公厅、中共中央办公厅发布《关于加强信息资源开发利用工作的若干意见》，2005年发布《关于进一步推行政务公开的意见》，2006年中共中央办公厅、国务院办公厅印发《2006—2020年国家信息化发展战略》，确定四个信息化发展目标和六大战略计划，并提出九点信息化发展保障措施。同年，国家信息化领导小组下发了由服务与应用系统、信息资源、基础设施、法律法规与标准化体系、管理体制五部分组成的《国家电子政务总体框架》。2008年国家发改委等八部委联合发布《关于印发强化服务促进中小企业信息化意见的通知》。《国民经济和社会发展信息化"十一五"规划》提出了到2010年我国信息化发展的总体目标和具体目标，并通过电子政务建设规划、电子商务发展规划、信息产业发展规划和信息安全规划等四个子规划进行了细化。2009年颁布《电子信息产业调整和振兴规划》，提出要"进一步提出落实数字电视产业政策，推进'三网融合'"。2010年5月工信部完成《信息安全条例(报送稿)》，对信息网络环境下法律主体的权利、义务，各种危害网络与信息系统安全行为，网络科技创新，加强国际兼容等内容作了规定，加速了我国的信息安全立法进程。

从2011年开始，加速信息化进程的政策导向更加明显，政府推进两化融合将使软件成为推动国民经济发展的关键。2011年3月16日，《国民经济和社会发展"十二五"规划纲要》正式发布，其中以信息技术为代表的战略性新兴产业被列为"十二五"规划的七大指导思想之一，并明确提出"十二五"期间以信息技术为核心的战略性新兴产业，其增加值占国内生产总值比重达到8%左右。2012年7月9日，国务院发布《"十二五"国家战略性新兴产业发展规划》，其中新一代信息技术"十二五"规划点出了一条长长的产业链，包括信息网络基础设施、新一代移动通信、下一代互联网核心设备、智能终端、三网融合、物联网、云计算、集成电路、新型显示和高端软件及服务器。

现阶段我国信息技术政策研究主要集中在信息产业政策、电子政务、电子商务、企业信息化推进等方面，三网融合、云计算、物联网、下一代宽带等成为研究热点。

三、人口健康信息技术政策管理

1. 健康信息隐私保护政策管理

①经济合作发展组织。经济合作发展组织(Organization for Economic Cooperation and Development，OE-CD)是由全球30个市场经济国家组成的政府间国际经济合作组织。OECD早在1974年就成立了一个关于跨国传送个人信息和隐私权保护的专家组，研究有关个人信息跨国传送中的数据保护问题，并分别于1977年及1980年举行了相关议题的研讨会。1980年9月23日，经合组织理事会提出《保护个人信息跨国传送及隐私权指导纲领》，对个人信息的保护做了原则性规定。

②美国。20世纪90年代，美国医疗模式发生巨大变革，电子病历系统得到广泛普及，针对病人隐私保护进行立法的需求迫切。在此背景下，美国国会于1996年通过了《健康保险携带和责任法案》(*Health Insurance Portability And Accountability Act*，HIPAA)。该法案对多种医疗健康产业都具有规范作用，其中就包括医疗隐私。法案建立了保护病人隐私的法律框架和法律标准，提升了整个卫生行业的标准化水平，明确规定了侵犯病人隐私行为人应面临的法律责任，彻底改变了医护人员在处理医疗业务所获取信息的方式。在美国的病人隐私权法律体系中，HIPAA属于主干法，具有基础性规范作用。其他细化并支持HIPAA的法律有《个人健康信息隐私联邦标准》、《卫生信息技术促进法》、《美国医疗协会规章守则》等。

③欧盟。在个人信息隐私保护方面，欧盟的做法与美国有着鲜明的差异。欧盟将隐私作为基本人权，注重严格的立法保护。1995年，欧盟出台的《个人数据保护指令》在保护隐私权方面将欧盟国家作为一个整体纳入了法律调整范围内。在保护网络隐私方面，欧盟理事会、欧盟部长会议先后通过了《电子通信数据保护指令》、《私有数据保密法》、《因特网上个人隐私保护的一般原则》、《关于因特网上软件、硬件进行不可见的和自动化的个人数据处理的建议》、《信息高速公路上个人数据收集、处理过程中个人权利保护指南》等法令法规，对网上个人信息或数据的收集、处理和利用等都进行了明确的规定。

德国在个人数据保护方面立法较早，信息保护相关法律较为完备，有《个人资料保护法》、《防止个人资料处理滥用法》、《联邦数据保护法》、《州数据保护法》、《数据保护法》等，并不断修订和完善。

英国在保护公民个人信息方面颁布了《数据保护法》、《调查权法》、《通信管理条例》和《通信数据保护指导原则》等法律。英国贸工部和计算机协会还制订了专门的信息安全认证计划，并得到了全球主要软件商的承认。2005年为促进医疗卫生信息化，英国制定了电子健康记录的相关保障法律。

法国电子健康记录的隐私保护主要通过法律对医疗信息的保护来实现。从2002年起政府出台了一系列立法，如《医疗隐私法》、《医疗保险法》、《关于医疗信息存储于计算机的形式和电子传输的保密法令》、《药品记录法》、《医院、患者、健康和本土法》和《社会保障财务法》等，明确了患者医疗隐私保密原则，强调了居民许可权的应用和保护，数据存储和传输的安全要求以及药品记录管理要求等，构建了较为完善的医疗信息隐私保护法律体系。

④中国。我国尚未建立病人隐私权保护法律体系，多数涉及病人隐私权的法律及规定常散见于法律、行政法规以及司法解释中，且内容庞杂，缺乏层次性、连贯性及统一性。我国涉及病人隐私权保护的法律有：《精神卫生法》、《食品卫生法》、《国境卫生检疫法》、《传染病防治法》、《职业病防治法》、《母婴保健法》。有关的行政法规有《全国医院工作条例》、《妇幼卫生工作条例》等。

2013 年 11 月 20 日国家卫生计生委联合国家中医药管理局发布《关于加快推进人口健康信息化建设的指导意见》，2014 年 5 月 5 日国家卫生计生委发布《人口健康信息管理办法(试行)》，进一步明确了人口健康信息安全等级保护、信息安全审查、身份认证、隐私保护、责任认定和责任追究等内容。

2. 电子病历政策管理

①美国。1991 年美国国立卫生研究所(National Institutes of Health，NIH)发表《电子病历：用于医疗的基本技术》，首次对电子病历的功能、技术、难点及发展情况进行研究，并指出电子病历成为当今和未来医疗的一项基本技术。随后 IHE 致力于异构信息系统间互操作性标准的协调和定义，HL7 发布了 CDA1.0，美国政府提出了国家卫生信息网络计划，美国医疗信息技术产品认证委员会开展了电子病历认证工作。2005 年 HIMSS Analytics 咨询公司构建了电子病历成熟度模型，称为电子病历采纳度模型(Electronic Medical Record Adoption Model，EMRAM)。2006 年发布 EMRAM 模型(US EMR Adoption Model)，用于住院电子病历。2012 年发布 A-EMRAMUS 模型(Ambulatory EMR Adoption Model)，用于门诊电子病历。

HIMSSAnalytics 咨询公司发布了电子病历 7 阶段模型并开展应用水平评估，HL7 发布了 EHR 功能模型标准，政府提出了 Meaningful Use 计划。

美国通过 Meaningful Use 计划规定了必须采用的电子健康信息内容交换标准和规范(如 CDA、HL7 2.5.1、HL7 2.3.1、ASTM CCR、CCD、HITSP/C32、NCPDP、SCRIPT)、电子健康信息的词汇标准(SNOMED CT、LOINC、HL7 Standard Code Set CVX)、电子健康信息生成和维护及传输中的保护标准(加密、授权、泄露)。

②中国。在电子病历推广应用过程中，主要法律包括《中华人民共和国电子签名法》、《电子认证服务管理办法》，它们是电子病历电子签名实施的基本法律依据。在电子病历应用管理方面，卫生部出台了《电子病历基本规范(试行)》、《电子病历系统功能规范(试行)》、《电子病历系统功能应用水平分级评价方法及标准(试行)》等规范性文件。在卫生系统电子认证方面，依据《中华人民共和国电子签名法》和《电子认证服务管理办法》，卫生部出台了《卫生系统电子认证服务管理办法(试行)》、《卫生系统数字证书应用集成规范(试行)》、《卫生系统数字证书格式规范(试行)》、《卫生系统数字证书介质技术规范(试行)》、《卫生系统数字证书服务管理平台接入规范(试行)》等系列规范，同时推动了一批数字证书认证服务机构的出现。

3. 远程医疗政策管理

①美国。美国是最早开展远程医疗研究的国家，其相关法律法规及管理细则取得了一定的成效。美国联邦州医生协会于1996年颁布了一套示范法来规范远程医疗中的跨州医疗行为。2002年颁发了《在医疗行为中正确使用互联网的标准指南》，明确医生进行远程医疗必须遵守与“面对面”发生的医疗行为相同的标准规范。在远程医疗咨询服务补偿方面，发布了《平衡预算法案》。在远程医疗设备准入与管理方面，颁布了《联邦食品、药品和化妆品法》，明确表示美国联邦食品和药物管理局有权规范远程医疗设备，要求用于远程医疗的所有硬件、软件均应得到FDA的认可。

②中国。目前，我国关于远程医疗已实施的管理规范主要有卫生部1999年1月颁布的《关于加强远程医疗会诊管理的通知》。2009年7月颁布的《互联网医疗保健信息服务管理办法》。卫生部医政司于2011年初下发的《远程医疗服务管理办法(试行)(征求意见稿)》首次将远程医疗服务分为一般远程医疗服务和特殊远程医疗服务两大类，并明确了其资格申请与审核流程及医疗机构的执业规则。在技术标准方面，卫生部2001年10月颁布了《远程医疗咨询系统接口功能规范》。《远程医疗服务基本数据集》、《远程医疗信息系统技术规范》、《远程医疗设备及统一通信交互规范》《远程医疗信息系统基本功能规范》等4项标准正处于征求意见阶段。

③其他国家。其他国家在发展远程医疗技术的同时，也在逐步完善远程医疗保障体系的建设，如马来西亚于1997年出台《远程医疗法令》以推动远程医疗的发展和规范远程医疗行为；日本1997年、1998年先后下发通知，指出远程医疗监测在符合规定的条件下是合法的医疗行为并允许医生远程开处方。2000年，日本“社会保险诊疗报酬支付基金”同意向“在手术过程中使用病理图片进行远程诊断”的医诊方支付补偿费用；法国从2011年开始实行“电子医生”法令，法国医生可合法利用信息和通信技术开展远程医疗服务。

思 考 题

1. 如何定义信息技术？
2. 信息技术的类型有哪些？
3. 简要介绍信息技术标准的定义及其分类。
4. 列举几种有代表性的人口健康信息技术国际标准。
5. 简要介绍我国的人口健康信息技术标准。
6. 简要介绍信息技术政策的含义和类型。

第十章 信息经济与信息产业

第一节 信息经济

一、信息经济

(一)信息经济的基本概念

信息经济是信息革命在经济领域的伟大成果，是通过产业信息化和信息产业化两个相互联系和彼此促进的途径不断发展起来的。对于信息经济的确立，可以根据马克思主义政治经济学原理来加以明确：区别一个经济时代，不是看它生产什么，而是看它怎样生产，用什么劳动资料生产。从这一角度提出信息经济的三个具体衡量标准：(1)信息部分在产品和劳动中所占比重大小；(2)信息部门所创造的产值在GNP中所占比重大小；(3)信息劳动者在总就业人口中所占比重大小。如果这三个指标都超过50%，可以视为信息经济占主导地位。对于信息经济的概念和范围可以从多种角度来确定：

(1)从理论上看，信息经济是作为物质经济的对立物提出来的。即每件产品、每项劳务都包含物质和信息两个部分，如果在产品和劳动中物质部分所占比重大于信息部分所占比重，就是物质经济；如果信息部门所占比重大于物质部门所占比重，就是信息经济。一旦以物质和能源为基础的经济转变为以信息和知识为基础的经济就是信息经济，它将成为世界经济发展的大趋势。

(2)从发展战略上看，信息经济是国民经济不可缺少的一种经济成分。不论国家制度和社会性质如何，它都是客观存在的。其差别只是在于其规模的大小。研究信息经济不仅在于对宏观信息经济规模作出定量的描述，而且还在于通过信息经济分析，使我们能够把握现代经济发展的特点，从而有效地制订出长远的发展规划。

(3)从数量上看，信息经济是在以农业和工业为基础的经济之外，以信息的产品和劳务的生产和提供为基础的经济。信息经济成分是以物质和能源为基础向以信息为基础的过渡作为数量标志的，定量地测算信息部门的增加值在国民生产总值中的比重和从事信息活动人员在社会劳动人员中的比重，是对信息经济规模的一个具体描述。

(4)从规模经济上看，信息经济就是经济活动的中心内容。它的最大特征是：从事和信息有关的就业人数超过社会全部就业人数的一半，具有最大限度的规模经济。它可以通过信息的社会化、信息的现代化和信息的商品化三个形式表现出来。

(5)从技术结构上看，当信息技术得到广泛应用，并成为社会物质产业的主要支撑基础时，信息经济也就自然地形成了。信息经济并不限于信息技术和信息产业本身，而是在信息为经济、政治、文化等社会各方面奠定了牢固的物质基础和提供了必需的物质前提条件下，才能真正成为信息经济社会。

概括地说，信息经济就是以信息资源为基础，信息技术为手段，通过生产知识密集型的信息产品和信息服务来促进经济增长、社会产出和劳动就业的一种最新的经济结构。它被认为是继农业经济、工业经济和服务经济之后最现代化的经济形态。

(二)信息经济的结构特征

信息经济既具有与其他经济一样的特征，也具有一系列它所特有的结构特征。随着信息技术的进一步发展，尤其是微电子技术的迅速发展和广泛应用，近些年来，世界信息经济的结构正在发生引人注目的变化。信息经济的结构特征越来越明显，主要体现在以下方面：

(1)信息经济的企业结构是知识和技术密集型的。传统的企业结构都是劳动密集型或资本密集型的，而新兴信息企业结构都是知识和技术密集型的，不但投资少、效率高，最终还将把人类从繁重的体力劳动中解放出来，得到全面发展。

(2)信息经济的产业结构是低耗高效型的。这些以新兴科学知识和高技术为基础的尖端信息产业群，具有高效率、高增长、高效益和低污染、低能耗、低消耗的新特点。在传统产业日益衰落的过程中，专业化、小型化的新兴产业却在迅速发展。这种产业结构及其技术结构的变化，将会使劳动生产率获得极大增长。

(3)信息经济的劳动力结构是智力劳动型的。企业结构的状况决定着劳动力结构的状况，由于新兴信息经济的企业结构是知识和技术密集型的，而以科学家、工程技术人员、软件编制人员等脑力劳动者为主的劳动力结构也必然发生根本变化，传统体力劳动者将经过再教育成为新的脑力劳动者。

(4)信息经济的消费结构将是多样化的。传统工业生产是大规模的集中性生产，产品单一，规范化，虽然成套生产，但是品种少，规模单调，不能及时满足多种多样的社会需要。由于信息经济的生产机动灵活，分散化，它所提供的消耗品将更加丰富多彩，更符合人们的实际生活需要。

(5)信息经济中收入与工作效率以及工作时间的联系越来越松散。信息产品不需要离开它的原始占有者就能够被买卖和交换；这一产品能够通过其他形式复制和分配，如电脑网络，而不需要额外增加费用；价值增加是通过知识而不是工作来实现的；知识流向产品的主要形式是软件。随着信息化进程的不断深入，信息经济的收入将主要取决于创造与创新能力、信息和知识的获取能力等。

(6)信息经济的体制结构是小型化和分散化的。小型分散化的水平网络式的管理体制将代替集中，庞大而又互相牵制的传统金字塔形的体制结构，小公司、小工厂等横向组织将代替大公司、大工厂等纵向组织。信息经济的体制结构小型化和分散化，绝不意味着生产社会化程度的降低，而恰恰相反，通过信息化，生产在更广泛、更深入的程度上社会化了。

(7)信息经济的能源结构是再生型的。传统经济的能源结构是非再生型的，如煤炭，石油等，消耗一点，就少一点，不能再生，而且浪费大，效率低，污染严重。信息经济的能源结构主要是再生型的，如太阳能，生物能，海洋能等，它们不仅可以再生，取之不尽，用之不竭，而且有用、干净、效率高。

(三)信息经济与其他新型经济的联系与区别

1. 信息经济与知识经济

基于经济发展最短缺的因素是创新，联合国于1990年提出知识经济的概念，其内涵为以现代科学技术为基础，建立在知识和信息的生产、存储、使用和消费之上的经济，是一种基于最新科技和人类知识精华的经济形态。知识经济和信息经济的概念常被混淆，因为从关键资源来看，信息经济和知识经济都是以信息和知识为主要资源的知识密集型经济，两者的任何经济活动都离不开信息资源和知识资源的开发与利用，但是信息经济强调信息资源和信息技术资源，而知识经济更强调知识资源和智力资源，信息经济强调以信息产业为主导，而知识经济强调以高科技产业为主导，信息经济强调信息资源和信息技术的开发与利用能力，而知识经济强调知识创新和技术创新能力，可以说知识经济是包含在信息经济中的一种更高级的经济形态。

2. 信息经济与网络经济

网络经济目前尚未有统一的解释，桂学文和娄策群主编的《信息经济学》将网络经济分为狭义和广义的网络经济，狭义的网络经济是网络产业的综合，属于信息产业中的一类部门经济。根据网络技术制造和网络技术服务的区别可将网络产业分为网络技术制造产业和网络服务产业。广义的网络经济是以因特网为核心，以电信网、通信网和企业内部网等一系列网络为基础，以信息产业为主导，以全球市场为导向进行的以信息和知识的生产、交换、分配和消费为主要内容的一种经济形态。它与信息经济同为信息革命的产物，并且都以促进信息和知识的开发利用为目标，但是网络经济是信息经济发展到一定阶段的产物，网络经济的形成是以信息经济的形成历程为基础而通过网络媒介表现出来的，因此对网络经济的研究常以经济活动的媒介为切入点，而对信息经济的研究是以信息产业的产生和发展为切入点在整个经济的宏观层面上进行研究。

二、信息资源

(一)信息资源的基本概念

信息资源是在信息的供给与需求不断扩大以及人们对信息的依赖程度越来越高的环境下发展而来的，是通过对信息的一系列流通、加工、存储和转换而形成的人类社会重要的资源，广泛存在于经济、社会各个领域和部门。信息资源的发展经历了以图书馆、情报所为代表的文字信息资源管理阶段；以计算机应用和数据处理为代表的信息管理阶段；以网络平台、海量数据库、信息处理技术为代表，信息交换、信息共享、信息应用为内容，视信息资源为主要经济资源进行管理的信息资源管理阶段以及更加重视与人交流，重视学习，重视知识资产、竞争优势与创新的知识管理阶段。

狭义上，信息资源主要指人类社会经济过程中产生、获取、处理、存储、传输和使用到的一切文件、资料、图表和数据等有用信息的总称。广义上，信息资源除信息内容本身外，还包括信息生产者、信息设备、信息技术等一系列信息活动要素，是信息活动要素的集合，是各种事物形态、内在规律、和其他事物的联系等各种条件、关系的反映。随着社会的不断发展，信息资源对国家和民族的发展和对人们的工作、生活至关重要，成为国民经济和社会发展的重要战略资源。它的开发和利用成为整个信息化体系的核心内容。

按照信息资源的载体和存储方式来划分，信息资源可分为人载信息资源、文献信息资源、实物信息资源和网络信息资源；按照信息资源的内容可划分为法律信息资源、经济信息济源、政治信息资源、文化信息资源、科技信息资源等；按信息传递的范围可分为公共、半公开和非公开信息资源；按照信息资源的接收方式又可分为视觉信息资源、听觉信息资源、触觉信息资源、视听等混合信息资源。

(二)信息资源的经济特性和功能

1. 信息资源的经济特性

信息资源与自然资源、物质资源相比，具有一般经济资源的共性，但又有其特殊性：

(1)无限性和有限性。不同于土地、矿藏等物质资源，信息是普遍的、无限的，因此信息资源是不断丰富、不断增长的。但是信息资源在给定的时期相对于人们的特定需求来说又是有限的，这种有限性和稀缺性是相对无限的需求而言的，无论是在信息资源的数量还是质量上，都表现出有限性。

(2)时效性和非消耗性。信息资源的时效性比其他任何资源都强，这表现为信息的及时性、信息的目标导向以及开发利用的时机性。而随着开发利用，信息资源可以在有限的时间里不断增加，形成新的信息资源。

(3)广泛性和不均匀性。信息资源的广泛性表现在作为资源的信息无处不在、无时不有。然而，信息资源的分布又受地域、政治、经济、文化等的影响，一般来说，发展水平越高、人口越密集的地区信息资源越丰富。

2. 信息资源的经济功能

信息资源独特的经济特性使信息资源具有许多其他经济资源所无法替代的经济功能，并在经济社会的发展中扮演着重要角色。

信息资源具有促进生产力发展的功能。信息资源作为现代生产力的重要组成已达成广泛共识。作为独立的生产要素，信息资源可以转化为信息产品，信息产品转化为信息商品，形成信息市场，使以信息资源为核心的信息收集、加工、转化、传输和交换等成为信息市场经济活动的重要内容。同时，信息资源可以作为劳动者、劳动资料、劳动对象等其他生产要素的“促进剂”，通过与这些非信息资源生产要素的相互作用，使资源得到优化，从而提高生产力。从劳动者的角度来讲，信息要素的注入有助于提高生产力系统中劳动者的素质，缩短劳动主体对客体的认识和熟练过程，最大化发挥创造性和创新性，使各生产要素以最佳状态进入生产活动中；从劳动资料的角度来讲，信息可以扩展劳动工具的种类、优化劳动工具的性能、提高劳动工具的效率，使劳动资料实现全面的信息化、自动化和智能化；从劳动对象的角度来讲，物资资源的开发利用建立在人们掌握和利用信息的基础上。掌握的信息越多，信息技术使用程度越高，劳动对象的性能和质量越高。

信息资源管理协调和决策支持功能。信息资源与生产管理相结合，可以提高管理的科学性和准确性。生产管理需要对生产要素进行计划、组织、指挥、控制和调节，实现资源的最优配置。而现代的管理活动过程就是信息输入、加工、输出、反馈的不断循环过程。只有全面、准确掌握了信息的流动过程，才能借助信息流来控制和把握生产要素的流动规律，帮助管理者做出科学决策，实现资源最优配置，保证经济活动的正常运行。

三、信息产品

（一）信息产品的概念

信息产品是以满足人们信息需求为目的，凝结着信息和人类信息劳动的成果，是对信息资源的加工和再加工，是对信息资源开发的结果，具有以下三个本质属性：(1)信息含量高。信息产品以信息为原料，可以说，信息是构成信息产品的主要成分，与物质产品不同，信息产品的原材料和产出物都是以信息成分为主，是信息产品生产过程的起点和终点。(2)以信息劳动为核心。信息产品必须是劳动的产物、是以信息劳动为主形成的产品，没有经过劳动加工的信息资源不是信息产品，这是信息产品区别于一般信息的重要标准。(3)以满足人们的信息需求为目的。人们在生产、生活和工作中离不开对信息、知识和情报等的需求，一方面信息产品可以用来直接满足人们的精神需求，另一方面，信息产品可以辅助满足人们对质量和性质要求更高的物质产品和信息产品的需求。

（二）信息产品的类型

按照不同物质载体，信息产品可分为有形信息产品和无形信息产品，即信息物品和信息服务，例如载有学习资料的光盘和个人咨询服务；按照不同加工程度，信息产品可分零次信息产品、一次信息产品、二次信息产品、三次信息产品。而随着现代信息技术的迅猛发展，使用最广泛、数量最多的信息产品主要有数字信息产品和网络信息产品。数字信息产品主要指信息内容基于数字格式的交换物，根据数字产品用途可分为内容型数字产品、交换工具、数字过程及服务三种类型。其中，内容型数字产品包含特定内容，例如报纸、树干、电影等；交换工具代表某种契约关系，如数字化预定、数字门票；数字过程及服务指可被数字化的交互行为，例如数据库文献查询。网络产品是以网络为载体的信息产品。例如网络搜索引擎、电子交易平台、网络化数据库等。

（三）信息产品的生产过程和特征

信息产品的生产是指信息产品生产者根据信息需求的要求，按照一定的程序和方法，形成信息成果并物化的过程。信息产品的生产首先是在一定的需求动因驱使下开始的，其次经过人员组织和原材料准备，然后进入具体的生产过程，在生产成功以后，将成果物化，以文字、视频、音频等形式固化在一定的物质载体上，以利于信息产品的存储和传播。信息产品的生产可以抽象为一种信息变换的过程，但不同于物质产品的生产过程，在生产性质、生产环节等方面表现出不同于物质产品生产的一些特性。

1. 信息产品的生产具有两阶段性

信息产品在转变为信息商品进入分配、流通和消费领域前，其生产过程都要经历信息内容生产和信息产品复制两个阶段。信息内容的生产是信息产品生产的第一阶段，属于智力劳动过程，其本质是知识生产，包括构思决策、信息采集、整理、加工和分析研究等环节。信息产品复制是信息产品生产的第二阶段，即信息产品的物化过程，其性质是物质生产，例如影像资料、研究成果的印刷、复录过程，这一阶段，产品会表现出物质生产的一些特征。

2. 信息产品的生产具有一定程度的非重复性

尽管信息产品复制阶段会表现出物质产品重复生产的特性，但是信息产品的生产活动具有智力性和创造性。所生产出的内容一般不会按特定的标准重复生产，尤其是在研究成果、学术著作等深化型信息产品中，这种非重复性的趋势表现得更为明显。但在信息产品内容构思、信息采集、整理、分析、加工等环节可能采用同样或相似的方法和工艺。

四、信息商品

(一)信息商品的概念

信息商品具有一般商品的共性特征但又有其个性特征，是具有价值属性和使用价值属性，用于交换的信息产品。在商品形态上，信息商品多通过一定的物质载体呈现，但其转移价值却远远高于其他物质商品；在商品价值上，不同信息商品使用者实现的信息商品价值不同，使信息商品的实现价值和创造商品的劳动力具有不完全对等性，这是信息商品区别于其他商品最为突出的特点；而在使用价值上，信息商品又表现出不同于一般商品的间接性、多维性和参与性。

(二)信息商品的形成过程

只有用于交换的信息产品才能转化为信息商品，而信息产品的生产过程是信息资源收集、加工、存储和传递的过程，因此，信息商品的形成需要在掌握信息原料的基础上，通过脑力和体力劳动创造出产品，并在一定的条件下，将信息产品转化为信息商品。信息商品的形成过程主要包括以下几个步骤，如图 10-1 所示。

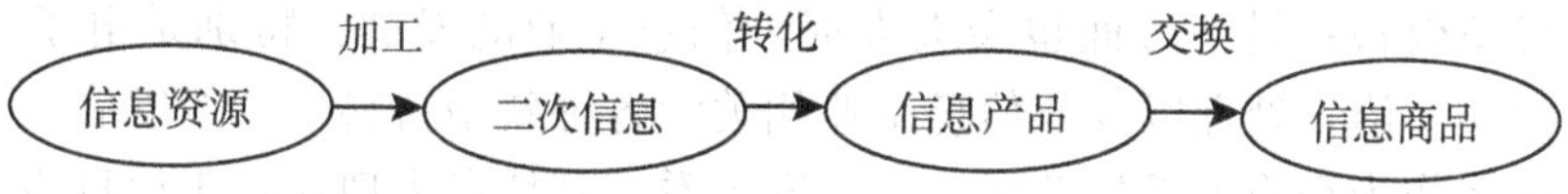

图 10-1 信息商品形成过程

(1)搜集各种原始信息，形成一次信息；

(2)对原始信息进行多次鉴别、加工、整理，形成二次信息或更高次信息；

(3)对多次加工的信息进行转化和存储，形成信息产品；

(4)根据市场需求，信息产品进入市场，通过交换，形成信息商品。

(三)信息商品的价值

信息商品的价值与物质商品的价值没有本质的区别。根据马克思主义政治经济学对价值的定义，价值是凝结在商品中的一般人类劳动，信息商品的价值就是凝结在信息商品中的人类劳动，是信息商品生产者与需求者之间联系的体现，但是信息商品不同于物质商品，其价值量的表现形态和内容更为复杂。

1. 信息商品的效用价值

信息商品的效用是信息商品使用价值的表现形式，是有信息和无信息两种情况下决策者进行优化决策时所得到的最大期望效用的差值。通常表现为潜在效用和显在效用两种状态。前者是隐含在信息商品内部的使用价值，仅一次消费或使用是不能充分体现的，例如科技信息等，潜在效用尤其突出；后者是信息商品外在的使用价值，每次使用都能体现。

2. 信息商品的效益价值

信息商品的效益价值是指信息商品的效用与信息商品生产耗费的比较。无论是显在还是潜在效用，信息商品均会给用户带来收益，但信息商品在生产过程中会需要人力、物力、资金和信息的投入，这就是信息商品生产的消耗，信息商品的效益价值实质上就是两者的差值。

五、信息市场

(一)信息市场的内涵

狭义上，信息市场是进行信息商品交换和流通的场所，也就是说，信息商品被信息市场纳入整个经济活动中，可以与其他商品一样进行流通和交换。这里所说的信息商品包括各种有形和无形的信息商品，交换场所既可以是有形的交换场所，也可以是无形的。但实际上，信息市场不仅涉及信息商品、信息商品交换场所，还包括信息商品生产者、经营者、用户及其经济活动和经济关系。因此，从广义上说，信息市场是信息商品供求关系的总和，不仅指信息商品交换的场所，而且还包括买卖信息商品的用户及其与信息生产者、经营者之间的经济关系，即信息商品从生产到消费之间的整个流通过程和领域。

(二)信息市场的特点

现代社会是信息社会，特别是现代科学技术革命以后，信息是联结社会的纽带，离开了信息人们将寸步难行，而且全社会需要充分利用信息，发挥更大的效益，创造更大的财富。因此，信息市场的建立和发展，一方面将有利于社会的生产、流通和消费，给全社会带来巨大的经济效益；另一方面也会大大促进信息工业的发展，特别是电子计算机、录音、电传、复印、语言处理以及与信息工业相关的各种新型材料生产的发展。

从信息市场作为交换关系的总和这个角度来看，其特点表现在：①信息市场的交换对象是信息商品；②信息市场包含信息生产者与信息消费者之间的关系；③信息市场的交换关系还具有间接的性质。因此，信息市场不仅具有一般市场的性质，而且还包括组织性、秩序性的市场的关系；抽象的使用价值与虚拟的价值量的关系；生产的单一体、非批量性，与消费本身的多元性、重复性的关系以及供求的决定性，交换的间接性；对其他物质商品市场的依附性等。信息市场是一种高级的市场，只有商品经济发展的较高阶段它才会出现并且还要以其他商品市场的存在及一定程度的发展规模为前提及条件。

(三)信息市场的体系结构

市场作为一个系统，是一定的主体(买卖双方等)和客体(用于交换的信息商品或服务)在时间和空间上(交换的场所或区域)相互作用、相互影响而形成的。信息市场也是如此，主体、客体、时间和空间成为信息市场的主要组成部分。

信息市场的主体是指监护信息商品进入市场并使之发生市场交易关系的当事人，主要包括信息商品的供给方、需求方、管理方和中介方。其中，供给方是信息商品的生产者和提供者，主要包括以营利或非营利为目的的信息企业；需求方是信息商品的消费者，为信息的获取支付一定的报酬；管理方是信息市场的监督者和执法者，主要指政府部门和行业协会；中介方是信息市场的经纪人，一般不直接生产信息产品，但在信息产品的开发决策中会有一定的参与，并对信息产品进行一定的加工，为供需双方提供供求渠道，提高信息商品交易成功率，是信息市场的活跃因素之一。四者在不同等级上必须保持时间和空间上较稳定的联系才能保证信息市场的正常运行。

信息市场的客体是信息主体之间发生法权让渡的媒介，是信息交换关系的载体，信息市场客体的运动反映信息市场主体的经济关系，具体包括各类有形的信息产品和无形的信息服务。信息市场客体的结构复杂多样，但由于作为信息市场客体的信息商品是经信息产品转化而来，在一定程度上可以按照信息产品划分的标准和方法对信息市场的客体进行划分。

第二节 信息产业

一、信息产业的概念与特征

(一)信息产业的概念

20 世纪 20 年代，国际劳工局最早对产业作了比较系统的划分，即把一个国家的所有产业分为初级生产部门、次级生产部门和服务部门。后来，许多国家在划分产业时都参照了国际劳工局的分类方法，采用了三次产业分类法。即第一产业为农业，包括农、林、牧、渔各业；第二产业为工业，包括采掘、制造、自来水、电力、蒸汽、热水、煤气和建筑各业；第三产业分流通和服务两部分。但随着信息产业的兴起，波拉特提出了产业的四分法，将信息产业从第三产业独立出来以突出信息对产业结构的重大影响，形成第四产业，确定了信息产业的社会和经济地位。

波拉特对信息产业作了定义，认为信息产业可以信息活动的产品和服务是否在市场上直接出售为标准分为第一信息部门和第二信息部门，第一信息部门主要包括生产知识并具有发明性质的产业，金融、保险等风险产业，信息商品业，信息交流和通信产业，用于信息交流的建筑设施业，市场信息业、调查业、宣传业，信息商品业，信息处理和传递业以及教育业；第二信息部门主要包括公共管理机构和企业内部管理部门为本机构、本组织提供信息服务的信息部门。

欧洲信息提供者协会认为信息产业是指提供信息产品和服务的电子信息工业。

美国信息产业协会认为信息产业是指依靠信息技术和信息处理的创新手段，制造和提供信息产品和服务的生产活动组合。

根据我国著名学者乌家培对信息产业的定义，狭义的信息产业是视信息为商品来经营的信息企业的集合；广义的信息产业是信息设备制造业与信息服务业的综合；更为广义的信息产业还包括信息系统的建设和各部门、各地区信息中心的信息生产和服务。

(二)信息产业的特征

信息产业除具有一般产业应有的基本特征外，还具有以下几个主要的特征。

(1)信息产业是知识、智力和技术密集型产业

从产业的支柱和核心看，信息产业的支柱是信息资源，核心是计算机技术、通信技术等现代信息技术，是高知识、高智力投入的结晶，而对于传统产业，物质提供、生产、制造是产业核心，无论是农业还是工业都是以物质、能源的消耗为基本特征，是资本和劳动密集型产业，其所含的知识、智力要远低于信息产业。例如，信息产业中的服务业如文献

信息、信息咨询、软件服务等，不仅是知识密集的产业，也是生产知识的最大产业群。从欧美等信息产业发达的国家经济发展情况看，20世纪80年代以来，其经济总量的增长主要由信息产业的发展所创造，信息产业占国家GDP已达60%以上，而知识已成为国家发展信息产业，提高生产力、竞争力和经济成就的关键。从企业发展的层面看，信息企业是否成功主要取决于是否具有高水平的技术资源和研究开发能力，这些是决定信息企业发展的关键因素。

(2)信息产业是技术更新快、发展快的创新型产业

从信息技术发展来看，在工业经济时代，信息以模拟形式传递，而在信息时代，信息则以数字形式并通过数字网络以光速传递，信息的数量和质量都大大提高。技术知识和技术创新的扩散、转移和利用速度加速扩大，技术本身提高了技术在全球的流速和流量，信息技术及其产品更新的速度大大加快，产品的生命周期大大缩短。信息产业呈现技术更新更快、产品价格更低廉、集成程度更高、综合功能更强的发展趋势，技术创新已成为信息产业发展的核心动力。

从信息产业的发展来看，信息产业总量的扩张带来劳动力需求的增加，传统信息产业向现代信息产业转变形成就业增加效应和就业转移效应，越来越多的劳动力从事信息产业或与信息产业相关的工作。微电子产业、计算机业、集成电路业、广告业、信息服务业等信息产业自诞生以来飞速发展，平均每年增长率都保持在20%~30%。

(3)信息产业是高增长、高效益型产业

由于信息产业的知识技术密集、技术更新快、投资效益高，对信息产业的投入会由于信息技术开发的创新性、专用性、有效性和垄断性及市场需求的广泛性而获得高额回报。加之信息的价值具有间接性和多维性，使信息被利用后会产生一系列的综合效应，包括直接经济效应和多层次的间接经济效应。举例说明，一块半径75毫米的原材料硅片制成单晶硅片，其价值可以翻5倍，经加工制成电路后，价值可以翻20~25倍，再经封装、成测后制成最终产品，价值是原始硅片的70倍以上。

(4)信息产业是高投入、高风险产业

一方面，信息产业是智力与资金高投入的产业，这与信息产品研究开发难度越来越大以及高产出密切相关。无论是信息硬件设施和软件开发，还是信息服务，都需要信息社会中的创造性集团和服务性集团中的高科技人才承担，这使信息产业没有充分的资金保障就难以启动和发展。另一方面，信息产品的研制与开发往往属于跨学科、跨行业的系统工程，以微电子为例，其技术范围涉及半导体物理学、新型元器件材料集成、生物工程技术、激光技术、集成电路工艺制造技术、计算机科学与技术以及多种基础科学理论，使大多数信息产品在研制开发阶段需要高昂的投资，并随着信息产业规模的扩大和竞争的加剧，研究开发比例则越来越高。

尽管如此，信息产业的高投入并不能保证信息产品最终的成功产生，因为智力投入具有不确定性，而信息产品的生产和营销又受多方面限制，信息市场需求难以把握，从而增加了信息产业的风险性。

(5)信息产业是需求方规模经济效应突出的产业

工业时代的规模经济是指随着生产商生产规模扩大，生产专业化水平的提高，产品的

平均成本随着产量的增加而递减，可称为生产方规模经济，或卖方规模经济。不同于工业时代的卖方规模经济，信息时代的信息产业具有独特的需求方规模经济效应，或称为买方规模经济，即随着需求方规模的扩大，需求方和生产方的收益都会随之增加，例如，移动通信越普及，移动通信设备、移动应用软件等价值越高，反之当人们都不使用移动通信时，则没有价值。这种由信息产品自身特性所构成的现象，极大地影响了生产和消费两方面的决策行为。这使一项新的信息技术或产品能否生存除取决于企业技术创新以外，还取决于需求方是否具备规模经济效应，这是信息产业发展的独特性。

上述五个特征决定了信息产业内部的竞争方式与传统产业不同，在传统产业中，成本控制、管理层效率、营销渠道等因素仍发挥较为重要的作用，但在信息产业中，这些已不占主导地位，而是能适应并能有效利用信息产业经济学的特点，并采取相应战略的企业将在激烈的市场竞争中获得最大程度的竞争优势并提高抗风险能力，而那些不能适应并利用信息产业经济学特点的企业或只具备很少特点的企业则很容易在激烈竞争中被其他企业所取代或淘汰。

二、信息产业结构

(一)信息产业结构的内涵与形态

1. 信息产业结构的内涵

产业结构是指各产业的构成及各产业之间的联系和比例关系。在经济发展过程中，分工越来越细，因而产生了越来越多的生产部门。这些不同的生产部门，受到各种因素的影响和制约，会在增长速度、就业人数、经济总量占比、对经济增长的推动作用等方面表现出很大的差异。因此，在一个经济实体当中(一般以国家和地区为单位)，在每个具体的经济发展阶段、发展时点上，组成国民经济的产业部门是大不一样的。各产业部门的构成及相互之间的联系、比例关系不尽相同，对经济增长的贡献大小也不同，使产业结构表现出动态性和时代性。在信息产业为主导的阶段，信息产业得到快速和长足发展。但信息产业与其他相关产业又是相互依存、相互促进的产业群，因此，信息产业结构就是指信息产业与国民经济其他各产业之间以及信息产业内部各部门之间的联系和比例关系。探索影响信息产业内部不同部门间比例关系的主要因素、信息产业内部结构演进的动力与规律，对预测信息产业基本定势和制定相关战略具有重要意义。

2. 信息产业结构形态

信息产业结构形态是对信息产业结构具体方面的反映，由于产业之间的联系广泛而复杂，因此这里只讨论信息产业内部之间的结构关系。从产业经济学的角度分析信息产业结构，包括部门结构、组织结构、产品结构、技术结构和人才结构等。

(1)信息产业的部门结构

信息产业的部门结构反映信息产品在不同信息产业部门之间相互联系的流转过程和比例关系，是信息生产和服务的社会化、专业化、协作化相互作用和发展的结果。

按照波拉特的观点，信息产业可以是否向社会提供信息产品和信息服务为特征来划分，第一信息部门向社会提供信息产品和信息服务，第二部门不直接向社会、只向组织内部提供信息产品和信息服务。

按照信息产品的生产和信息服务的性质来划分，信息产业包括生产部门和非生产部门两大类。生产部门又可分为直接信息生产部门和间接信息生产部门。前者代表最基本的信息生产部门，包括图书情报、新闻出版、科研教育等传统信息产业部门和信息处理、软件开发、数据库服务等新兴信息产业部门；后者指在非信息生产部门和其他产业中存在的信息机构，如信息统计、信息管理等部门，所产生的信息产品供内部使用。

其他划分方式，如按照信息产品的生产经营方式和信息产品的性质可分为信息生产部门、信息传递部门、信息传授部门、信息咨询部门、信息设备和技术制造部门等。按照信息产品和信息服务的最终用途可划分为信息生产资料生产部门和消费资料生产部门。

(2)信息产业的组织结构

按照国内学者陈耀盛的观点，信息产业组织结构的内容包括三个方面：(1)微观层次：从专业化分工原则出发，根据科研项目或研究方向组成的信息产业研究机构；在各高校、科研开发与服务中心等开展信息专业教学和研究的基地；电子行业、电信行业和图书馆情报业等。这种信息产业的微观组织，通过完整的市场体系形成产业活动的网络结构。(2)中观层次：根据产业部门结构的耦合原则建立起来的以一个或多个科研开发中心、高科技园区为主体的信息产业群。其基本架构是适应区域信息资源优势的电子、金融、电信、科研、图书、情报、软件开发、咨询服务等产业。这种组织结构，通过所在的中心城市或区域，推动信息产业和信息产业相关联的产业一起发展。(3)宏观层次：包括国家宏观、亚宏观和超宏观。国家宏观层次指以一个国家作为研究对象的信息产业结构或作为独立经济实体的国家级组织机构，如国家信息中心；亚宏观层次，是指一个国家内几大经济区或者若干大型产业带；超宏观层次是指国家经济与世界经济的接壤。

(3)信息产业的技术结构

信息产业的技术结构是指不同类型技术与不同技术水平的构成及比例关系。信息产业是一种以信息技术为支撑的高技术产业，使信息产业中的技术结构成为一个技术门类日益增多、技术水平逐渐提高的产业。但是不同国家，不同信息产业部门的技术结构有很大的差异，有些国家信息产业的技术水平较高，现代高新信息技术在信息产业的技术构成中占有很大的比例，一些国家信息产业的技术水平较低，仍处于传统信息技术阶段或传统信息技术向现代信息技术过渡的阶段。

从技术的功能和作用来看，信息产业的技术结构包括信息获取技术、信息传递技术、信息处理技术和信息利用技术等；从技术的特征来看，信息产业的技术结构由传感技术、计算机技术、通信技术、控制技术等组成；从信息技术的适应程度看，信息产业的技术结构由落后技术、适用技术、先进技术和高新技术组成。其中，以第一种划分标准应用得最为广泛。

(4)信息产业的人才结构

信息产业的人才结构是指分布于不同部门、运用相关信息技术提供信息产品和信息服务的人员构成及比例。人才是信息产业运行的主体和关键。比较常见的划分标准是按照人才的知识结构分为各种专业型人才(如科技信息人才、经济信息人才、法律信息人才、管理信息人才等)和复合型人才；按照人才的学历结构，信息产业的人才由大专、本科、硕士、博士等不同学历的人才所组成；按照人才的智能结构，信息产业的人才结构由理论研究型人才、技术操作型人才、组织管理型人才和业务工作型人才所组成。由于信息产业是一个智力密集型产业，故对人才的知识结构和智能结构要求较高，我国应重视对信息产业人才的培养，并合理安排信息产业人才结构以适应信息产业快速发展的需要。

(5)信息产业的产品结构

信息产业的产品结构是指信息产业的各要素构成及各产业之间的联系和比例关系。信息产品是信息产业生产经营活动的成果，其结构及变化也必然反映信息产业组织结构、人才结构、技术结构的构成与转换，信息产业产品结构的变化，也会导致信息产业人才结构、技术结构和部门结构的变化。

信息产业的产品结构复杂，产品的类型多样，可以按照产品物质形态、内容性质、加工方式、生产方式、生命周期、适用范围等标准来划分。

研究信息产业的结构，从宏观上讲，有利于国民经济各产业之间的合理布局和协调发展；从微观上讲，有利于信息产业内部的行业之间、企业之间、部门之间的生产要素的协调，达到以最小的投入获得最大的产出的目的。

(二)信息产业结构的影响因素

信息产业作为一个系统，不断地与外部环境进行着物质、能量和信息的交换，同时系统内部各要素之间相互作用，导致信息产业结构不断变化。由于信息产业结构对经济发展的影响巨大，研究和了解信息产业结构的变动因素有助于我们正确认识信息产业结构现状及其变动规律和趋势，从而有利于政策制定者制定出合理的信息产业结构政策，优化产业结构，促进经济发展。以下分别从消费结构、投资结构、市场贸易结构和社会结构等方面对信息产业的影响因素进行分析。

1. 消费结构对信息产业结构的影响

一定范围内的消费结构是供给结构和需求结构、收入结构和价格结构相互制约、相互联系的结果，而起决定作用的是需求结构和收入结构。

需求结构是影响产业结构变动的关键要素。因为人类从事生产活动是以满足某种社会需求为目的。而不同的人和机构在不同的时间和空间都会对信息产品产生不同的需求，信息产品之间还存在相互抑制和自身需求，从而引导信息产业向更加合理和高级化的结构变化。

用户是否购买信息产品除受需求影响外，还取决于用户的购买能力，即用户的收入情况。一般情况下，无论是个人用户还是群体用户，收入水平越高，对信息产品消费的需求越大，越能刺激用户对信息产品的支出。

2. 投资结构对信息产业结构的影响

投资结构对信息产业结构的影响表现在以下几个方面：一是新增基金在信息产业各子行业的分配情况，即投资结构；二是信息产业领域内的研究与开发资金、研究与开发转化资金、产业化资金的比例；三是信息产业研究与开发资金中，基础研究、应用研究和开发研究之间的比例。受信息产业高投入、高风险特点的影响，在投资结构中，风险投资对信息产业的成长和演进正产生越来越广泛的影响。

3. 市场贸易结构对信息产业结构的影响

贸易结构主要指国内外贸易的比例，一般用贸易依存度来衡量，即商品进出口总额占国民生产总值的比重，可分为进口依存度和出口依存度。依存度越大，表明国民经济发展对国际贸易的依赖程度越高，贸易结构对产业结构的影响越大。

市场贸易结构对信息产业结构的影响主要表现在：(1)对于本国需求较大而供给不足的信息产品，可以通过引进的方式来满足国内需求，而将本国信息产业发展的重点转移到生产其他信息产品上。(2)对于国内需求不足而国外需求较大的信息产品，可以通过出口转移销售路径，突破国内信息产品消费限制，按照国际市场需求和消费水平来调整信息产业结构。(3)引进与输出信息技术，通过改变信息产业的技术结构来改进信息产业的产品结构。

4. 社会结构对信息产业结构的影响

信息产业的形成与发展离不开一定的社会背景与社会条件。因此，信息产业结构受社会结构诸因素的影响和制约。此处仅以人口结构和文化结构为例阐述社会结构对信息产业结构的影响。

人口结构对信息产业结构的影响主要体现在两方面，一方面，信息产业的就业结构是建立在人口结构的基础之上的，人口结构的变动往往会改变信息产业的就业结构，进而引起信息产业结构其他方面的变化；另一方面，人口结构会对社会的信息需求造成影响，人口的构成比例和数量变化，都会对信息产品的种类、质量、数量等造成影响，从而影响信息产业的产品结构和部门结构。

同上，文化结构也会对社会的信息需求造成影响，文化和教育水平越高，信息需求一般越大，信息质量要求越高。此外，文化结构影响信息产业劳动力素质和决策者的行为偏好，劳动力素质越高，信息产业越有可能向更高层次发展。而决策者的思想和决策行为又直接决定信息产业结构的组合和转换方式。

除此以外，信息产业结构还受国家政策、国家科学技术水平和国民经济发展水平等因素的影响。

三、信息产业政策

由于信息产业在发展初期难以形成有效的市场需求，盈利能力较弱，具有较强的政策依赖性，需要政府出台政策予以支持和引导。信息产业政策是国家根据信息产业的发展目标，对信息产业的运行机制包括基本原则、指导方针、规章制度和法令等在内，进行调节的一整套政策体系。其作用是指导信息产业的发展方向，规范信息活动，对信息活动参与者、信息行为和信息产业实施宏观调控和管理。信息产业政策研究起源于20世纪50年代末期，至80年代成为国际信息经济研究的热点领域之一。

(一)国外的信息产业政策

1. 美国

信息产业是美国经济的支柱产业之一，作为世界上最大的信息资源拥有国，美国在信息技术研发应用等方面一直处于世界一流水平。作为一个崇尚自由经济的国家，信息产业的发展特点仍然是以市场牵引为主，政府调控居于次要地位。在市场经济的大背景下，美国政府根据产业发展不同时期呈现的不同特点和面临的不同挑战，不断完善信息产业的政策，致力于通过经济政策的运用为信息产业的发展提供一个可预测的、持续及公平的商业和法律环境，建立企业的自由成长模式，鼓励企业积极创新和研发，为美国信息技术居于全球领先地位奠定了基础。

(1)颁布产业政策，树立科学的宏观政策导向

国家层面上，美国政府对信息产业非常重视。美国对信息产业政策研究的开端起源于20世纪50年代美国建立科学情报服务局作为政府对外发布科学、技术和工程信息的主要渠道。除总统科技顾问委员会和白宫科技政策办公室之外，1993年美国又成立了国家科技委员会。通过不断对职能机构进行调整，美国政府先后重点制定出台了20多项信息产业支持政策。从20世纪90年代至今，美国历届政府都注重对信息产业明确、清晰的产业导向。

第一，1991年美国出台了《国家关键技术》报告。报告指出，信息产业是一个知识、技术密集型的产业，其发展的核心在于掌握先进的技术。报告明确了取得信息产业技术的领先优势这一信息产业发展的重点。紧接着颁布了《高性能计算法案》和《高性能计算与通信计划》。《高性能计算与通信计划》旨在不断扩大美国在高性能计算与通信技术方面的优势，为美国信息基础设施的建设提供技术支持。

第二，1993年美国为发展信息产业制定了《国家信息基础设施的行动纲领》，宣布实施“信息技术产业政策”和建设“信息高速公路”。为了贯彻执行这一计划，美国政府特签署总统令并成立特别工作小组，计划通过建立高性能的数字化大容量光纤通信网络，把大学、企业和研究机构、政府部门计算机等都网络化，加强产—学—研之间的协作，促进信息科技的研发创新，提高科技成果商品化转换的速度。

第三，1996年克林顿总统签署批准了新的电信法案，法案对原有的法律条款中阻碍电信行业自由、开放、竞争的方面进行了修改，引入竞争机制，减少企业发展中不合理的体制束缚，促进信息产业的自由竞争，在微观层面上保障信息产业适宜的发展空间，对信息产业的结构产生了深远的影响。

第四，2000年发布《面向21世纪的信息技术计划》(IT2计划)，开发先进的互联网技术来满足高等教育教学和研究的需要。

第五，2009年以来，奥巴马政府先后公布了《美国创新战略》、《国家宽带计划》、《网络与信息技术研发计划(NITRD)》，提出大力发展先进的信息技术生态系统，并投资72亿美元用于发展宽带建设和无线互联网接入，不断促进信息产业的基础设施建设，使信息技术除了能在高端的技术领域全球领先外，在美国普通居民生活的覆盖面也得到扩大，使信息产业发展成果开始在全美普及和发展。

(2)加大对信息产业的研发和资金投入

信息产业的资金投入需求巨大，创新成果的研发需要基金作为前提保障。然而，信息产业以小企业为主，资金投入多成为信息产业的发展瓶颈。在研发和资金投入方面，美国政府一方面直接加大信息产业相关领域研发的投入力度，另一方面，还通过各种税收政策和鼓励风险投资的政策刺激企业加大研发，提高技术创新水平。

首先，利用税收政策间接刺激企业对信息产业的研发投入。作为市场经济的主体，企业需要加大自身的科研投入才能加快专利技术向市场的转化。美国政府通过减税免税政策给予企业优惠，提高企业作为技术创新主体的积极性，推动信息技术的开发和产业化。

其次，鼓励风险投资。美国政府对国内中小企业的政策性贷款数量很少，风险投资成了中小企业重要的融资方式。从20世纪70年代开始，美国政府出台了一系列鼓励和促进民间资本进行风险投资的扶持政策，使风险投资制度不断完善并形成良性循环。风险投资为信息产业在科技创新和研发投入中提供了资金支持，激发了企业的创新能力，使各种新兴技术在市场得到快速应用。

2. 日本

日本是较早系统化制定信息产业政策的国家之一。日本将信息政策作为科技政策的一部分，在制定科技政策的同时，根据国内科技发展水平不断完善和修改信息政策和目标，并颁布信息政策法规。

(1)大力发展信息产业，促进信息产业振兴

1956年，日本成立科学技术厅，统一负责科技信息政策的研究和制定。至今，日本已制定20多个促进信息产业发展的法律法规，包括1969年的《关于科技信息交流的基本政策》、1983年的《信息产业的未来前景》、1994年的《日本信息技术基础设施建设新政策》、2001年的《IT基本法》和《E-Japan战略》，2004年的《U-Japan战略》等。在现有条件的基础上，重点突破优势子产业。在信息产业发展初期，日本将信息产业重点放在基础雄厚的硬件设备制造和电子工业产品的研发设计上。随后，日本政府将耗费资源少、规模扩张快、利用率高的信息内容产业作为下一个发展的重点。

(2)实施灵活全面的税收优惠政策

日本无论是在信息政策制定上，还是信息产业发展上，都特别注重吸收和利用国外的经验与教训。同美国政府一样，日本政府也通过税收政策为信息产业发展提供大量的资金支持，这些政策包括直接财政补贴、税收优惠、无息低息贷款等措施。

日本的税收优惠政策种类多样，力度大，效果明显，其主要措施有以下几种：首先，企业可以在税金中抵扣对信息产业的风险投资以及信息技术研发费用；其次，日本政府将信息产业企业的折旧年限大大缩短，例如，计算机制造企业的折旧年限为4~6年；除此以外，信息产业企业在进行信息设备、计算机软硬件、数码产品等投资时，可以享受一定程度的税收抵扣和税收优惠。种种措施使企业对信息产业的投资热情急剧上升，使信息产业规模快速扩张。

(二)我国的信息产业政策

我国的信息产业已成为推动国民经济成长的重要因素，是国民经济的支柱产业和基础产业。从20世纪50年代发展数据信息化处理的原子能和航空工业，到1984年发布《我国电子和信息产业发展战略》，再到90年代江泽民提出四个现代化离不开信息化，我国的信息产业列为与能源、交通、原材料等同的国家支柱产业得到大力发展。十几年来，信息产业以高于GDP增速2倍以上的速度持续增长，电子信息产品制造业成为我国增长最快和机电产品出口中份额最大的产业。从器件到整件，从制造到服务，除一些高端产品和服务外，中国信息产业已形成体系。

在取得如此成绩的基础上，中国明确要“走新型工业化道路”和“坚持以信息化带动工业化，以工业化促进信息化”，明确信息产业是我国“优先发展产业”。2010年我国发布了《国务院关于加快培育和发展战略性新兴产业的决定》，指出要加大政策扶持力度，加强

自主创新能力，努力培育并做强做大信息技术产业；2013年“两会”将信息产业作为重点关注领域，为信息产业在我国的发展提供了更大空间。在影响信息产业发展机制和环境政策上，我国坚持改革开放，从20世纪90年代开始，逐步对贸易项目放开管制，鼓励引进外资，发展国内资本市场，允许中国企业海外融资，为优秀企业的发展壮大创造了条件。在直接推动信息产业发展的政策上，我国对信息产业总收入增速和规模、信息产业增加值占GDP的比重、信息产品出口额等作出了明确的规定；在信息产业技术政策上，初步形成以企业为主体的技术创新体系，建立了一批重点领域共性技术开发平台；在信息产业布局政策上，不断完善信息产业布局，提高信息产业的区域化和专业化程度，推进国家电子信息产业基地和产业园建设，促进东中西部差异化发展格局的形成；在信息产业组织政策上，着力解决目前我国信息产业大而不强的问题，培育了一批具有自主创新能力、拥有自主知识产权、具备国际竞争优势的企业。

尽管如此，我国在信息产业战略规划和政策制定中仍存在相关政策法规多，统一的信息产业政策法规缺乏、理论指导性不强、宣传不够执行不力等问题。在我国加入WTO以后，我国信息产业将从“有限保护下的竞争”变成“更开放下的竞争”，我国信息企业将面临更严峻的挑战，更加需要政策上的宏观指导和发展引导。

1. 加强对信息产业发展的整体规划和宏观指导

中国经济快速持续发展，使中国信息产业仍有继续扩张的发展空间。正是在这种情况下，政府应进一步加强对信息产业发展的整体规划和宏观指导，结合国家中长期发展战略规划，明确实现信息产业发展目标的战略路径、机制及相应的政策思路，合理设计信息产业发展布局，制定覆盖企业、市场、技术等各个环节的信息产业政策和规划，明确信息产业及其主要领域未来发展的战略目标和分阶段目标。

2. 大力发展信息产业核心技术

培育战略新兴产业的关键是掌握核心技术，拥有自主知识产权和持续创新能力。“十二五”规划强调了新一代信息技术产业自主核心技术的重要性，并将自主核心技术的发展提到前所未有的高度，因此我国在制定信息产业发展战略和政策时，应以推动核心技术发展、抢占产业制高点为要务。立足国情和现实，有选择地发展核心技术，在某些领域实现技术领先。国家和各级政府主管部门等不同层面、产业界、企业界应共同推动具有创新性的核心技术发展，建立产业战略布局，即从本国实际出发、结合自身优势、突出特色、重点突破。当今世界，新一轮科技革命正在酝酿，高起点谋划信息产业发展规划，加快自主核心技术的研发，赢得国际市场竞争优势，刻不容缓，时不我待。

3. 加大对信息产业的资金投入和服务协调

研究开发投入需要政府和企业的共同努力。从国外经验来看，企业是信息开发和产业化的主体，因此政府对信息产业的研发投入是对产业界的补充，而不是代替产业界。所以，增加信息产业投入一方面要靠增加财政投入，同时借鉴美国税式支出的经验，注意采用间接的税收减免来诱导和推动信息技术的开发及产业化，注重向重点企业和关键技术倾斜以优化财力支持的结构；另一方面是要深化科技体制改革，培育企业在技术开发中的主体地位，增强企业的创新积极性；鼓励风险资本在信息产业的投资，引入境外风险投资机制，拓宽信息企业的融资渠道，为国内信息企业创造国际竞争环境。

直接的资金投入和各种形式的优惠政策对信息产业发展的作用十分重要，但完善的政策体系还需要配套的服务相协调。政府需要为企业进行行业内与行业间的协调、技术标准的协调等提供各种服务，制定与技术政策相结合的竞争与反垄断政策，维护信息产业的健康发展。

思　考　题

1. 试述信息经济的概念与特征。
2. 试述信息资源的概念与经济特征。
3. 简述信息商品的形成过程。
4. 试述信息产业的概念与特征。
5. 试述信息市场的概念。
6. 简述信息市场的体系结构。
7. 信息产业结构由哪几部分组成?
8. 结合美国、英国、日本的信息产业政策评价我国的信息产业政策。

第十一章　信息安全

第一节　计算机系统安全性的内涵及基本对策

一、计算机系统安全性的定义

国际标准化组织(ISO)将“计算机安全”定义为：“为数据处理系统建立和采取的技术和管理的安全保护。保护计算机硬件、软件数据不由于偶然和恶意的原因而遭到破坏、更改和泄露。”据此可以给“计算机网络系统安全”作如下定义：“保护计算机网络系统中的硬件、软件及其数据不由于偶然或者恶意的原因而遭到破坏、更改、泄露，保障系统连续可靠地正常运行，网络服务不中断。”

二、计算机系统安全的内涵

计算机系统安全的根本目的就是防止通过计算机网络传输的信息被非法使用。如果医院信息系统的数据遭到窃取、更改或破坏，将涉及患者个人隐私、医院经济效益、病历资料的完整性和真实性等，甚至会引起法律纠纷。所以，对网上信息过滤、防堵和保护将是网络运行管理中极其重要的内容。有时网络信息安全的不利影响甚至超过信息共享所带来的巨大效益。安全问题是一个动态过程，不能用静止的观点去看待，不仅仅是计算机硬件存在形式上的安全，计算机软件也存在着特殊形式的安全问题，因为运行有故障的软件同非法存取数据一样对计算机的安全构成威胁。人为的有意或无意的操作、计算机病毒的发作、不可预知的系统故障和运行错误，都可能造成计算机中数据的丢失。因此，计算机安全的内容应包括两方面，即物理安全和逻辑安全。物理安全指系统设备及相关设施受到物理保护，免于系统破坏、信息丢失等。逻辑安全包括信息的完整性、保密性和可用性。完整性指信息不会被非授权修改及信息保持一致性等；保密性指仅在授权情况下高级别信息可以流向低级别的客体与主体；可用性指合法用户的正常请求能及时、正确、安全地得到服务或回应。

三、系统安全的基本对策

系统安全的基本对策，涉及社会生活的方方面面，从使用防火墙、防病毒、信息加密、身份确认与授权等技术，到企业的规章制度、网络安全教育和国家的法律政策，直至采用必要的实时监控手段、应用检查安全漏洞的仿真系统和制定灵活有效的安全策略及应变措施，加强网络安全的审计与管理等。

第二节 一般网络操作系统的安全策略

一、计算机网络安全的基本要求

计算机系统要防止资源和数据被独占，防止数据和程序被非法修改、删除及泄露，从一定意义上讲，提高系统的封闭性有利于保证信息的安全。但过度封闭的系统又不利于技术的发展和用户的使用，因此，如何在保持网络开放灵活性的同时保证系统的安全性，已经成为国际计算机界研究的热点。目前看来，使用TCP/IP技术构建的网络上的安全措施及其相应的网络安全产品主要有两大类：开放型(如数据加密)及被动防卫型(如防火墙)。它们主要是根据以下几个方面的安全需求而设计和应用的：

数据的保密性：数据的保密性是指数据不泄露给非授权用户，而数据加密就是用来实现这一目标的。加密后的数据能够保证在传输、使用和转换过程中不被第三方非法获取。数据保密可以说是许多安全措施的基本保证，它分为网络传输保密和数据存储保密。

数据的完整性：数据的完整性是指数据未经授权不能进行改变的特性，即只有得到允许的人才能修改数据，并且能够判别出数据是否已被非法篡改。系统需要一种方法来确认数据在存储和传输过程中没有被改变，这种改变可能来源于自然灾难、人为因素、设备故障、环境影响以及不可预知的软件错误等方面。显然，要保证数据的完整性还应综合运用故障应急方案和多种预防性技术，诸如归档、备份、镜像、监控、转储、崩溃恢复和故障前兆分析等手段来保证数据的完整性。

数据的可用性：数据的可用性是指能随时被授权实体访问并按需求使用的特性，如果一个合法用户需要得到系统或网络正常服务时，而系统和网络不能提供，那么和文件资料被锁在保险柜里，开关和密码系统因混乱而不能取出一样，虽然数据完好无损地存在于系统之中，却眼看着拿不出来。

数据的可控性：数据的可控性是指可以控制授权范围内的信息流向及行为方式，如对数据的访问、传播及内容具有控制能力。

其他需求：不可抵赖和不可否认，是指用户不能抵赖自己曾做出的行为，也不能否认曾经接到对方的信息，这在网络交易系统中十分重要。另外，保护网络硬件资源不被非法占有，软件资源免受病毒的侵害，都构成了整个信息网络上的安全需求。

二、计算机网络安全的管理策略

(一)安全管理策略的定义

安全管理策略是指在一个特定的环境里，为保证提供一定级别的安全保护所必须遵守的规则。制定安全管理策略模型包括以下三部分，即：威严的法律、先进的技术和严格的管理。

(二)安全管理策略的内容

制定安全管理策略要综合权衡各种因素，包括立法、技术、管理、使用、系统本身、数据信息量等许多方面，故每个内部网要根据具体情况制定自己的安全管理策略，要在理论的指导下，实事求是，防止出现盲目赶时髦，追求大而全。一般可包括：

(1)确定网络资源的职责划分；

(2)明确用户的权利与责任；

(3)网络使用的级别限制；

(4)严格管理系统管理员；

(5)制定应急措施；

(6)本网络对其他相连网络的职责。

根据上述内容制定的网络安全对策一定要发送至网络的每一个使用者手中，对付安全问题最有效的手段是教育、提高每个使用者的安全意识，从而提高整体网络的安全免疫力。

第三节　医院信息安全

一、医院信息安全的含义

在卫生行业的数字化应用不断普及、深入的今天，医院对信息系统的稳定性、安全性要求越来越高，很多医院认识到了信息系统故障对自身业务的巨大影响，通过采取各种各样的安全保障措施来提高信息系统的稳定运行的能力，制订了业务持续性计划和灾难恢复计划，制定相应的安全策略、加强人员安全管理等。但是信息系统没有绝对的安全，只有将信息安全的管理体系化，建立统一的信息安全管理体系，落实各项管理制度，制定合理的安全策略，采取有效的防范措施，才能切实保障卫生信息系统的安全，稳定、正常地运行，保障各项卫生业务的正常开展，体现信息化给患者就医带来的便捷服务，提高医疗卫生机构的医疗、管理、教学、科研水平，给其带来巨大的综合效益。在此情况下，保障卫生行业信息系统的安全运行，建立完善的信息安全管理体系，成为我国卫生行业信息化发展的重要保障。

随着我国医院信息化建设的长足发展，集成化的医院信息系统(HIS)在各级各类综合性医院运行，显著地提高了医院各部门的工作效率与管理质量，为医院的发展带来了长期综合效益。然而，伴随着大规模计算机网络系统的运行，医院信息系统的数据呈爆炸性增长趋势，庞大的分布式和多源性的数据，是医院最重要的资源。任何形式的数据丢失、出错都将给医院带来无法估量的损失。计算机软硬件以及网络故障、病毒攻击、人为操作故障、资源不足引起的系统灾难都会给医院关键数据带来极大的威胁和隐患。信息系统安全问题变得日渐突出，同时也越来越强烈地影响着医院的各项业务工作能否正常顺利开展。因此，加强医院信息安全体系建设，已成为当前医院信息化建设中的重中之重。

二、医院信息安全的需求分析

(一)建立完善的信息安全策略

医院信息安全建设是一个复杂的系统工程，有些医院只注重各种网络安全产品的采购却没有制订信息安全的中、长期规划，没有根据自己的信息安全目标制定符合医院实际的安全管理策略，或者没有根据网络信息安全出现的一些新问题，及时调整医院的信息安全策略。这些现象的出现，使医院信息安全产品不能得到合理的配置和适当的优化，不能起到应有的作用。因此，明确并建立完善的信息安全策略是医院信息安全体制建设的首要任务。

(二)加强网络安全建设

病毒泛滥、系统漏洞、黑客攻击等诸多问题，已经直接影响到医院的正常运营。目前，多数网络安全事件是由脆弱的用户终端和“失控”的网络使用行为引起的。在医院网中，用户终端不及时升级系统补丁和病毒库的现象普遍存在；私设代理服务器、私自访问外部网络、滥用政府禁用软件等行为也比比皆是。保证用户终端的安全、阻止威胁入侵网络，对用户的网络访问行为进行有效的控制，是保证医院网络安全运行的前提，也是目前医院网络安全管理急需解决的问题。在医院网络安全建设中网络、应用系统防护上虽然采取了防火墙等安全产品和硬件冗余等安全措施，但安全产品之间无法实现联动，安全信息无法挖掘，安全防护效果低，投资重复，存在一定程度的安全孤岛现象。另外，安全产品部署不均衡，各个系统部署了多个安全产品，但在系统边界存在安全空白，没有形成纵深的安全防护等。所有这些问题表明，加强医院信息网络的安全建设是确保医院信息系统正常运行的基础保障。

(三)构建可靠的网络信任机制

医院信息网络的封闭性导致其对身份认证、责任认定等强度的弱化，然而随着以病人为中心的电子病历的实施和推广，对医院内部业务参与各方的身份真实可靠以及权限控制提出了更高要求，构建可靠的网络信任机制，形成有效的法律证据，有效防止内容否认、时间否认和行为否认是确保患者权益的重要任务，是医院信息安全体系建设不可缺少的内容。

(四)确保医疗数据的真实性

医疗数据的真实性主要体现在实时性和不可篡改性。目前，在医院信息系统设计初期，对于从各种临床信息系统采集来的诊疗信息和医护人员记录的主客观信息，很少考虑到防篡改和不可抵赖性的安全机制。因此，建立医疗数据的完整性保护机制，使用技术手段保证医疗数据在医院业务系统中产生、存储、再利用的整个生命周期过程完整、准确是医院信息安全保障体系的重要组成部分。

(五)加强信息安全意识的培养，健全安全制度建设

从许多安全案例来看，很多医院要么未制定安全管理制度，要么制定后却得不到实施。医院内部员工计算机知识特别是信息安全知识和意识的缺乏是医院信息化的一大隐患。加强对员工安全知识的培训刻不容缓。

(六)关注患者隐私保护

新医改的实施，使不同医疗机构之间的互联互通成为可能，这就意味着病人的隐私等信息可以在网络上自由流转，很有可能被泄露甚至更改。尊重和保护患者隐私，保证患者的医疗数据和信息安全是医院应尽的责任和义务。

第四节　计算机犯罪和计算机病毒防治

计算机犯罪是指行为人故意实施以计算机资源为对象或者以计算机为工具危害计算机产业的正常管理秩序，违反计算机软件保护及信息系统安全保护制度等法规，侵害有关计算机权利人的利益以及其他危害社会、情节严重的行为。

一、计算机犯罪的特点

与传统犯罪形式相比，计算机犯罪具有以下明显特点：

(1)犯罪方法新。犯罪分子大多采用先进的电子扫描、电子跟踪等技术手段或方法。

(2)作案时间短。犯罪分子只需要向计算机输入相关命令，就可以在很短的时间里(甚至在瞬间)完成犯罪。

(3)不留痕迹。使一般人很难觉察到计算机内部软件上发生的变化，在受理的这类案件中，侦查工作和犯罪证据的采集都非常困难。

(4)内部人员犯罪比例增加。作为专业操作人员和技术维护人员，他们熟悉业务，了解系统的薄弱环节。他们或出于报复，或为了达到个人获利的目的，破坏本单位和行业内其他单位计算机系统；或从事盗用系统资源、虚设账目、挪用资金等活动。

(5)犯罪区域广。计算机犯罪不受地域空间的限制。通过计算机网络可从远端进行威胁或者攻击，涉及范围、影响极大。

二、计算机犯罪的主要防范措施

面对日益猖獗的计算机犯罪，必须采取综合措施，打击和防范并举，将犯罪减少到最低限度。计算机犯罪的主要防范措施包括：

(1)提高计算机技术防范能力。采取保护措施使计算机免受罪犯的破坏、侵袭、利用。目前的主要做法包括建立防火墙、安全检查、加密、数字签名以及内容检查等措施。

(2)建立计算机系统的安全措施。主要包括计算机房和数据库必须设置警卫看守、重要程序和软件资料应该拷贝备份、程序和资料进出计算机房时应填写登记簿、建立责任制度。

(3)建立计算机系统的稽核措施。对计算机安全控制措施进行评估是计算机安全监察的重要方法。

(4)建立对重点部门的稽查机制。公安机关要切实担负起对重点部门，特别是金融部门的计算机信息系统安全的监督、检查及管理职责，要督促他们建立计算机安全组织，强化安全技术防范措施，落实管理责任制，并定期进行安全检查。

(5)建立健全打击计算机犯罪的各种法律、法规及规章制度。此外，还应该开展计算机道德和法制教育，加强公安人员有关科技知识的培训，提高其侦破计算机犯罪的能力。

三、计算机病毒的定义

对于计算机病毒的定义，不同的国家、不同的专家从不同的角度给出的定义也不尽相同。我国1994年2月18日颁布的《中华人民共和国计算机信息系统安全保护条例》第28条中指出："计算机病毒，是指编制或者在计算机程序中插入的破坏计算机功能或者毁坏数据，影响计算机使用，并能自我复制的一组计算机指令或者程序代码。"此定义在我国具有法律性、权威性。

四、计算机病毒的类型

如果按照计算机链接方式划分，可以将计算机病毒分为：

(1)原码型病毒。该类病毒攻击高级语言编辑的程序，在程序编译之前插入原程序当中，经编译后成为合法程序的一部分。

(2)嵌入型病毒。这种病毒是将自身嵌入现有的程序中，把计算机病毒的主体程序与其攻击的对象以插入的方式链接。这种计算机病毒通常较难编写，一旦侵入程序体后难以被消除。

(3)外壳型病毒。外壳型病毒将其自身包围在主程序的四周，对原来的程序不做修改。这种病毒较为常见，易于编写和发现，只需要测试文件的大小即可。

(4)操作系统病毒。病毒利用自身的意图加入或者取代部分操作系统进行工作，具有很强的破坏力，可以导致整个系统瘫痪。

按照计算机病毒的激活时间，可以分为定时病毒和随机病毒。前者仅在某一特定时间发作，后者通常不通过时钟来激活。如果按照传播媒介，则可以分为单机病毒和网络病毒。单机病毒的载体是磁盘，而网络病毒的传播媒介是网络通道，后者的传染能力更强，破坏力更大。

五、计算机病毒的特性

计算机病毒是计算机犯罪的一种新的演化形式，已经成为危害计算机信息系统安全的最危险因素。据不完全统计，至今已发现四万多种计算机病毒，每年造成的损失高达一亿多美元。

计算机病毒一般具有以下特性：

(1)程序性(可执行性)：计算机病毒是一段可执行程序，但它不是一个完整的程序，而是寄生在其他可执行程序上，因此它享有一切程序所能得到的权力。病毒运行时，与合法程序争夺系统的控制权。

(2)传染性：传染性是病毒的基本特征。计算机病毒会通过各种渠道从已被感染的计算机扩散到未被感染的计算机，在某些情况下造成被感染的计算机或网络工作失常甚至瘫痪。

(3)寄生性(依附性)：病毒程序通过修改磁盘扇区信息或文件内容并把自身嵌入其中的方法传染和扩散病毒，被嵌入的程序叫做宿主程序。病毒依赖于宿主程序的执行而生存，这就是计算机病毒的寄生性。病毒侵入宿主程序中后，对其进行一定的修改，宿主程序一旦执行，病毒程序就被激活，从而可以进行自我复制和繁衍。

(4)隐蔽性：计算机病毒一般是具有很高的编程技巧、短小精悍的程序。通常附在正常程序中或磁盘较隐蔽的地方，也有个别的以隐含文件形式出现。

(5)潜伏性：一个编制精巧的计算机病毒程序，可以长时间隐藏在合法文件中，对其他系统进行传染，而不被发现。

(6)触发性：病毒因某个事件或数值的出现，诱使其实施感染或进行攻击的特性称为可触发性。病毒具有预定的触发条件，这些条件可能是时间、日期、文件类型或某些特定数据等。

(7)破坏性：所有的计算机病毒都存在一个共同的危害，即降低计算机系统的工作效率，占用系统资源，其具体情况取决于入侵系统的病毒程序。

(8)变种性(衍生性)：一种病毒可以被其他掌握其原理的人以其个人的企图进行任意改动，从而又衍生出一种不同于原版本的新的计算机病毒，这就是计算机病毒的变种性。

六、计算机病毒的检测方法和工具

计算机病毒的检测方法主要有直接观察法和解剖法两种类型。所谓直接观察法，是指通过直接观察计算机系统是否出现某些染毒特征的异常现象(包括系统引导异常、文件异常、设备异常等)来判断该系统是否感染了病毒。病毒程序或者被病毒感染的程序通常具有某些解剖性特征，解剖法就是通过利用Pc—TOOLS、DEBUG等工具性软件对这些解剖性特征进行检测，从而检测出计算机系统是否已经感染病毒。

计算机病毒的检测工具主要有通用检测工具和专用检测工具两种类型。通用检测工具包括PCTOOLS，DEBUG和Norton Utilities等，它们主要依靠检测计算机病毒特征(感染标志)或者病毒代码特征来检测计算机是否染上病毒。常用的计算机病毒专用检测工具有SCAN，CPAV，MSAV，NEV和DUCK软件、病毒疫苗软件和读/写控制软件等。

七、计算机病毒的预防与清除

了解了计算机病毒的特性后，就要提高对病毒的警觉，针对其特性防患于未然。计算机病毒的预防可分为两种：管理上的预防和技术上的预防，这两种方法是相辅相成的。

(一)管理上的预防

对计算机病毒的预防最重要的是思想上要重视，计算机用户和单位领导都应保持忧患意识，健全并严格遵守防病毒的制度和管理措施，以下几点应重视：

制定相应的规章制度，采取必要的措施，如所有在医疗信息网上的工作站不安装软驱、光驱，整个院内医疗信息网不能与外部网有物理上的联结等。

对新购置的计算机系统或计算机软件用检测病毒软件检测，证实没有病毒传染和破坏迹象后再实际使用。

常备一张真正“干净”的引导盘，以备今后查、杀病毒或在相应场合作启动引导盘。

定期备份系统重要数据和重要文件。即使在清除病毒时，也应先备份系统重要数据和要杀毒的文件，以备杀毒失败，使系统恢复原貌。

对重点保护的机器应做到专机、专人、专盘、专用，封闭的使用环境中是不会自然产生计算机病毒的。

(二)技术上的预防

(1)软件预防。通过采用病毒预防软件来防御病毒的入侵。安装病毒预防软件并使其常驻内存后，就可以对侵入计算机的病毒进行及时报警并终止处理，从而达到不让病毒感染的目的。

(2)硬件预防。采用的主要硬件预防方法包括设计病毒过滤器、改变现有系统结构、安装防病毒卡等硬件。

(3)加强管理。这样做既可以控制病毒的产生，又可以切断病毒的传播途径。

第五节　防火墙技术

近年来，随着网络技术的飞速发展，网络信息量在扩大，开放性在增强，网上的许多重要信息和保密数据随时有可能遭到各种有意或无意的攻击，如果不采取必要的安全措施加以自我保护，后果不堪设想。人们采用了许多安全技术来提高网络的安全性，最具代表性的安全技术有：数据加密、容错技术、端口保护与主体验证及防火墙(firewall)技术。其中，防火墙技术是近年来提出并推广的一项网络安全技术。

一、防火墙的概念

从网络安全角度讲，防火墙是一种安全有效的防范技术，是访问控制机制、安全策略和防入侵措施。它是通过在内部网和外部网之间的界面上建立起来一个相应的网络安全监测系统来隔离内部和外部网络，强制所有的访问或连接都必须经过这一监测系统的检查和连接，以确定哪些内部服务允许外部访问以及允许哪些外部服务访问内部服务，只有被授权的通信才能通过，从而阻挡外部网络的非法入侵，达到保护内部网的目的。

二、防火墙的类型

不同类型的防火墙采用了不同的工作原理和实现技术，在选择时，应根据自己内部网的具体系统情况和现实的服务需求，确定所需防火墙的安全准则并了解相关产品的工作原理。下面介绍几种常用的类型。

(一)包过滤

包过滤技术是在网络层中对数据包实施有选择的通过。包过滤器是一种基于过滤规则的数据包过滤设备，安装在路由器上，能检查、限定外部网流向内部网的数据包。目前多数路由器设备都具有一定的包过滤功能。如果防火墙设定某一IP地址的站点为不适宜访问的话，从这个地址来的所有信息都会被防火墙屏蔽掉。在使用包过滤技术的情况下，内部网服务器可直接访问外部网，而外部网上的主机对内部网的访问则要受到限制。包过滤一个关键的弱点就是不能在用户级别上进行过滤，没有用户的使用记录，即不能记录网络内部的访问，不能鉴别不同的用户和防止IP地址被盗用，因此安全性较差。

(二)应用网关技术

应用网关技术是建立在网络应用层上的协议过滤、转发技术，主要采用应用协议代理服务来实施安全策略。应用网关有时也被称为代理服务器，通过在服务器上运行代理的服务程序，直接对特定的应用层进行服务，其核心是运行于防火墙主机上的代理服务器进程。

应用级网关比单一的包过滤更为可靠，能完全控制网络信息的交换，控制会话过程，具有很高的安全性。但该方法对每一个请求都必须建立两个连接(一个到客户端，一个到服务器)，会严重影响网络的性能。

(三)状态监控技术

状态监控技术是第三代网络安全技术(包过滤路由器为第一代，应用网关、代理服务为第二代)，克服了以上两种方法的缺点。这种防火墙具有非常好的安全特性，它使用了一个在网关上执行网络安全策略的软件模块，称之为监测引擎。

监测引擎在不影响网络正常运行的前提下，以抽取数据的方式对网络通信的各层实施监测，抽取状态信息，并动态地保存起来作为以后执行安全决策的参考。这种防火墙的优点是一旦某个访问违反安全规定，就会拒绝该访问，并报告有关状态作日志记录。另一个优点是它会监测无连接状态的远程过程调用(RPC)和用户数据报(UDP)之类的端口信息，通过对各层进行监测，保证网络安全。但是它会降低网络的速度，而且配置也比较复杂。

三、防火墙的选择

防火墙系统可以说是网络的第一道防线，用户在购买或配置防火墙时，先要对自己的安全需求做出分析，明确自己将要安装的防火墙系统应具备哪些基本功能。选择防火墙时，主要有如下因素值得考虑：

1. 优良的性能

防火墙系统不仅应该能够更好地保护内部网络的安全，而且应该具有更为优良的整体性能，把高速的数据和最大限度的安全有机结合在一起，有效地消除瓶颈。

2. 可扩展的结构和功能

应该具有可扩展的内驻应用层代理，除了支持常见的网络服务以外，还应能够按照用户的需求提供扩展的代理服务。

3. 方便的安装与管理

防火墙产品配置和管理的难易程度是防火墙能否达到目的的主要考虑因素之一。实践证明许多防火墙产品未起到预期作用的一个不容忽视的原因在于配置和实现上的错误。

四、防火墙自身的安全性

防火墙也是网络上的主机之一，也可能存在着安全问题，因此防火墙自身应有相当高的安全保护。防火墙产品市场上的主流产品仍为国外产品，近年来较著名的防火墙产品厂商有 Checkpoint、Software Technologies，Trusted Information System Corporation(TIS)和 Border Network Technologies Corporation(BNT)等，其中 Checkpoint 的 Firewall—I、TIS 的 Gauntlet、BNT 的 Border Wall 等都是在技术上比较优秀的防火墙产品。国产防火墙作为新兴的产品正在追赶国外先进水平。是否获得国内有关部门许可，是防火墙合格与销售的关键要素。相关证书包括：公安部的销售许可证、国家信息安全测评中心的认证证书、总参的国防通信入网证等。

第六节 建立完善的立体的安全保障体系

计算机网络不安全因素涉及方方面面，从其表现形式上看，自然灾害、意外事故、硬件故障、软件漏洞、人为失误、计算机犯罪、“黑客”攻击、内部泄露、外部泄密、信息丢失、电子谍报、信息战、网络协议中的缺陷等人为和非人为的情况，都是对计算机网络安全的重要威胁，所以单一的安全措施是不能完成网络安全保障的，必须建立一套立体的安全体系。该体系包括：设备安全系统、防火墙系统、防病毒系统、数据备份和恢复系统、访问控制系统、安全管理制度等。防火墙及病毒前面已介绍过，这里简单介绍其他几种。

一、设备安全系统

所有的中央设备应设置两套，如服务器、主交换机等，要保证在紧急情况下能够依靠备用设备运行。设备安全保护还包括设备的防雷、防电磁信息泄露、防线路截获、抗电磁干扰及电源保护等方面。本节主要介绍电源保护、接地系统和防雷系统：

1. 电源保护的安全

计算机系统对所供电源的质量和连接性要求是很高的，为了保持电源的可靠性，应当采用不间断电源(UPS)或备用发电机组。一旦断电，UPS 就会利用自身的电池给计算机系统继续供电。

2. 静电防护

防静电是计算机房建设不可忽视的问题，静电会影响磁盘设备故障，严重损坏磁媒介上所存储的数据。机房要求有一个良好的接地系统，要求与大多数电子设备接地要求相似，其接地电阻要求在 4 欧姆以下。

3. 防雷系统

雷害是计算机网络系统不可忽视的灾害，特别是南方地区。雷侵入计算机信息系统的途径主要有三条：电源馈线侵入、信息传输通道线侵入、地电位反击。要防止计算机信息系统遭到雷害，不能指望避雷针，因为避雷针不但不能保护计算机系统，反而增加了计算机系统的雷害。要根据被保护设备的特点和雷电侵入的不同途径，采用相应的防护措施，分别安装通信接口防雷保安器、电源防雷保安器及接地线。

二、数据库备份与恢复系统

数据库的备份与恢复是数据库管理员维护数据库安全性和完整性的重要操作。针对不同数据库系统的实际情况，大致有三种主要备份策略，分别是只备份数据库、备份数据库和事务日志、增量备份。

1. 备份数据库

根据关系数据库的特点，用户不难判断如果只备份数据库而不备份事务日志，则当数据库出现意外以后，用户最多能够把数据库恢复到上一次备份操作结束时的状态。上次备份结束以后的所以数据库修改将会丢失。

2. 备份数据库和事务日志

通过备份数据库和事务日志可以在意外发生时有效地实现数据库的恢复。所有在意外发生时已经完成的事务都将恢复，而且可以要求精确恢复数据库状态到意外发生前多少分钟的情况。

3. 增量备份

增量备份是一种可以增加备份操作速度，从而减少备份时间的备份策略。增量备份同全面备份不一样，增量备份只备份自上次全面备份以来，数据库发生的一系列新的变化。增量备份与数据日志也有所不同，增量备份无法将数据库恢复到出现意外前某一指定的时刻，它只能将数据库恢复到上一次增量备份结束的时刻。

4. 综合数据备份方案

一般说来，综合使用全面数据库备份、增量备份和事务日志备份可以大大提高数据库系统的安全性，将丢失数据的风险降低到最小。

三、访问控制系统

访问控制是网络安全防范和保护的主要策略，其目的是防止对网络资源进行未授权的访问。如在院病人的病程记录只有经管医师和上级医师有权书写、修改，而且一旦病人出院任何人无权再修改病历，因此只授予医生管理在院病人的权利。通常是通过系统管理员根据用户的使用权限进行不同等级的划分，每个用户有自己口令，通过口令对用户身份进行鉴别。

四、建立安全管理制度

1. 建立信息网络安全管理制度

建立信息网络安全管理制度是一切网络安全技术应用的基础和根本保障，实践证明建立以下制度是非常必要的。

(1)信息网络系统出入管理制度；

(2)信息网络系统各工作岗位的工作职责、操作规程；

(3)信息网络系统升级、维护制度

(4)信息网络系统工作人员人事管理制度；

(5)信息网络系统安全检查制度；

(6)信息网络系统应急制度；

(7)信息网络系统信息资料处理制度；

(8)信息网络系统工作人员安全教育、培训制度；

(9)信息网络系统工作人员循环任职制度。

2. 安全管理工作要点

(1)单位最高领导要重视网络安全问题；

(2)严格监督规章制度的执行情况；

(3)加强对计算机工作人员的安全教育；

(4)加强安全检查并进行科学的评估。

计算机信息网络安全管理人员要定期检查各种安全防范措施，在检查过程中要特别注意安全防护设备的可靠性，防灾、减灾设备的功能完好性，安全保卫部门的应变能力等。对检查结果应及时进行认真科学的评估，指出不安全因素，提出防治措施，限期消除。

此外，逐步增加资金投入，进行必要的基础安全设施建设，是保证计算机信息网络安全的基础。安全防护设施滞后于安全要求的客观事实，要求计算机信息网络应用单位不断投入资金，逐步强化安全设施，资金投入要视情况量力而行。

五、医院信息安全保障体系

（一）建立健全安全风险评估机制

建立信息系统的安全风险评估机制，是确保医院信息系统安全、稳定运行的基础。考虑到医院在信息安全技术及人才方面相对匮乏的现状，在安全风险评估机制的建立上，建议采取与专业安全服务机构长期合作的策略，积极利用其在安全风险评估技术及方法等方面的优势，结合医院信息系统安全实际，建立起符合信息安全要求的风险评估与管理机制，不断研究和发现信息系统存在的漏洞、缺陷以及面临的风险与威胁，并积极寻找相应的补救方法，力求做到防患于未然。

（二）强化安全技术保障

安全技术是指为了保障信息的完整性、保密性、可用性和可控性而采用的技术手段、安全措施和安全产品。根据信息安全等级保护要求，安全技术应从物理安全、网络安全、主机安全、应用安全、数据安全及备份恢复等方面进行相应的强化，尤其针对医院患者隐私保护需要建立有力的技术保障。

（1）物理安全：物理环境安全的目的是保护医院网络中计算网络通信有一个良好的电磁兼容的工作环境，并防止非法用户进入计算机控制室和各种偷窃、破坏活动的发生。应在防盗窃安全、硬件设备访问安全、防水防火、电力供应、温控、电磁防护等方面进行保护。

针对目前医院信息物理环境的现状，可使用不间断电源、建立双路供电保障、设置应急发电机，保证服务器 24 小时不间断供电，防止因停电造成医院信息系统服务中断和数据库损坏；安装和使用安全的防静电及避雷设施，保证医院空调系统正常运行等。

（2）网络安全：为防范来自互联网的病毒和黑客侵入造成的危害，应对医院内部信息系统和外部互联网实行物理隔离，同时对内部局域网中的医疗网络系统和办公网络系统进行物理分割，封闭医疗网络系统中所有对外的接口，防止黑客、外部攻击，避免病毒的侵入。

安装网络监控软件系统，实时监控和记录系统包括各个终端的运行情况，防止非法用户侵入系统。与此同时，强化行为管理，对网络行为、各种操作进行实时的监控，对各种行为进行分类管理，规定行为的范围和期限；另外安装和使用有效的网络防病毒软件，周期性地对网络系统中的程序进行实时监控和检查。

（3）主机安全：为保证操作系统的安全，应及时下载并安装系统补丁，不断完善医院主机操作系统；选择和使用更为安全的数据库系统，并制定严格的数据库操作规范和管理制度。

(4)应用安全：根据卫生部颁发的《卫生系统电子认证服务管理办法(试行)》，“凡涉及国家安全、社会稳定、公众利益等方面的各类重要卫生信息系统，应当按照国家法律法规、信息安全等级保护制度等要求，采用电子认证服务，解决身份认证、授权管理、责任认定等安全问题”。

医院信息系统涉及患者的基本信息、病情病理等敏感信息，因此应该基于第三方电子认证服务，基于数字证书建立统一的医院数字身份管理机制，并且依托数据加密和数字签名技术来构建医院信息系统中安全可靠的数据保护和责任认证机制。

(5)数据安全及备份恢复：医院信息管理系统应该具备完善的数据备份恢复机制。数据备份应包括硬件物理容错和软件级数据备份，可以从构造双机容错系统、数据库的备份、网络故障和灾难恢复等几个方面构建数据备份恢复机制。

(6)隐私保护技术保障：隐私保护是医院信息安全保障体系需要解决的一个重要问题。患者隐私保护应从患者同意；匿名化服务；根据病种、角色等多维度授权；关键信息(字段级、记录级、文件级)加密存储等方面进行考虑。采取的技术保障手段包括以下方面：

①身份保护和鉴别：在医院信息平台环境下，应为患者建立个人信息数据库(包括姓名、性别、出生日期、民族、婚姻状况、职业、工作单位、住址、有效身份证件号码、社会保障号码或医疗保险号码、联系电话等)，授予其唯一标志号码并确保与患者的医疗记录。应为操作人员提供专有的身份标志和识别手段，并设置相应权限；操作人员对本人身份标志的使用负责。

②身份管理服务：为更高层次医院信息服务提供身份认证基础服务，例如用户注册、认证、授权，其中包括用户的唯一标志、查找用户的标志，挂起/取消用户访问权。

③访问控制：对操作人员的权限实行分级管理，保护患者的隐私。医院信息系统应当设置医务人员审查、修改的权限和时限、实习医务人员、试用期医务人员记录的病历等医疗数据，应当经过在本医疗机构合法执业的医务人员审阅、修改并予电子签名确认。医务人员修改时，医院信息系统应当进行身份识别、保存历次修改痕迹、标记准确的修改时间和修改人员信息。

④加密服务：在医院信息平台环境中，加密服务包括密钥管理、数据库加密以及数据存储加密三方面内容。密钥管理是指创建和管理数据存储的加密密钥；通过数据库加密对数据库表中的数据字段(列)和记录(行)加密以保护电了病历以及医院信息系统中患者隐私数据；通过数据存储加密指加解密文件和其他数据块，用于保护在联机存储、备份或长期归档中的数据，从而实现关键信息(字段级、记录级、文件级)加密存储。

⑤数字签名：在医院信息平台环境中，医务人员采用身份标志登录电子病历等系统完成各项操作后，系统应当要求医务人员对其操作行为进行电子签名，保证有效的责任追溯。

⑥匿名化服务：包括患者的隐私和安全保护，确保在信息平台中以及提供正常医疗服务以外的平台(例如医疗保险等)传递中使用的资料不向非授权用户透露患者的身份。

⑦应用审计：在医院信息平台环境中提供对每个事务所涉及的系统、用户、医护工作者、患者/居民、医疗数据等的审计报告功能。

⑧许可指令管理服务：在医院信息平台环境中应设置许可指令管理服务。对于由立法、政策和个人特定许可指令带来的隐私调阅要求，在提供访问或传输患者电子病历等医疗数据之前，通过许可指令管理以确定患者或个人的许可指令是否允许或限制这些医疗数据的公开。

（三）加强安全管理机制建设

整个信息安全保障体系的建设过程都离不开信息系统内部的安全管理，安全管理贯穿安全技术和安全服务的整个过程，并对维持信息系统安全生命周期起到关键的作用。

安全管理的内容包括安全技术各个层次的管理，也包括对安全服务的管理，同时也包括安全策略、安全机构、人员安全管理、应用系统安全管理、操作安全管理、技术文档安全管理、灾难恢复计划等各个方面。

（1）制订医院信息安全建设规划。加强医院信息系统安全建设是一项艰巨的系统工程，不可能一蹴而就，涉及资金投入和产出的效益关系问题，因此，应该制订医院信息安全的中长期建设规划，分清主要和次要矛盾，制定不同阶段目标和任务，逐步加以建设和完善。

（2）建立和完善医院信息安全管理组织与制度。一是建立医院信息安全管理组织，设立专职的安全管理人员，对那些给医院信息安全带来严重隐患的行为和人员进行重点管理和监督；二是健全有关规章制度，要根据具体的实际情况，对不同类型、不同敏感度的信息，规定合适的管理制度和使用方法，禁止不良信息的传播。

（3）加强职工系统安全知识宣传、教育和培训。目前，由于内部员工的安全意识还相对淡薄，在实际工作中，还存在着私自访问不安全网站，下载和安装与工作无关的软件，私自接入不安全设备等问题，这些都给医院的信息系统造成了极大的安全隐患和威胁。因此，医院要下大力气做好医院职工信息系统安全知识的宣传教育和培训工作，使职工自觉遵守医院信息管理的各项规定，保证信息系统安全。

（4）严格身份认证与授权。针对信息系统用户需求，严格区分各个用户以及不同级别的用户组授权，采用更加安全的强身份认证机制，对用户实行身份和操作的有效性和合规性检查。

（5）完善应急管理措施以及事故处置预案。制订可靠实用的应急预案，并对相关工作人员进行专门培训，使每个人都熟悉应急流程和应急措施，确保灾难发生时，损失能降至最低。应急措施中还应该包括恢复手工操作的各项物资准备，如在门诊和病房准备手工处方、申请单、领药单，在药房设立查询药价的便携电脑等。

（6）定期进行应急演练。为检验应急方案的针对性和实用性，尽可能地减少安全事故造成的损失，医院应定期进行应急方案的演练，查找问题，加以整改。总之，随着医院信息化建设的不断推进，信息系统的安全问题日益突出。只有从安全风险评估机制、安全技术保障和安全管理机制三个方面高度重视、不断提高，才能保障医院信息系统能够全面、长期地处于较高的安全水平，从而保障医疗和管理工作的顺利开展。

思考题

1. 简述计算机系统安全的内涵。

2. 计算机网络安全的管理策略有哪些？
3. 信息安全技术有哪些？
4. 如何建立信息网络安全管理制度？
5. 简述医院信息安全保障体系。

第十二章 信息法规与信息伦理

第一节 信息政策与法规

一、信息政策与法规概述

信息政策与法规是社会范围内信息活动保障协调机制的具体表现，是由不同调节范围的不同主体制定和实施的、作用于不同调节对象的信息政策、信息法规、条例及规章等的统称，是一个国家为开发信息资源，发展信息产业，协调信息利用而采取的措施和战略。信息政策与法规的总目标是为了确保在发展和使用信息过程中信息政策法规能够协调各方面利益关系，追求信息利益最大化，从而实现信息经济和社会的协调发展。

由于信息政策本身的复杂化和多元化，国内外学者对信息政策的含义有不同的理解，最具代表性的有：

比较典型的狭义的信息政策是与政府信息相关的，安德森和道斯（Andersen and Dawes）等认为信息政策是政府人员，机构和信息系统为了适应快速变动的信息环境所采取的信息措施，并利用信息进行决策。

广义的信息政策则涉及信息循环的整个过程，美国布拉曼（Braman）认为信息政策是指能够影响社会范围内信息创造、处理、流通、获取及使用等决策或实践的法律、条例及教条的集合。

美国的 F. W. 温格顿（Weingarten）则认为信息政策是用以鼓励、限制或规范信息的使用、获取、传播及交流等的一切公共法律、条例和政策集合。

我国卢泰宏教授提出信息政策是指国家用于调控信息业的发展和信息活动的行为规范的准则，它涉及信息产品的生产、分配、交换和消费等各个环节以及信息业的发展规划、组织和管理等综合性的问题。

结合国内外的权威论述，这里表述为：信息政策（Information Policies）是国家用于调控社会信息活动，管理和发展信息事业、产业的政策、法律和条例等，涉及信息从创造、处理、获取，到传播、交流等一系列过程。信息政策通常包括以下领域：文化，政府信息的传播，信息获取的自由，个人隐私的保护，知识产权，公民的信息权利等。

信息法规与信息政策有着密切的联系，乌家培教授指出信息法（Information Rules）由信息法律和信息规章制度共同构成，即信息法规是另一种信息活动的调控手段，是调整信息活动中的各种社会关系的法律规范、规章制度的总称。它与信息政策既有联系又有区别。

(一)主要区别

(1)本质不同。信息政策制定主体一般是国家机关、政府或组织，代表着政策制定者的利益和意志，侧重于为社会信息活动提供具有导向性的行为准则，而信息法规的制定主体则是具有立法权的国家机关，侧重于贯彻国家意志，具有强制性。

(2)调控方法不同。信息政策侧重于利用导向功能，运用行政手段鼓励和支持社会的信息活动以实现信息政策目标。信息法规则侧重于制约功能，运用法律手段规范信息行为，调整社会信息关系以稳定信息秩序。

(3)调节范围不同。信息政策是政府或组织针对某个问题或某个行业提出的政策性指导，执行过程中较为灵活，并且随着信息环境的变化而不断完善，所以可以涵盖信息领域的各种关系，而信息法规的制定是由国家立法机关依照法律程序制定的，具有明确性和稳定性，调节范围相对狭窄。

(二)主要联系

(1)信息政策是信息法规的基础，对信息法规具有指导作用。

(2)信息法规是信息政策的升华，科学的信息政策应当有信息法规的制约。它们共同构建、调节并维护信息社会的秩序，保障信息活动有序有质地进行。

二、信息政策与法规的特点

现代社会的信息活动都是在信息政策的宏观指导下进行的。信息政策作为人类开展信息活动的原则和指导方针，具有以下一些特征：

1. 信息政策的战略指导性

政策要涉及信息事业和产业发展全过程以及不同层次与环节，要确定信息事业和产业的总体格局与方针，从而指导整个信息活动的战略和策略原则，引导社会信息活动顺利进行。

2. 信息政策的多样性

信息政策的主体具有多样性。信息政策的主体涉及社会的各个方面，从国家到地方政府，从政府的各个行业主管部门到社会团体以及公司企业，只要把信息问题政策化，就有可能提出各种政策方案，实施各种政策措施。

3. 信息政策的动态变化性

政策不仅仅是一个文件的文本，其执行过程是一个解决和处理社会问题的过程。作为一定时期内为实现某一现实目标而制定的信息政策，可能会随着时间的推移，社会信息环境的变化等过时，因此，信息政策必须根据变化的情况，经常调整、完善，以适应社会信息的发展需要。

4. 信息政策的目的性

信息政策与其他政策相比，具有更强烈的目的性。这主要表现在：信息政策的目标不仅在每一个信息政策的文本中占有重要地位，而且在信息政策的实践中也起着唯一的导向作用。任何信息政策都必须阐明其目标，不同的信息政策具有不同的目的。目标不明确或目的相混淆，都会造成信息政策的失误，给社会信息事业带来副作用，甚至导致信息环境的混乱。

信息法规，是国家权力机关通过一系列立法程序最终制定的，是靠国家强制力保证实施的行为规范，这一特性注定了其严肃性和约束力的特点，具有普遍约束力，明确性，稳定性和执行的强制性，更能够有效地调整信息活动中的权利义务关系。相比之下，制定程序相对简单，内容原则及解释余地广泛，变异性较大的信息政策，无法提供像法律那样的信任度、可靠性和强制力。

信息法规是信息政策的规范化、条文化，信息法规比信息政策更成熟，一般信息政策要几经推敲，反复修改，不断实践补充，才可以条文化和规范化，因此信息法规更有权威性和科学准确性，也能更好地调节相应的信息活动的权利义务关系。

信息法规的具体、明确特性也使得它操作性较强，其调整的法律关系也比较具体，法律规范能合理正确地规定信息主体的具体权利义务关系，且通过具体法律条款规定经费、结构、人员、设施的比例和条件，使之具有可依据的准则和方法。而信息政策则相对来说较笼统抽象，可操作性较差，不宜掌握和实际运用。

三、信息政策与法规的体系结构

信息政策与法规的体系结构是在实践中不断发展的，其内容随着社会信息化、国家信息事业、产业发展的重点不同而调整、完善。

(1)以适用区域、作用范围的不同，信息政策法规可划分为国际信息政策法规、国家信息政策法规、地方信息政策法规、组织信息政策法规等。

国际信息政策法规作用范围最广，是对世界各国和各地区的信息活动、信息产业发展所制定的政策与法规总和，主要目的是协调和规范各国和各地区之间在信息事业发展方面的关系。

国家信息政策法规是由国家制定的，指导全国的信息产业的发展，其内容能够反映国家对本国信息工作、信息产业或引导或扶植的态度，从而在很大程度上影响着本国信息工作、信息产业的发展；地区信息政策法规则是在国家信息政策的指导下，依托于本地区社会信息发展现状，为了引导及规范本地区的信息活动而制定的一系列政策、规定、条例等。地区信息政策法规的制定有一定的灵活性，地方政府可以根据地区发展特色制定符合本地区的信息政策。

组织信息政策法规的作用范围更窄，它是不同的组织根据其需要制定的作用于组织内部的信息政策法规，包括信息搜集、信息传播、信息服务、信息共享等方面的规章制度以及相关的激励和处罚条例。组织信息政策法规只在本组织范围内有效，而组织也完全可以根据本组织的需要，随时增加、删减或修改信息政策法规的内容，尽管组织信息政策法规的制定和实施有很大的自主性和随意性，但是其内容必须符合所在国家和地区信息政策法规的相关规定和要求。

(2)以不同层次划分，信息政策法规可分为产业信息政策法规、机构信息政策法规与社会信息政策法规。产业信息政策法规即为规范信息部门的发展而制定的，机构信息政策法规则是为了调控内部的信息利用，社会信息政策法规旨在调节社会范围内大众对信息的利用。

(3)以内容划分，信息政策法规可分为信息产业政策法规、信息市场政策法规、信息资源政策法规、信息人才政策法规、信息安全政策法规、信息标准化政策法规、信息技术政策法规等。

第一，信息产业政策法规。信息产业政策法规是对信息产业的各个行业的生存及发展进行调控，主要涉及信息设备制造业法和信息服务业法，前者包括计算机生产业、通信设备生产业、信息工程建设等方面的法律法规和条例等，而后者则包括信息提供业、信息处理业、软件开发、电信服务业、咨询业、互联网服务业、公共服务业等方面的一系列法律法规和条例。

第二，信息市场政策法规。对于信息市场，光靠市场的手段任其发展是需要付出很大代价的，所以要制定适用于信息市场的政策法规，加强对信息市场的规范化管理，确定信息商品的价格，确保信息商品的质量，制定信息交易的规则等。

第三，信息资源政策法规。可以分为两部分，一是用于调整信息资源本身的政策法规，如对政府信息、网络信息、技术信息等信息资源的利用进行调整的政策法规。二是用于调整信息资源相关的各种信息行为的政策法规，这涉及信息活动的各个环节，包括从信息的搜集、传递、组织、公开到信息的处理、分析、利用等各方面进行调控的政策法规。

第四，信息人才政策法规。信息人才是信息产业发展的重要保障。对生产和提供信息服务、产品的人才的引进、培养、考核等进行调控，有利于保障信息活动发展的人力资源支持。信息人才政策法规主要包括信息人才教育、信息生产者资格认定、信息经营者资格认定、信息人才业务兼职、信息机构中信息人员聘任、考核等方面的法律法规和条例。

第五，信息安全政策法规。随着信息技术的普及，信息的安全保密日益困难，为了保证信息活动的顺利开展，保障信息生产者和利用者的合法利益，在信息安全方面制定相关政策法规是必要的。信息安全政策法规包括保守国家秘密、档案管理、隐私权保护、科学技术保密、计算机信息系统安全以及信息网络安全保护等方面的法律法规和条例等。

第六，信息标准化政策法规。社会信息化发展的背景下，对信息活动各方面进行标准化调控是必不可少的。主要包括一些技术标准、行业标准等方面的政策法规。

第七，信息技术政策法规。在我国目前的背景下，为了促进信息技术的发展，必须制定信息产品、服务和利用等方面的政策法规，明确信息技术在经济与社会发展中的地位和作用，确定信息技术的发展方向，制订切实可行的发展规划，对发展信息技术的战略目标、战略步骤、基本方针等做出规定，我国的信息技术政策法规主要包括信息技术的评估、信息技术发展规划和战略，特别是计算机、软件、通信系统等方面的法律法规和条例等。

当然，以上对信息政策法规体系的划分并不是绝对的，还包括知识产权政策法规等，各个领域的法律法规和条例相辅相成，共同构成我国的信息法律体系。

四、信息政策与法规的制定原则

1. 环境因素原则

制定信息政策的依据是信息产业的自身性质、特点和发展规律，还必须考虑环境因素的影响，制定出来的信息政策，才具有可行性和可操作性。最基本的环境因素就是国情，即一个国家的社会制度、经济基础、科技水平、自然条件、文化传统及国民素质等。此外还有地区、部门和基层单位的实际情况。制定国家信息政策要统筹兼顾，全面考虑各方面的环境因素。地区的、部门的和基层单位的信息政策则要考虑所在地、部门和单位的小环境，从实际出发来制定政策。

2. 需求原则

制定国家信息政策要以国家科技、经济发展的需要和社会多方面的信息需求为依据，既要反映当前的需求，又要考虑到今后发展的需求。制定地区的、部门的和基层单位的信息政策则应摸清自己的用户群体(包括团体的和个体的用户)的状况，了解用户随时随地变化的需求，从国家和社会发展的需要以及用户的需求出发来制定信息政策。

3. 原则性与灵活性相结合的原则

信息工作具有多方面的不确定性随机因素，因此信息政策既要遵循信息工作的一般规律，又要有灵活性，以便能结合当地和当时的实际情况予以贯彻执行。

4. 立足现实与长远发展相结合的原则

我们在制定信息政策法规时，应坚持立足现实与长远发展相结合的原则，从国家基本信息需求水平出发，从国家现实信息管理条件着手，兼顾信息政策法规体系的发展、完善，制定出管理功能不断强化的信息政策法规体系，更好地促进社会信息交流和管理。在结合我国国情基础上，与信息社会发展总目标相一致，与政治、经济、文化等各方面状况相适应，同时，要考虑到信息环境的变化性，在信息社会实践发展中调整信息政策与法规以适应信息管理长期发展的需要。

第二节 信息公开制度

一、信息公开制度的概念

“信息”一词是由英文“Information”翻译而来，也有将其翻译为知识、消息、情报等，信息是通过各种方式可以被传递、传播，可以被声音、图像、文件表征的，并与某些特定的事实、主题或事件相关联的消息、知识或情报。随着社会的发展和科学技术的进步，人类对信息的认识和利用日趋深入和广泛，信息资源的地位与作用日益凸显，信息已成为社会发展中的一个主导因素，其内涵也得以丰富，逐步由技术系统领域迅速应用到社会和人类认识活动中。对于“公开”的解释一般是，“将事情的内容暴露于大众，使秘密成为公开”并且“公开有信”。

1. 政府信息

通常把以政府为主体的一切承担公共事务管理的组织机构(包括行政机关，法律、法规以及规章授权和委托的组织、政府财政拨款的社团组织等公务组织)在行政管理和提供公众服务过程中产生、收集、整理、传输、发布、储存和使用的所有信息，称为政府信息，或称为公共信息。

政府信息/公共信息通常涉及社会政治、经济、文化等方面的内容，通常包括：(1)政府机构信息；(2)政务信息；(3)政策法规信息；(4)为社会各界服务的信息；(5)反馈信息；(6)交流信息。

2. 政府信息公开制度

2007 年 4 月 5 日我国正式发布第 492 号国务院令《中华人民共和国政府信息公开条例》，2008 年 5 月 1 日开始正式实施，这标志着我国政府信息公开步入法制化轨道，条例指出政府机关承担 3 种形式的法律义务，即公开出版或公布，设立查阅点或阅览室，经申请人申请公开信息。

政府信息公开制度的概念有狭义和广义之分，区别在于信息公开主体的不同，狭义上的政府信息公开制度指国家机构中的行政机关及其下属机构依照法定程序公开政务相关信息，公众可通过查询、复制、摘录、观看、下载等形式知悉政府部门所掌握的信息的制度。广义上的政府信息公开制度则认为信息公开的主体，应依掌握公共信息的国家机关的范围来确定，立法机关、行政机关、司法机关及其附属和受其委托行使职权的机关，其他掌握着公共信息资源的企事业单位、社会团体组织等也包括在内，因此，这些信息公开的主体向公众提供与其利益相关的所有信息的法律行为即政府信息公开制度。

所以，政府信息公开的主体有三类：一类是行政机关，即政府及其下属的机构；第二类是法律法规授权的具有管理公共事务职能的组织，如地震局、气象局、银监会等；第三类是与群众利益密切相关的公共企事业单位，像教育、医疗卫生、供水、供电、供气、公共交通等单位。政府信息公开的方式上主要有两种，一是政府主动提供相关信息，二是依申请将其掌握的政府信息予以公开。

3. 政府信息公开制度的具体要求

(1)信息公开的主体必须依职权或者依申请将与公众利益相关的资料和信息向社会公开(尤其是有关许可条件和标准的规定，许可机关应主动通过政府公报或以其他适当方式公开)；

(2)行政许可决定应向社会公开，保障公民的知情权；

(3)必须由许可机关集体作出的重大许可决定，必须自觉地向社会公开其决议过程；

(4)不得侵犯个人隐私，即除法律另有规定外，行政机关在未取得个人的书面同意以前，不能向社会公开关于他的记录。可不予公开的信息应由法律特别规定，主要应限于涉及国家安全、商业秘密、个人隐私等内容。

二、政府信息公开制度实施的意义

信息公开制度是一种承认公民对政府拥有信息公开请求权，政府对这种信息公开的请求有回答义务的制度，作为一种法律制度，它规定了政府机关对特定信息的提供义务和公民对信息公开的请求权利，即任何人都有权请求公开一切政府机关拥有的信息，而无论其与请求信息的利害关系或者信息的使用目的如何。实施政府信息公开制度，在当今信息化时代具有非常重要的时代价值和现实意义。主要从公民个人、政府、社会三个层面描述其意义：

1. 政府信息公开有利于保障公民的个人权利，维护公民的切身利益

宪法规定，国家的一切权力属于人民。宪法赋予了公民多种权利，如政治权利和自由、宗教信仰自由、公民的人身权利等，人民群众对政府行使权力的内容和过程享有知情权、参与权及监督权。这些所有权利的实现依赖于政府信息的公开，没有政府信息的公

开，也就没有公民的知情权，更别谈参与权、表达权及监督权。所以实施政府信息公开制度，可以使公民了解相关法律法规，了解与自身利益相关的决策等。政府信息公开是人民进行行政参与的重要前提，有利于公民获得准确的信息指导，明确享有的权利，并有效地行使权利，保障自身合法权利不受侵犯。

2. 实施政府公开制度，有利于提高政府工作的透明度，防止腐败，并提高行政效率

政府信息公开是防止权力腐败和权力不当行使的重要机制。在信息公开的制度下，使政府处于公众的监督之下，避免“暗箱操作”，减少政府人员利用所掌握的信息为自己或他人牟取不正当利益行为。所以，实施政府信息公开制度，有利于实现廉洁、公开、透明的服务型政府、实现阳光行政、建立反腐倡廉长效机制。

政府信息公开一定程度上可以提高行政效率，一方面，及时的政府信息能为市场提供质量高且准确的信息，使社会充分地利用这一宝贵资源；另一方面，政府信息公开可以减少公众办事的盲目性，增强政府服务的针对性，进而提高其行政效率。

3. 实施政府公开制度，可以有效消除“民怨”，有利于社会稳定

政府与公众之间存在着信息不对称的现象，政府是最主要的信息生产者和发布者，掌握着主要的信息传播渠道并垄断了信息来源，而公民很大程度上只能通过自己识别、过滤来处理信息。如果政府信息公开不够，公民不知情，会埋怨政府，对政府不信任，容易引起社会稳定问题。政府信息足够公开，一方面可以让公众了解国家的发展形势，鼓励社会各界齐心协力发展经济。另一方面，在面对突如其来的重大灾害时，不论是自然灾害或者医疗灾害，政府信息及时、充分地公开，可以避免恐慌，使公众清晰地认识目前的事态，这对于维护社会稳定是很重要的。

三、国外政府信息公开制度介绍

20世纪中叶以来，世界各国特别是发达国家陆续开展政府信息公开制度建设的工作，制定有关政府信息公开的法律法规，掀起了透明政府建设的浪潮。从美国1966年的《信息自由法》、日本1999年的《行政机关拥有信息公开法》等到现在，世界各国已经出台近70部有关政府信息公开的法律。

1. 美国

美国政府信息公开制度的发展主要依赖于以下几个重要环节法律的实施，自1966年制定《信息自由法》以来，有关信息公开的法律、法规相继出台，法制化管理日趋完善；1972年的《咨询委员会法》，对联邦行政机关的咨询委员会的组织、监督，文件和会议的公开等作了规定，这一法案是对情报公开制度的补充；1974年的《隐私权法》，用来解决情报公开与保护个人隐私的矛盾关系，对信息公开制度的建立和完善起到了积极作用，该法赋予公民自由取得政府文件的许多权利，对民主政治的强化和腐败的遏制起到了积极的作用；1976年的《阳光下的政府法》，对会议公开的有关内容作了明确规定，美国信息公开制度的法制化程度发展到今天已达到较高水平，并被许多国家借鉴和仿效。

2. 加拿大

加拿大是世界上较早确立信息公开制度的国家之一。早在1969年，进步保守党参议员就提议讨论信息自由法案。自由党内阁在1973年秋，为研究向议会及公众提供信息的

方法委托专门调查，形成报告；直到1977年6月自由党政府发表题为《关于行政文书向公众公开》的绿皮书。1979年5月，进步保守党内阁成立，以美国《信息自由法》为模式，提出《信息自由法案》，但不久该内阁倒台，该法案遂成为废案。1980年4月自由党内阁成立，7月提出《信息公开法及私人秘密法案》，在面对各方阻挠的情况下，《信息获取法》于1982年得以正式颁布，并于1983年开始实施。公民可以依据该法获取联邦机构的记录，允许加拿大人从政府档案里检索信息，明确了政府信息公开的范围以及政府机构应该予以回复的时间期限，与此同时，获取信息权利的任何例外规定都是具体明确的。

保障信息公开和公民知情权是加拿大政府信息公开制度的重点，与《信息获取法》同时出台的还有《隐私权法》，之后于2000年又制定了《个人信息保护和电子文件法》。《隐私权法》与《信息获取法》相辅相成，其立法目的在于扩大加拿大现行法律中对政府机构掌握的个人信息中的个人隐私所提供的保护，并确定了个人获得关于自己的个人信息的权利。《个人信息保护和电子文件法》则是在这个技术日益发展、信息交流传播不断促进的时代，确立了对个人信息的收集、使用和披露进行规范的规则，明确了个人对其个人信息享有隐私权，也明确了政府组织对个人信息在通常情况下具有合理目的的收集、使用和披露的需要。在加拿大联邦，这三部法律是保护公民知情权和隐私权的法律制度体系的核心。联邦法律并不适用于各省或地区，但是加拿大地方政府有自己的信息获取和隐私权法律，并形成了独立的信息公开制度。

在加拿大联邦层面，《信息获取法》、《隐私权法》以及《个人信息保护和电子文件法》一起规制联邦政府机构的信息公开行为，并由加拿大信息专员对其实施监督执行。各省及地区的信息获取和隐私权法律形成独立的信息公开制度，规范各级政府的信息公开行为。加拿大联邦立法与地方立法将联邦与地方的政府机构全都囊括进来，从而确立了加拿大信息公开制度。

3. 日本

1999年5月7日，日本《信息公开法》经国会审议正式通过，在国家的层面上正式建立起了行政信息公开制度。2000年2月内阁发布政令，决定该法于2001年4月正式施行。日本为实现行政改革，在法律制度建设方面已分别于1988年颁布《个人信息保护法》，1993年颁布《行政程序法》，同时，日本各个地方的公共团体在各自范围内制定了地方性行政信息公开条例。

日本信息公开制度具有三重无限性：公开请求权主体的无限性、公开对象文件的无限性以及公开方式的无限性。即谁都可以成为公开的请求权人，包括在日本定居的外国人；所有文件均可成为公开对象，公开对象的原则是全面公开，例外不公开；依实际需要的方式向公众公开，将被请求的相关信息提供给公开请求人使其知晓。

4. 韩国

韩国的信息公开制度首先从地方开始，1991年清州市议会制定了韩国第一个关于信息公开的规定：《行政信息公开条例》。截至1997年6月，有178个地方政府制定了信息公开条例。而在国家层面上，1994年3月韩国总统金泳三发布《行政信息公开运营指南》，为信息公开法的制定提出了方针及需要做的准备工作，同年12月韩国政府公布《信息公开法试案》，并于1995年7月公布了《信息公开法案》，1996年8月提交国会审议，同年

11月30日国会通过，并于12月31日颁布，1998年1月1日正式实施。2004年1月29日韩国政府对《信息公开法》作了全面修改并于7月20日起全面实施。

韩国政府信息公开制度有以下几个特点：

第一，政府信息公开实施主体的广泛性。韩国信息公开的实施主体不仅限于政府，对所有的公共权力机关一律适用，不仅适用于行政机关，还适用于大法院、议会、宪法法院、司法机关、中央选举管理委员会、政府投资机关及地方自治团体等。

第二，政府信息公开内容例外的确定性。韩国对政府信息公开内容的例外，即不予公开的信息有着明确的规定。如韩国《信息公开法》通过列举的方法确定了几类不公开的信息，增加了政府信息公开的透明性和准确性，使公众能够更加有效地监督政府。

第三，对信息公开程序和法律救济的高度重视。“有权利就有救济”是法治社会的基本常识。韩国将信息公开程序及法律救济的规定视为与信息公开实体同等重要。韩国《信息公开法》中有2/3的内容是对信息公开程序及救济的规定，由此可见韩国对信息公开程序及法律救济高度重视。

第三节 个人隐私

一、个人隐私相关概念

隐私，由英文中的“Privacy”、“Private”发展而来，其原意为“隐退、静居、独处而不受干扰”。法国法称之为个人生活，日本法称之为私生活，有的学者则称之为秘密。个人隐私是一个不确定的概念，由于历史文化、法律制度的不同，不同国家、不同人对隐私的认识千差万别。比如，在美国，工资、年龄等都不是可以公开谈论的话题，大家视为个人隐私；在中国，父母认为可以私拆孩子的信件，但孩子却往往认为父母“干涉了其个人隐私”等。学术界对于隐私没有一个明确的界定，主要有以下几种观点：第一种观点认为隐私是个人生活中不愿为他人所知和干涉的私人生活，包括个人信息的保密、个人生活不受干扰和个人私事的决定自由；第二种观点认为，隐私，又称私人生活秘密或私生活秘密，是指私人生活安宁不受他人非法干扰，私人信息不受他人非法收集、刺探和公开等。第三种观点认为，隐私就是私生活，是自然人拥有的与公共生活无关的个人生活，指与其他人无关的私人事务，包括私人的活动、个人生活资料以及有关私人的一切信息。

1. 构成隐私的要件

构成隐私有两个基本要件，第一为“隐”，第二为“私”，隐私是这两个方面因素相互作用的结果。隐私之“隐”是指个人对隐私的主观态度，即个人的某些信息、某些事情不愿意为他人知晓和公开，比如有些女性不愿意公开自己的年龄，男性不愿意公开自己的工资，有些人不愿意别人打听其感情生活等。有的时候，隐私不一定就是坏事，有时传扬公布出去对其他公民没有什么影响，但若当事人不愿意传扬出去，就属于隐私了。

隐私之私是指个人的事情，与其他人、其他组织无关，与公共利益、群体利益也无关，当然，隐私的内容不能危害他人利益、集体利益和国家利益。这主要强调了隐私的私密性，是隐私的本质所在。我国学者苏力先生将“Privacy”译为“私隐”，理由在于，“首先其是私才隐，而不是因其隐而私”。

2. 网络隐私

计算机的发明与广泛运用，互联网的飞速发展，在改变人类生活、工作方式的同时，也带来了个人隐私的新问题。网络隐私即个人隐私在网络社会中的表现形式，是传统个人隐私的发展。网络隐私一般包括以下内容：①个人基本资料，根据中国互联网信息中心(CNNIC)的规定，所谓个人资料，即指姓名、年龄、通信地址、血型、种族等，还应包括个人的背景资料如个人文化程度、爱好、职业等。②个人的信用和财产状况。包括信用卡、上网卡、上网交易账号和密码等。如个人在网上购物、消费、交易时，登录和使用的信用卡、银行卡账号、密码等均属个人隐私。③私人活动，如个人在网上的浏览、IP 地址、活动内容等。私人活动可以反映个人的兴趣爱好，若将某人的 IP 地址告诉不怀好意之人，则容易使其受到攻击；若将某人的电话号码转卖给商家，则会给其带来生活上的干扰等。④私人生活安宁，如个人网络空间不受他人非法入侵，个人的网上活动不受窥探等。

网络隐私相比于传统的隐私，具有其新的特点：

(1)个人隐私的载体为数据

在现实环境下，隐私的载体复杂多样，如个人档案，个人通信等方面的文字性记录；在网络环境下，网络的数字化特征，使一切信息均表现为数字，因此，数字是个人隐私在网络环境下的唯一载体。

(2)网络隐私更易于遭受侵犯

网络是一个开放的公共空间，其使用者不受到物化形式的阻碍，可以自由随意地获取网上信息。所以，个人信息一旦进入网络这个公共领域，就很难防止信息不被搜索、查询、散布等。

(3)隐私的形式更多样、范围更广

网络隐私除了包括现实环境中的隐私外，还包括诸如电子邮件地址、IP 地址、信用卡账号等，范围广不只是容易侵犯的隐私面扩大了，还指信息技术的发展使得数字信息可以瞬时传到世界各地，一旦个人隐私被传送，下载后就不受地域限制。

(4)网络隐私受侵犯责任追究相对困难

网络隐私虽然属于隐私的范畴，可是，由于它存在于网络空间，凭借网络技术所特有的无疆域性、数字化、虚拟性等特征，如果它一旦遭到侵犯，用户个人想追究侵权责任就十分困难。隐私被下载传播后，法律难以及时有效地制止这种侵权行为，很难保护个人的隐私权。

在网络上，侵犯个人隐私主要有以下几类情况：未经授权擅自在网上宣扬、公布他人隐私；电子邮件、网络广告中的个人隐私问题；网络服务提供商的侵权行为，如未经用户许可以不合理的用途收集用户的个人信息，擅自篡改个人信息等；工作场所中的隐私权问题，如有的雇主会在工作场所设置监视系统，监视雇员在办公室的一举一动等。

二、个人隐私权

隐私权(Privacy)是一个现代性的概念，私生活自由在现代社会才成为问题。严格地讲，隐私权是一个法律意义上的概念，是我国法律要保护的有关个人合法享有的人格权利。美国商务部电讯与信息管理局发布的有关隐私与信息高速公路建设的白皮书中认为隐私权至少包括以下九个方面：①关于私有财产的隐私；②关于姓名与形象利益的隐私；③关于自己的事不为他人干涉的隐私；④关于一个组织或事业内部事务的隐私；⑤关于某些场合不便露面的隐私；⑥关于尊重他人不透露其个人信息的隐私；⑦关于性生活及其他私生活的隐私；⑧关于不被他人监视的要求的隐私；⑨关于私人相对官员的隐私。

隐私权作为一种基本人格权利，是指自然人享有的私人生活安宁与私人信息秘密依法受到保护，不被他人非法侵扰、知悉、收集、利用和公开的一种人格权，而且权利主体对他人在何种程度上可以介入自己的私生活，对自己是否向他人公开隐私以及公开的范围和程度等具有决定权。隐私权是公民在自由与尊严方面最起码的权利，具有以下几方面特征：①隐私权的主体是自然人，不包括法人，尤其是企业法人的秘密，一般称之为商业秘密，这是因为商业秘密其本质上是与公共利益、群体利益无关的。②隐私权的客体，即要保护的对象，主要包括私人活动、私人的信息及私人的领域。不危害他人利益、社会利益、集体利益的合法活动、信息等都是要保护的客体。③隐私权的保护范围受公共利益的限制，即如果某人认为的隐私侵犯了公共利益，那么其隐私是不受隐私权保护的。当然正确的做法也不是去否定个人的隐私权，而应当通过对隐私权的科学界定，使得个人的特殊利益不至于与外部的社会利益、公共利益相冲突。

1. 隐私权的基本内容

①隐私隐瞒权。对于无关公共利益的隐私，公民有权隐瞒，他人不得勉强公民言明自己的隐私。②隐私利用权。公民有权对自己的个人资讯进行积极利用，以满足自己的精神或物质需要。③隐私维护权。公民对自己的隐私的不可侵犯性依法予以维护，必要时付诸法律。④隐私支配权。包括公开部分个人隐私；允许特定人对自己的个人活动或个人领域进行察知；准许他人利用自己的隐私。

2. 病历的个人隐私权

病历，是病人医疗信息的载体，是其进行医疗活动的记载，贯穿于病人在医疗机构就诊的各个环节，是病人在诊治过程中的原始记录，其在医疗领域的重要性不言而喻。病历的内容具有机密性、完整性和私隐性，所以也涉及病人的隐私问题。我们可以称其为病患隐私权或医疗隐私权，是患者享有的一项重要人格权，对未经患者同意、擅自公布其隐私材料或以书面、口头形式宣扬患者隐私，致使患者名誉受到损害的，即侵犯了患者的隐私权。如下面的这一案例：①

小丽和小东 2009 年通过网络相识，并很快坠入爱河。2011 年两人登记结婚。婚后小东在夫妻生活中总是力不从心，经医院诊断为性功能障碍。经历长期的焦虑、争吵、冷战后，两人最终于一年后经法院调解离婚。离婚后小东希望继续与小丽交往并复婚，遭到小丽拒绝。小东多次到小丽单位及住处吵闹，并与小丽家人发生冲突，在一次冲突中，小东的眼镜被损坏。因不堪被小东纠缠，2012 年 7 月，小丽用同事的手机给小东发送了一条彩信，内容为小东的病历；2012 年 10 月，小丽携两位朋友与小东在咖啡店谈判，提及小

---

① http：//www. 110. com/ziliao/article-464627. html.

东病情，称不可能再和小东复婚；2012年12月，两人在小东单位门口发生纠纷，小丽将病历复印件摔向小东并称“你不是男人结什么婚”。小东认为小丽的行为侵犯了自己的隐私权及财产权利，多次在小丽家人住处张贴小字报，称小丽系骗婚行为，对小丽及其家人进行人身攻击。小东向法院提起诉讼，请求判决被告小丽归还原告病历，向原告公开道歉，赔偿配眼镜费用500元，并赔偿精神损失费20000元。

法院经审理认为：公民的病情和健康状况属于私人信息和秘密，被告在与原告离婚后仍持有原告病历，原告要求返还，法院应予支持。被告在双方婚恋纠纷中曾提及原告病情并复印原告病历，主要针对原告本人，并无故意向不特定的公众散布、传播的行为，依法不构成对原告隐私权的侵犯。原告张贴小字报对被告及其家人进行人身攻击，行为显属不当，其要求被告公开道歉并赔偿精神损失的请求于法无据，法院不予支持。原告眼镜破裂并非被告所为，原告要求被告赔偿，法院不予支持。法院遂判决：被告小丽于判决生效后十日内返还原告小东病历原件；驳回原告小东的其他诉讼请求。

3. 其他侵犯个人隐私权的案例

案例一：小区“电子眼”是否侵犯隐私权①

某铁路小区东侧围墙与西侧住宅楼之间的甬道相对较僻静，小区物业公司安装了电子眼实施24小时监控，2010年6月12日晚，薛某与女友张某在围墙下拥抱、亲吻，被电子眼摄录。该监控设备存储周期为10天，按摄录时间存入新的，删除旧的，物业人员每天要浏览、检查行将被自动删除的视频信息，如有异常情况需保存并报告。6月21日几名保安员在检查视频时发现此段视频，正在评论时恰被前去办事的薛某看见，他当即要求删除视频，被两名熟悉的保安员揶揄、取笑，随后该段视频被自动删除。薛某认为自己的隐私权被侵害，甬道处无需安装电子眼，遂与物业发生纠纷。

案例二：强行公布中彩者身份侵犯隐私权②

2010年12月26日，A市民政局依法发行福利彩票，杨某中了头彩，奖金10万元。杨某前去兑奖时，发行者提出必须公布其姓名、身份证号码、工作单位，身挂大红花，敲锣打鼓在大街上转两圈。杨某以发行者在广告及其宣传单中并无此规定而予拒绝，发行者遂拒绝兑奖，杨某无奈只好答应发行者提出的要求。杨某中彩被广而告之，引得祝贺者、要吃请者、乞讨者等蜂拥而至，造成杨某精神压力很重。杨某遂向法院提起诉讼。法院经审理，判决认定A市民政局侵犯了杨某的隐私权。

三、个人隐私权的保护

在如今的信息社会，个人隐私的安全隐患来自多个方面，所以保护个人隐私也要多方面努力。

第一，首先从个人做起，强化个人的隐私保护意识。现实生活中，尽量不要给任何人、机构留下个人信息。网络生活中，当需要填写个人基本信息和比较私密的信息时，一定要确保机构的正规程度，保证个人信息的安全性。管理好自身相关的各种信息，不要随

---

① http://www.110.com/ziliao/article-298389.html.

② http://www.110.com/ziliao/article-40294.html.

意放置或丢弃与个人信息有关的各种卡，提高自我防范意识。

第二，法律手段。法律手段对隐私权的保护分为两种形式，直接保护形式和间接保护形式。直接保护是指对侵害隐私权的行为直接确认为侵害隐私权责任，向受害人承担，这种方式起源于美国，对于侵害隐私权的行为，可以依据判例法和成文法，确认其侵权责任。各个国家有关隐私权的立法不少，如美国的《信息自由法》和《隐私权法》，加拿大、德国、法国、瑞典等均制定了有关个人信息如何处理的法律；间接保护即不认为隐私权是独立的人格权，涉及侵犯隐私权的案件可以纳入其他侵权行为的范畴，如以侵犯名誉权起诉等。我国对隐私权的保护即这种形式，如《宪法》第三十八条、第三十九条、第四十条明确了对公民的人格尊严、住宅、通信自由和通信秘密的保护，这是我国法律对隐私权进行保护的最根本的依据。《商业银行法》第五条、第二十九条、第三十条、第五十三条规定了商业银行对客户信息的保密义务。《未成年人保护法》第 30 条规定了任何组织和个人不得披露未成年人的个人隐私等。医疗行业中，《执业医师法》第 22 条规定医师有履行“关心、爱护、尊重患者，保护患者隐私”的义务，《医疗机构病例管理规定》中规定，除涉及对患者实施医疗活动的医务人员及医疗服务质量监控人员外，其他机构及个人不得擅自查阅患者的病历，《传染病防治法》中也规定了传染病人的个人隐私受法律保护等。

第三，行业自律。各类机构应自觉加强对公民个人信息的管理，客户办理会员卡后应对会员的身份证号、家庭住址、个人电话等予以保密，对于医疗机构，则应对患者的病历信息进行保密，不得恶意透漏给其他组织或个人。

第四，制定专门保护个人网络隐私权的法律法规。一些发达国家比较重视网上个人隐私保护方面的立法。加拿大的联邦立法机构对网上隐私权的保护采取分式立法，在电信法、刑法典及新的银行法、保险公司法等中都有保护网上个人隐私的规定，而我国保护网上个人隐私的法律机制尚未健全，所以要加强保护网上个人隐私的立法，给予公民一个安全放心的网络环境。

第四节 信息伦理

一、信息伦理概述

信息伦理一词，最初是控制论专家维纳(Norbert Wiener)在 20 世纪 40 年代提出来的，20 世纪 70 年代，计算机、通信技术、网络技术的快速发展，引发了一些新的伦理问题，在西方学术界，信息伦理学应运而生。

伦理问题主要界定人们在不同环境中行动的对错，一般来讲有三个理论分析范式：结果理论、义务理论与美德理论。结果理论以功利主义为基础，其前提是“区别行动对错的标准是要看哪一个结果更好”。义务理论则认为事情的对错由人类所拥有的权利来决定，比如意见表达自由等。美德理论关注个体性格与美德，其核心问题是“我应该做什么样的人”。

1. 信息伦理的概念

“信息伦理”这一概念出现的时间并不长，国内外学者对于其概念有不同的论述，主要有以下几个代表性观点：

Luciano Floridi 从哲学角度出发，认为信息伦理指计算机伦理的哲学构造。信息伦理可能不会即刻解决具体的计算机问题，但它为解决计算机问题提供了道德依据。

Jacek Sojra 认为：在商务和计算机这一新的领域的伦理研究应被统称为信息伦理。

吕耀怀指出信息伦理，是指涉及信息开发、信息传播、信息的管理和利用等方面的伦理要求、伦理准则、伦理规约以及在此基础上形成的新型的伦理关系。

沙勇忠认为，信息伦理就是信息活动中以善恶为标准，依靠人们的内心信念和特殊社会手段维系的，调整人与人之间以及个人与社会之间信息关系的原则规范、心理意识和行为活动的总和。

蔡连玉认为，信息伦理是以“善”为目标，以非强制力为手段，调整在信息生产、传播、利用和管理等信息活动中人与人之间关系的规范和准则。

中国台湾学者许孟祥等则将信息伦理定义为决策者在与信息相关的伦理议题上的权利与义务以及赋予决策者对这些伦理议题在行动层面的是非、善恶判断基准。

庄道明指出，凡是探讨人类信息行为对与错问题的，即为信息伦理，而所谓信息行为，包括对信息的搜集、整理、使用、储存与传播等。

参考上述学者们的阐述，我们认为信息伦理(Information Ethic)是指以善恶、是非为判断标准，调节信息从生产、收集、传播到使用等各个环节的人与人之间、人与社会之间关系的行为准则和规范的总和。其不仅包括计算机伦理、网络伦理、传播伦理，也包括各种以信息为中介的信息活动的伦理问题。

2. 信息伦理的本质

(1)信息伦理是对信息时代发展的反映

信息伦理产生于信息技术的广泛应用而引起的利益冲突和道德困境以及建立信息社会新的道德秩序的需要。第二次世界大战后，电子计算机、通信技术、网络技术的应用发展，促使西方发达国家率先进入信息社会。在对信息化及信息社会理论的研究进程中，西方学术界逐渐发现了一系列在新的信息技术条件下所引发的伦理问题，并为此开辟了一门新的应用伦理学——信息伦理学。随着人们的交往方式和手段的变化，信息伦理的内容也不断充实，传播媒介技术的发展使人们之间的信息交往关系日趋复杂化，人们在信息时代的伦理关系要比以往复杂得多。

(2)信息伦理是对信息活动中利益关系的调节

信息活动复杂多变，信息的收集、传递、存储、利用和管理等一系列过程涉及人与人之间、人与社会之间的利益关系，信息伦理的应用就是在信息时代通过善恶价值判断和行为选择而进行的调节个体功利的管理活动，明确个人在信息时代社会交往中的道德责任，形成信息伦理、道德规范，以维护信息社会的伦理秩序。

(3)信息伦理是信息时代对良好的秩序和社会和谐的追求

无论是在现实世界还是在网络世界，良好的秩序都能够给多数人带来最大的幸福，而无序与混乱却会损害多数人的幸福。信息伦理通过反映人们在社会活动中的信息交往规律，确定个体的信息道德规范，将人类信息行为的合规律性与合目的性统一起来，追求秩序目标和信息时代的社会和谐与持续发展。

3. 信息伦理的特点

信息伦理属于应用伦理学研究的内容，与现实伦理相比具有以下一些不同特点：

(1)辩证性。一方面，信息伦理是在计算机技术、网络技术发展的背景下产生的，是围绕着复杂多变的信息活动中涉及的社会与个人利益关系而展开的，是对人们信息交往的客观规律及其行为规范的理论研究，信息伦理作为人们对信息交往客观规律的正确认识，始终处于辩证发展中；另一方面，信息伦理作为个体对社会信息交往结构的主观反映，与这一结构本身构成了矛盾运动，信息与媒介、符号的关系变化及其多种传播方式，使这一矛盾运动十分复杂。

(2)主体的实践性。信息伦理是在对信息交往规律认识的基础上，形成科学的理论原则，用于指导人们的信息实践活动，使人们能够不断实现其自身价值。

(3)道德规范的普遍性。信息道德规范的普遍性是对信息交往中的传播行为而言的，具体表现在三个方面：第一，人们在信息交往中遵守共同的技术要求和协议，尤其是在互联网上的信息传输表现得最为明显；第二，信息交往的互动性，使传播中的信息发出者与接收者的角色模糊，每个人既是信息的发出者也是信息的接收者，因而信息道德规范对信息发出者与接收者的要求是一致的；第三，信息交往中存在的道德问题是共性的，任何不道德的行为都会危及全体的利益。

(4)自律性。自律在形式上是人们内心的自我要求，实质上是对道德规范内省的结果，目前，人们信息交往越来越普遍，以网上信息交流为代表的虚拟交往作为主流的交往形式存在。因此，信息伦理在解决这一主流交往形式的道德机制上主要体现为自律性。同时，信息交往中的互动性使主体信息行为的道德对象将自身包括在内，每个人都成为自己道德行为的受益者，也促使个体在信息交往中道德自律的形成。

(5)自主性与开放性。与现实社会伦理相比，信息伦理呈现出一种更多的自主性、更少的依赖性的特点。因特网本来就是人们根据各自的需要而自觉自愿地互联起来的，在网络连接起来的虚拟社会里，人们不但是参与者，而且也是组织者。同时，互联网的广泛应用使得信息伦理的开放性由可能变成了现实。

二、信息伦理的内容与发展

信息伦理的表现形式首先是理论形态，它是从计算机伦理学起步的，后来向多领域、多学科渗透，已经成为多领域、多学科的集成。

1. 信息伦理的内容

早在1986年，美国的信息科学专家梅森(Mason)在其发表的《信息时代的四个伦理问题》中就提出了著名的“PAPA”理论，即隐私权(Privacy)，正确性(Accuracy)、财产权(Property)和使用权(Accessibility)。

Ochollaa等认为信息伦理为信息隐私、道德代理品(如人造代理品是否道德)、新环境议题(尤其是代理品应如何在信息环境中表现)、信息生命周期(产生、收集、记录、传播、处理等)中产生的问题，尤其是所有权、版权与数字鸿沟等提供了一个批判性框架。

中国大陆学者沙勇忠将信息伦理的研究内容概括为四个方面：①基本理论问题；②社会信息活动中面临的现实伦理问题；③个人、组织及国家的信息伦理问题；④信息伦理的社会调控与培育。

中国台湾学者王美鸿依据梅森的PAPA理论，提出隐私权包括侵犯个人隐私权，正确性指捏造资料与结果、系统不稳定、不良软件等，财产权涉及剽窃侵犯知识产权等，使用权包括非法入侵、病毒传播、合理使用、信息鸿沟、使用礼节等。其中，捏造资料及侵犯产权等属于生产信息的上游环节，公正诚信、系统稳定等属于中游的传播储存检索信息环节，而合理使用、非法入侵、使用礼节属于下游的利用信息环节。林杏子则在上述维度基础上，补充了网络言论自由及计算机犯罪两个维度，其中前者对应法律上的灰色地带，后者则主要针对滥用计算机行为。

根据以上观点，我们认为信息伦理的主要内容应包括：

(1)信息领域的道德意识：包括与信息相关的道德观念、道德情感、道德意志、道德信念、道德理想等，指人类在信息生产、传播、使用和管理过程中表现出来的价值观、道德理念、道德行为等。

(2)信息活动中涉及个人利益的道德权利：即个人信息的隐私权、信息获取权、信息使用权等。

(3)规范信息活动的信息准则、道德规范：即调整信息交往活动中人与人之间社会关系的道德准备、行为规范等。

信息技术的快速发展使得人们信息交往的对象和范围不断扩展，信息交往方式不断改变，信息产品花样翻新，全球化的信息交往正推动着人类社会交往向更高阶段发展，计算机网络的广泛应用实现了信息传播的超地域性、开放性、多元性，因而未来信息社会将会出现层出不穷的信息伦理问题，随着各种信息伦理问题的出现，信息伦理的研究内容也将不断扩展，信息伦理准则、道德规范也将不断完善。

2. 信息伦理的发展

信息伦理学的出现起源于20世纪70年代在美国兴起的计算机伦理研究，其形成过程大概经历了三个阶段。

第一阶段，开始形成阶段：20世纪70年代，美国教授曼纳首先发明并使用了计算机伦理学这个术语，1971年温伯格在《计算机程序编写心理学》一书中，首先对信息技术对社会伦理问题产生的影响进行了研究。

第二阶段，发展阶段：从20世纪80年代中期开始，大量信息伦理论文和专著的涌现，使信息伦理学的研究取得了突破性的发展。1985年，穆尔发表的论文《什么是计算机伦理学》，对计算机技术运用中发生的一些“专业性的伦理学问题”进行了探讨。同年，德国的信息科学家拉菲尔·卡普罗教授发表题为《信息科学的道德问题》的论文，提出了“信息科学伦理学”“交流伦理学”等概念，从宏观和微观两个角度探讨了信息伦理学的问题，包括信息研究、信息科学教育、信息工作领域中的伦理问题。1986年美国管理信息科学专家梅森提出了信息时代著名的PAPA理论。

第三阶段，内涵扩展阶段。20世纪90年代，信息伦理学的研究发生了深刻的变化，“信息伦理学”术语出现。1996年，英国学者西蒙和美国学者特立尔共同发表题为《信息伦理学：第二代》的文章，他们认为，计算机伦理学是第一代信息伦理学，其所研究的范围有限，研究的深度不够，只是对计算机现象的解释，缺乏全面的伦理学理论。1998年，在第二届信息伦理学国际大会上，参会者对信息伦理学的概念、社会与政治方面、全球信息市场的伦理方面、信息鸿沟等问题进行了探讨。1999 年，卡普罗教授发表论文《数字图书馆的伦理学方面》，该文对信息时代发生巨大变化的图书馆方面产生的伦理问题加以分析和论述。2000 年，卡普罗教授又发表论文《数字时代的伦理与信息》，这篇论文的主题还是论述数字时代图书馆的伦理问题。卡普罗教授将信息伦理学的研究提升到了新的理论高度，将信息伦理学的内涵进行了扩展，之后的学者将视角放在整个社会的伦理问题上，从而信息伦理的理论研究进入一个全新阶段。

我国对信息伦理的理论研究起步相对较晚，1998 年，严耕、陆俊、孙伟平合著的《网络伦理》一书的出版成为国内信息伦理学的先驱之作。1999 年，刘钢翻译出版的著名信息伦理学家 R. A. 斯皮内洛的《世纪道德——信息技术的伦理方面》是国内信息伦理学领域的第一本译著。除了相关书籍的翻译出版，我国还积极参与国际合作。2000 年 10 月，我国在北京承办了联合国教科文组织亚太地区信息伦理研讨会。同时，积极制定和践行信息伦理行业规约，2002 年 3 月，中国互联网协会制定并且正式实施《中国互联网行业自律公约》；2002 年 11 月，《中国图书馆职业道德准则(试行)》开始实施。我国已经部分实现了信息伦理的法制化，这对信息伦理的研究无疑具有重大推动意义。

思 考 题

1. 试述信息政策与法规的特点及其制定原则。
2. 试述信息政策与法规的体系结构。
3. 信息政策与信息法规的区别与联系有哪些？
4. 什么是政府信息公开制度？其要求有哪些？
5. 试述政府信息公开制度的意义。
6. 网络隐私与个人隐私相比，有哪些特点？
7. 如何保护个人隐私？
8. 试述信息伦理的概念与内容。

第十三章 卫生信息事业管理

卫生信息事业管理涉及卫生信息产业的各个方面，是指政府、卫生行政部门及其他各级卫生机构根据卫生信息经济的发展和卫生信息产业结构变化的规律和特点，对卫生信息产业的系统活动、运行机制、组织体系、技术结构等进行管理，优化卫生信息资源的配置，为全体人民提供及时、准确、全面的信息支持，维护群众健康权益，提高人民健康水平。

第一节 卫生信息业务管理

一、卫生信息业务管理的内容

卫生信息业务的管理主要是制定医疗产业信息技术发展的方针、政策、法规和制度；制订卫生信息系统发展规划、计划和技术途径；组织协调人、财、物等各种要素，并根据市场经济发展变化的形势，对卫生信息活动进行指挥、协调和控制，以推动协调信息工作各个环节的同步发展。

卫生信息业务管理可按以下几方面进行描述：

1. 宏观管理与微观管理

卫生信息业务的宏观管理主要是指卫生信息产业发展中带有全局性、整体性、战略性和关键性的重大问题，如国家卫生信息化的发展规划与战略决策，重大卫生信息研究项目的确定与实施策略以及相应的卫生信息系统业务保障条件等方面的管理活动。

微观管理主要是指具体的、带有局部性的信息业务管理活动，如医疗机构年度信息业务活动的安排及其相应的设备、人力配置和临床信息系统研究项目实施与经费筹措等。在整个卫生信息业务管理中，微观管理服从宏观管理，但微观管理突出社会劳动的特点，更强调发挥卫生信息人员的作用。

2. 时空管理

卫生信息业务管理在时间和空间上是统一体。时间概念一般有近期、中期和远期信息业务计划管理的实施方案，而且在管理内容上，如计划管理、项目管理、人才管理、资源管理、经费管理等都具有特定的时间范围和时间效益，就是说，整个卫生信息业务管理活动实际上都受到时间的制约。

卫生信息业务管理的空间概念主要反映国家、地区、部门和基层单位的不同管理层次的内容和形式。由于管理层次即管理空间不同，其管理对象、内容、范围和要实现的目标也有很大的差别。然而，信息管理系统是一个综合系统，其管理空间即国家、地区、部门和基层信息单位之间是相互联系、相互作用、相互影响、相互促进的。因此，下级信息单位往往是上级信息业务管理系统结构的基础，并综合反映出上级信息业务管理的功能与特征，从空间上体现出信息管理的整体性和效益性。

3. 目标管理与过程管理

面向目标的卫生信息业务管理是指为实现卫生信息产业发展战略目标，在占有一定材料和经验的基础上，根据客观条件与环境的可能性，提出多个方案，并运用科学理论、方法和现代化技术手段，对这些方案做出最佳选择。

过程管理包括智能管理、目标管理、计划管理、质量管理、经济管理、成果管理和人才管理以及国际学术、人员交流与合作管理等。其核心内容是信息业务计划的分级与组织措施，如实验研究立项、生产调配、质量控制、经费筹措以及鉴定评价等。卫生信息业务全过程管理的实质是对整个卫生信息系统运动、发展和变化的有目的、有意义的控制行为。在管理过程中，如发现某个程序或某个环节同原计划和原定目标有偏差，就必须进一步采取措施，或更改方案，修订目标，或重新决策，及时进行调整和修正，确保实现预期目标。

二、业务计划

规划是指对信息产业发展总方向和目标比较全面的、长远的设想蓝图，是一种战略性的全局部署方案，要求运用系统思想、统筹全局和权衡利弊来编制发展规划。计划则是指在规划指导下对卫生信息产业发展战略目标和主要任务作出的具体安排和实施细则。计划具有一定的动态性，按照市场的需求确定信息产品的生产和提供信息服务，建立起良性的卫生信息产业运行机制，科学地制定卫生信息产业发展政策，促进产业合理发展。卫生信息业务计划包括卫生信息产业中组织管理、技术管理、劳动管理和投资管理多个方面的计划管理。

（一）组织管理

卫生信息产业的组织管理是指通过有效的管理方式对卫生信息产业进行实时动态组织和调整，使卫生信息产业的各产业分支部门内部保持合理的搭配、有机的组合，并及时解决产业中出现的各种问题，协调产业中诸要素之间的关系，使整个卫生信息产业系统能高效有序地运行。卫生信息产业的组织管理包括行政管理、市场管理和协会管理等管理体制。

1. 卫生信息产业的行政管理

主要指政府利用行政法律等手段对卫生信息产业进行宏观干预和调控，以保证卫生信息产业平衡健康地发展。微观信息经济学分析认为，卫生信息产业具有自然垄断的特性。卫生信息产业的这一特性，使得几乎每个国家的政府都将卫生信息产业部门作为管制的对象乃至某些分支产业的正常运作依赖于国家的行政管理。如一个国家或地区卫生信息基础设施的建设和公用信息网络的建设和运营离不开该国或该地区的行政统一管理。卫生信息产业涉及的领域众多，如果各个领域都从自己的局部利益出发不分先后轻重缓急全面信息化，则不一定有利于信息产业的良好发展。卫生信息产业的规划和管理必须打破小地域和小行业的界限。从国家法规、制度、标准等方面来统一协调实现。政府对卫生信息产业的行政管理，一方面要防止或减少恶性竞争，另一方面又要刺激有序竞争。如我国在基础电信或基础卫生信息产业领域采取适度管制，而在增值电信或增值信息服务领域却采取鼓励自由竞争的政策。

2. 卫生信息产业的市场管理

是指通过市场对信息资源配置和卫生信息产业活动的开展进行干预和调控。根据产业组织理论，市场结构、市场行为和市场绩效三个基本范畴构成市场管理。而且，三者之间存在着相互作用、相互影响的关系。一方面，从短期看，市场结构决定市场行为，市场行为决定市场绩效；另一方面，从长期看，市场绩效对市场行为、市场行为对市场结构也有一定的反作用。人们普遍认为，结构对行为、行为对绩效的影响是主要的；而绩效对行为、行为对结构的影响是相对次要的。市场结构—市场行为—市场绩效构成了产业组织理论的基本分析框架和分析范围，不同学派的各种产业组织理论观点均是围绕结构、行为和绩效这三大市场要素展开的。因此，要发挥市场管理的基础性作用，就必须重视信息市场体系的培育，建立健全信息市场法规，规范信息市场行为。当前我国信息市场发育还很不完善，信息产品的商品化程度不高，各地区的发展很不平衡，信息市场知识产权意识淡薄，这些都影响着信息市场机制充分有效地发挥其管理作用。强化信息市场管理机制，首先要树立信息市场意识，加快信息商品化进程和信息市场的建设，包括信息商品市场和信息技术市场的建设；其次要充分发挥信息市场中供求机制、价格机制、竞争机制、风险机制等市场运行机制的作用。

3. 卫生信息产业的协会管理

是指通过卫生信息产业协会组织在政府与企业间起中介作用，对卫生信息产业的发展进行干预与调控。卫生信息产业及其相关领域中建立起来的各种组织，如学会、协会、商会、联合会、研究会以及各种咨询机构、评估机构、认证机构等，都可以参与卫生信息产业发展规划、产业政策的制定，可以及时向政府有关部门反映卫生信息产业发展中存在或出现的各种问题，参与拟订或修改各种国家产业标准和法规，帮助协调各方面矛盾，帮助维护信息市场的良好秩序，促进行业范围内的横向联合，开展人才、技术、知识的国内外交流，是政府部门与信息企事业单位之间的联系纽带与桥梁。

(二)技术管理

信息技术是卫生信息产业的基础，因此技术管理是卫生信息产业发展管理的一个重要环节。卫生信息产业技术管理的目的是在学习与借鉴国外卫生信息产业技术管理理论经验的基础上，结合中国国情制定出推动卫生信息产业技术进步，进而推动卫生信息产业发展的管理政策与措施。

从国家政策制定者的角度来看：

(1)鼓励卫生信息产业技术创新：卫生信息产业技术管理中最重要的是要尽快确定技术创新引导机制，制定一系列鼓励信息技术创新的制度。在处理技术引进与技术创新之间的关系时，一方面要虚心学习、加快引进，另一方面更要重视加强自身的技术创新能力，要把技术创新作为根本来发展我国的卫生信息产业。

(2)卫生信息产业技术选择：我国卫生信息产业技术选择的基本原则是技术先进、实用可行、经济合理、有益社会、节约能源、改善环境。具体对策是：在发展卫生信息产业中，尽可能选择新技术与适用技术。新的信息技术对卫生信息产业的发展具有巨大的推动作用，但就我国目前的现状来看，一味地追求新技术，而忽视适用技术也是不可取的。

(3)正确对待信息技术进步与卫生信息产业结构之间的矛盾：我国还是一个发展中国家，卫生信息产业还比较落后。因此在信息技术进步与信息产业结构之间还存在着矛盾：面对世界信息技术进步的潮流，我国为加快高新技术卫生信息产业的发展，必须跳过或缩短传统卫生信息产业的发展阶段；而面对国内收入水平低、消费层次低的基本现实，传统卫生信息产业的产品往往有较广阔的市场，这又决定了我国不可能放弃一些仍具有市场潜力的传统卫生信息产业的发展。正确解决这一矛盾的基本策略是：在相当时期内，用新兴信息技术去努力改造传统信息产业，提高其技术素质与经济效益；淘汰一些没有市场潜力的传统卫生信息产业部门；根据世界信息技术发展趋势，选择一些高新技术加以扶持，从而促进卫生信息产业的迅速发展。

从医疗机构的角度来看：

(1)正确贯彻执行国家的技术政策：技术政策是国家根据现代企业生产的发展和客观需要，根据科学技术原理制定的，是指导企业各种技术工作的方针政策。企业许多技术问题和经济问题的解决都离不开国家的有关技术政策。我国现代企业的技术政策很多，主要包括信息系统质量标准、功能规范、技术操作规程、测试验收制度等，其中，产品的质量标准是最重要的。

(2)建立良好的生产技术秩序和信息流秩序，是保证医疗服务、医疗业务顺利进行的必要前提。医疗机构需要通过技术管理，使各种机器设备和工具经常保持良好的技术状况，为各种医疗操作提供先进合理的流程，并要严格执行数据录入责任制和质量检验制度，及时解决日常运营中的技术问题，从而保证医疗机构的高效运作。

(3)提高医疗机构的信息技术水平：现代医疗机构要通过各种方式和手段，提高医务人员和技术人员的技术素质，对系统设备、业务流程等不断进行潜力挖掘、革新和改造，推广行之有效的生产技术经验；努力学习和采用新实践、新技术，充分发挥技术人员和医务人员的作用，全面提高所有医疗机构职员的科学文化水平和技术水平，以加速医疗机构的信息化进程。

(4)保证信息安全：临床数据的隐私安全是医院信息化顺利进行的基本保证，是患者权利的基本保障，也是社会主义制度的一个基本要求。如果医疗机构不能保障患者隐私，就意味着患者的人身安全和健康都不能得到保证，医疗机构的声誉也有可能遭受损失，经营活动便受到极大影响，所以说，信息安全就是效益。医疗信息安全应靠企业上下各方面的共同努力，从技术上采取有力措施，制定和贯彻安全技术操作规程，从而保证信息安全。

(5)广泛开展科研活动，努力开发新技术：在激烈的竞争环境中，医疗机构必须不断完善符合时代要求和政策要求的系统功能，才能取得相应的经济效益，得到患者的认同。这就要求医院发动广大技术人员和临床人员，广泛开展科学研究活动，努力提高医疗技术水平，不断满足患者的需求，提高医疗服务质量。

(三)劳动管理

卫生信息产业劳动资源的开发与利用是卫生信息产业劳动管理的一项重要内容。在卫生信息产业的劳动管理中应着重做好以下几项工作：

（1）及时调整卫生信息产业劳动力结构：劳动力结构调整的内容包括：群体结构调整、部门结构调整、知识结构调整、年龄结构调整、职能结构调整等。在卫生信息产业劳动管理中，要根据卫生信息产业内部各部门劳动力的结构特点和需要，及时地进行劳动力的合理调配。

（2）努力培养卫生信息人才：加强卫生信息和卫生信息技术的教育或继续教育，加大对卫生信息人才的培养力度，将卫生信息劳动力的使用、培训及教育有机地结合起来，提倡并鼓励卫生信息劳动者及时进行知识更新和知识积累，提高信息劳动者的素质。制定激励和引进卫生信息人才的有效政策，改革劳动人事制度，建立科学的考核、奖惩制度，充分调动信息劳动者的劳动积极性和创造力。

（四）投资管理

卫生信息产业的投资管理是卫生信息产业发展管理的最重要组成部分。从动态角度看，过去的投资结构决定了今天的产业结构现状；而未来一段时间内投资的分配状况决定了未来的卫生信息产业结构变化状况以及卫生信息产业机构合理化目标能否实现。可以说，投资是形成与促进卫生信息产业结构演化的最重要因素之一，卫生信息产业结构的发展偏差可以通过投资结构政策来修正。

（1）投资规模管理：卫生信息产业投资规模管理的关键是保持投资规模的适度与稳定。在具体的管理中应注意以下几点：在整个国民经济范围内，对卫生信息产业的投资要有适当的倾斜，使卫生信息产业的投资保持较快的增长速度；在考虑卫生信息产业投资时，既要认识到这种投资的必要性，又要兼顾我国当前的实际情况，量力而行；在制订卫生信息产业投资规划时，要统筹兼顾，协调平衡与其他各产业部门之间的关系，使整个社会经济系统达到全局最优的运转；合理确定卫生信息产业各个部门的投资规模，既满足各部门的发展要求，又避免投资过程中不必要的浪费，做到均衡增长。

（2）投资结构管理：卫生信息产业投资结构管理的关键是合理确定卫生信息产业投资方向和投资重点，将卫生信息产业的投资总额在各信息部门之间进行合理分配。要做到合理分配，就要处理好以下几方面的关系：一是卫生信息产业内部各主要部门之间的关系。从当前我国产业划分和部门划分的情况看，卫生信息产业内部各部门之间的行政隶属关系比较复杂，我们在处理它们之间的投资分配关系时，尤其要从全局出发来协调各部门之间的关系，做好卫生信息产业自身的综合平衡。二是重点与一般的关系。

三、区域卫生信息平台

卫生信息业务活动的各个环节，包括卫生信息的采集、加工、存储、检索、传输、分析以及利用等，是一个有机整体，在组织管理体系结构上，需要科学地反映区域内各个医疗信息实体或机构内各项信息业务的内在联系，并具有协调一致的能力，形成统一的管理系统。一般情况下，国家信息业务管理体系需要按照三级信息业务管理结构的网络来协调全国信息产业的发展。而针对我国卫生信息产业，则是在国家级、省级、市级乃至县级建立起统一的区域卫生信息平台，使各地区、各部门、各医疗机构的信息管理在区域卫生信息平台的统一部署下，按照各自的实际情况，进行结构调整，使多种卫生信息应用相互衔接配合，搞好综合平衡，使整个信息系统的组织管理井井有条。

区域卫生信息平台是连接规划区域内(医疗卫生机构、行政业务管理单位及各相关卫生机构)各机构的基本业务信息系统的数据交换和共享平台，是区域内各信息化系统之间进行有效的信息整合的基础和载体，多元化子系统整合的一个综合业务平台。从业务角度看，平台可支撑多种业务，而不仅服务于特定应用层面的系统平台。目前基于该平台开发的具体应用包括居民健康卡、居民健康档案共享、公共卫生应急预警和处理、居民健康管理及决策的支持。

区域卫生信息化从2006年开始，逐步在全国探索和发展。我国国家卫计委在原区域卫生信息平台技术解决方案和医院平台方案的基础上制定了《基于健康档案的区域卫生信息平台技术规范》。该技术规范明确了区域卫生信息平台和医院信息平台的技术路线以SOA架构为核心，同时在必要时补充采用其他技术手段。区域卫生信息平台提供注册服务、健康档案整合服务、健康档案存储服务、健康档案管理服务、健康档案调阅服务、健康档案协同服务等基础服务，对信息安全与隐私保护及IT基础设施建设提出了技术要求。医院信息平台提供注册服务、电子病历整合服务、电子病历档案服务、与区域卫生信息平台交互服务、信息安全和隐私保护服务等。

四、卫生信息标准化

标准是为了在一定范围内获得最佳秩序，对活动或其结果规定共同的和重复使用的规则、导则或特性的文件。它以科学、技术和实践经验的综合成果为基础，以促进最佳社会效益为目的，是衡量产品和工程质量的技术依据，是科学技术成果转化为生产力的桥梁，是进行全面质量管理的基础。而标准化则是指以制定标准和贯彻实施标准为主要内容的全部活动过程。

卫生信息标准化是指围绕卫生信息管理的技术开发、信息产品研制和信息系统的建设、运行与管理而开展的一系列标准化工作。卫生信息标准化活动是在一定范围内，对卫生信息的表达、采集、交换和利用等内容，通过制定、发布和实施标准，达到规范统一，有利于对卫生信息进行准确、高效、科学的处理。

(一)国外卫生信息标准化组织

由于目前国外许多发达国家在卫生信息化的进程中投入了大量的人力、物力研究医学信息的标准问题，已有许多标准得到广泛的肯定和应用，值得我们借鉴，因此首先介绍国外制定卫生信息标准的组织。

(1)国际标准化组织(ISO)，是目前世界上最大、最有权威性的国际标准化专门机构，其目的和宗旨是：在全世界范围内促进标准化工作的开展，以便于国际物资交流和服务，并扩大在知识、科学、技术和经济方面的合作。总部设于瑞士日内瓦，成员包括162个会员国。

ISO下设有负责卫生信息领域标准的技术委员会，名称为ISO/TC 215，1988年8月正式成立于美国奥兰多，截至2014年6月20日有35个成员国。ISO/TC 215现有八个工作组：ISO/TC 215/WG 1，结构、框架与模型(Architecture，Frameworks and Models)；ISO/TC 215/JWG 1（ISO/TC 215与ISO/TC 249 WG联合），传统中医药(Traditional Chinese

Medicine)；ISO/TC 215/WG 2，系统与设备互操作性(Systems and Device Interoperability)；ISO/TC 215/WG 3，语义内容(Semantic Content)；ISO/TC 215/WG 4，安全和隐私(Security，Safety and Privacy)；ISO/TC 215/WG 6，药剂学和药物经济(Pharmacy and Medicines Business)；ISO/TC 215/JWG 7(ISO/TC 215 与 IEC/SC 62A WG 联合)，整合医疗设备的信息技术网络风险管理应用(Application of Risk Management to Information Technology (IT) Networks Incorporating Medical Devices)

(2)欧洲标准委员会(CEN)，是于 1961 年成立的、由 28 个国家组成的欧洲标准化组织，目前有 31 个成员国，包括 27 个欧盟国。其宗旨在于促进成员国之间的标准化协作，制定本地区需要的欧洲标准(EN，除电工行业以外)和协调文件(HD)，CEN 与 CENELEC 和 ETSI 一起组成信息技术指导委员会(ITSTC)，为信息领域的互联开放系统(OSI)制定功能标准。CEN 下设 282 个技术委员会，如 CEN/TC 251(医学信息)和 CEN/TC 224(患者数据卡)等。

(3)世界卫生组织(WHO)，成立于 1948 年 4 月 7 日，是联合国负责卫生的专门机构，其总部设在瑞士的日内瓦。它是世界公共卫生协作的权威机构，其成员是主权国家。WHO 的宗旨是使全世界人民获得尽可能高水平的健康。WHO 由会员国通过世界卫生大会进行管理。世界卫生大会由世界卫生组织会员国的代表组成，主要任务是批准 WHO 的规划和随后一个双年度的预算，并就重大政策问题作出决定。WHO 在卫生信息标准化方面的工作主要是国际疾病统计分类(ICD)和国际功能、残疾和健康分类。

(4)美国国家标准学会(ANSI)，是一个非营利性的民间标准化团体，同时是 ISO 在美国的注册机构，是 ISO 的创办成员之一，是实际上的美国国家标准化中心，负责协调并指导美国全国的标准化活动，为标准的制定、研究和使用单位提供国内外标准情报以及相关帮助，并起着行政管理机关的作用。ANSI 下设医疗信息标准委员会(HISB)，HISB 是 ANSI 的专业技术委员会，负责卫生信息的收集、制定和推广工作，其业务范围包括：卫生保健模型和电子版的卫生保健记录；卫生保健数据、图像、声音和信号的相互交换；卫生保健代码和术语；诊断仪器和卫生保健设施的交流；卫生保健协议、知识和统计数据库的交流；卫生保健信息的相关领域。

其他卫生信息标准化组织包括英国国家卫生局(NHS)下设的负责制定有关临床数据标准、技术标准及管理信息标准的信息标准委员会(ISB)和澳大利亚国家卫生信息管理组(NHIMG)所建立的研发通用数据定义的卫生分类战略工作组。

(二)主要国际卫生信息标准

(1)国际疾病统计分类(ICD)，是疾病分类的依据和规范，直接关系到医疗、教学、科研和管理工作的标准化，目前已在我国得到广泛使用。ICD 大约每 10 年修订一次。目前使用最多的版本是 1993 年开始生效的 ICD-10。其分类方案基本上按照流行性疾病、全身性疾病、局部疾病(按部位排列)、发育性疾病、损伤等排列。

(2)人类与兽类医学系统术语(SNOMED)，是国际上应用最为广泛的医学术语标准，3.5 版本包括 15 万余词条，分别组织在 12 个不同的轴和章节中，包括解剖学、形态学、正常与非正常的功能、症状及疾病体征、化学制品、药品、酶及其他体蛋白、活有机体、物理因素、空间关系、职业、社会环境、疾病/诊断和操作。SNOMED 的每一个术语具有一个编码与之对应，在疾病/诊断轴内，很多疾病概念还提供了与其他术语的交叉参照体系。

(3)卫生信息传输标准(HL7)，是美国卫生信息传输标准的一部分，是基于ISO所发布的网络开放系统互联模型(OSI)第七层(应用层)的信息交换标准，专门规范医疗机构用于临床信息、财务信息、管理信息和电子信息交换的标准，适用于解决不同厂商开发的医院信息系统、临床试验室系统及药学信息系统之间的互联问题。HL7目前最常用的版本为v2.4，其内容包括信息交换、软件组件、文档与记录架构、医学逻辑4大部分，具体信息记录则由信息类型、信息段、字段和表组成。

(4)医学影像与传输协议(DICOM)，是医疗设备的国际标准通信协议，医学图像的数据通信都是遵循DICOM标准的，是全世界图像归档和传输系统(PACS)系统普遍遵循的唯一标准。DICOM目前的常用版本为3.0，与之前版本相比，更适用于网络环境，加强了可扩展性，同时引入了广义信息对象的概念，定义了规范标准的级别，规定了医疗设备如何对数据交换及相关指令做出反应。DICOM 3.0标准分别规定了服务类、数据结构、消息交换、信息解释、安全性等18个部分。

(5)统一医学语言系统(UMLS)，是美国国立医学图书馆(NLM)自1986年起研究和开发的一体化医学语言系统。UMLS是计算机化的情报检索语言集成系统，它不仅是语言翻译、自然语言处理及语言规范化的工具，而且是实现跨数据库检索的词汇转换系统，它可以帮助用户在连接情报源，包括计算机化的病案记录、书目数据库、事实数据库以及专家系统的过程中对其中的电子式生物医学情报作一体化检索。UMLS包括四个部分：超级叙词表(Meta-thesaurus)、语义网络(Semantic Network)、情报源图谱(Information Sources Map)和专家词典(SPECIALIST Lexicon)。其中超级叙词表是生物医学概念、术语、词汇及其含义、等级范畴的广泛集成。1997年第8版的超级叙词表收录了来源于30多种生物医学词表和分类表的能表达33万多个概念的739439个词汇，词汇量达到空前规模。而语义网络则是为建立概念术语间相互错综复杂的关系而设计的，是为超级叙词表中的所有概念提供语义类型及相互关系结构的工具。

(三)我国卫生信息标准化进展

我国国家卫计委在“十二五”卫生信息化建设指导意见和发展规划中，将卫生信息标准开发及应用工作列为首位，要求加强信息标准研究，促进互联互通、连点成面，逐步减少信息孤岛，有力促进深化医改各项政策措施的贯彻落实。近年来，卫生信息标准工作得到了国家卫计委统计信息中心、卫生信息标准专业委员会的高度重视，它们正配合办公厅、有关司局共同推进相关工作。

截至2012年底，我国共组织完成150项卫生信息标准制修订任务，覆盖基础类、数据类、技术类和管理类等四大类标准。主要包括：国家卫生信息标准体系框架、标准化基础理论与方法等基础类标准，以居民健康档案和电子病历为重点的数据类标准，以卫生信息平台、居民健康卡和主要业务系统为重点的技术类标准以及标准符合性测评方案和测试规范等管理类标准。目前，这些标准基本能够满足现阶段深化医改对以电子健康档案和电子病历为核心的区域医疗信息化建设及综合管理应用的紧迫需要，部分标准已经在卫生信息化重点工程建设中发挥了重要作用。

第二节 卫生信息工作成果管理

一、具体内容

信息工作成果是人类聪明才智和创造性劳动成果的有机组成部分。它与科学技术成果一样，都是科学劳动的成果，都是人类社会的宝贵财富，都应受到同样的重视。信息工作大体上有两方面的成果。一方面是为改进信息工作本身或将信息工作作为一门学科来发展而取得的学术和技术成果，信息工作的理论、方法研究成果以及采用现代技术的应用研究和技术开发成果；另一方面则是信息服务成果，即向用户提供信息服务，用户使用信息后增加了经济收益，或者使用户吸收信息后改变了知识结构，促进了工作的开展或获取了其他收益，信息服务对用户获得这些收益所做的贡献。在卫生领域中，信息工作的成果主要是后者，具体来说，便是卫生信息系统为医疗机构、医疗保险机构以及各级行政管理部门的业务管理工作带来的效益。

在卫生信息产业中，根据信息采集、传递、分析、利用等阶段对信息工作的成果进行分类，可得到信息采集加工成果、信息传递成果、信息分析成果、信息应用技术成果等 4 类。信息采集加工成果主要指原始临床数据转化而来的标准编码记录；信息传递成果指传输过程中按照一定标准将本地卫生信息转化为通用格式信息传输到目标端的数据，也可以指经过简单编辑加工后传送到上级单位或其他同级部门的报表信息和管理措施；信息分析成果指通过对信息的分析利用所生成的分析调查报告，可用于循证医学、管理决策支持和患者健康管理；信息应用技术成果包括信息存储、传递和服务中采用现代化技术手段的成果，如利用计算机处理卫生信息和提高管理水平的成果和建设医院电子病历系统的成果。

二、卫生信息工作成果的评价

一般来说，评价信息工作成果需要遵循 4 项基本准则：①效益大小，是指成果在科研、生产、管理和智力开发中已经产生或可能产生的直接与间接、近期与远期的经济效益和社会效益；②水平高低，是指成果的观点、概念、方法、理论对科学技术发展的作用和影响，技术上是否有所突破或革新，学术上是否有所建树或独立见解，是否具有国内或国际的先进水平；③难易程度，是指成果在研究或开发过程中学术上的深度和广度，技术上的复杂程度和写作规模等；④适用性，实质成果中阐述的工艺、流程和设备可靠、可行、适用，数据准确和论据充分等。

以下主要对三类卫生信息工作成果的评价分别进行阐述：

(一)卫生信息采集加工成果评价

在卫生行业，原始的卫生数据主要来自于医疗机构的业务数据。而医疗机构的业务数据最重要的组成部分莫过于记录治疗过程的病历数据。病历是医学临床信息的载体，是患者探求劳保、退休、伤残、保险以及医疗事故和纠纷评定的书面依据。做好病历评价，对规范病案文献、提高病历质量、促进医院的临床教学与科研工作有十分重要的意义。

1. 一般病历质量评价原则

(1)统一评分标准：根据实际中出现的专业书写特点，对内科病历要求叙述较丰富的内容，外科病历则手术记录部分要记载翔实，中医科病历的基本格式和内容要求与西医内科病历基本一致，并规定了各科病历必备的内容和项目。对易出现医疗纠纷和影响整体病历质量的25种类型，采取质量一票否决，判为丙级；对影响病历质量的20项重要内容部分，缺少其中1项，判为乙级。

(2)分级负责：病案管理委员会专职人员负责病案质量的标准化、格式化。医院与科室主任签订责任书，病案内涵质量由科负责人全权负责。院、科两级分工合作对病案进行全面控制，达到形式与内涵质量控制的统一和完整。

(3)补充规定：对病案评价中出现的新问题及边缘性问题，经病案管理委员会讨论后及时做出合理的补充规定。

(4)强制性管理：对出科病历进行评分后，不合格的病历实行“先罚后改”，纠正传统“教育式”的工作作风，使不合格病历得到有效控制。不合格病历责任划分为：住院医师、主治医师、副主任医师(或主任医师)、科负责人和科室集体按比例分担。以奖为主、以罚为辅的办法，保障了病历质量的不断提高。

2. 电子病历质量控制

2009年中共中央、国务院《关于深化医药卫生体制改革的意见》提出加快建设适应卫生改革与发展需求的信息化体系，使电子病历取得长足发展。2010年大型医院中已经部署并使用电子病历的占48.05%。截至2012年1月底，全国32.1%的二级以上公立医院建立了较为规范的电子病历系统。而在电子病历的实施过程中，出现了电子病历内容不当复制、记录打印不及时和缺少手工签名等问题，传统的病历质量控制模式并不适应电子病历的发展。为此出现了多种针对电子病历质量控制模式的改进措施：

(1)通过电子病历质量控制系统实现传统质控功能，包括上级医师审阅病历管理、电子病历质控数据统计及调阅和问题病历追踪功能等，从而提高病历质量控制的效率。

(2)人机交互质控，医师忙于繁杂的诊疗工作，不是所有的医生都能在完成病程记录后进行自查，另外部分医生受自身水平限制，不能及时发现病历书写中的问题。相当一部分问题在患者出院、病历归档后由病案室质控人员发现，此时进行干预，效果比较差。新的智能化电子病历质控系统在电子病历中实现了人机交互质控实时模式，医生完成病程记录后可以随时进行系统质控，根据系统发现的问题及时整改，极大提高了病历质控的准确性和积极性。

(3)多种提示功能，包括录入时限提示、内容完整性提示、不规范用语提示、辅助检查结果查看提示、质控结果提示、危急值项目查阅和处置提示、出院患者门诊预约就诊时间提示、返修病历提示等功能，可以事先控制病历质量。

(二)卫生信息分析成果评价

如上文所述，卫生信息传递成果主要指机构间、部门间传递的医疗信息和统计报表等成果，包括居民健康档案查询、公共卫生直报、居民健康档案等多种形式。以下按卫生监督报告、循证医学研究两部分来阐述卫生信息分析成果的评价。

1. 卫生监督报告评价

我国针对卫生监督方面的卫生信息传递成果出台了多方面的文件，如《传染病监测信息网络直报工作与技术指南》、《全国传染病网络直报质量督导检查方案》、《国家卫生统计调查制度》等。提供准确、可靠、公正、及时的信息传递服务，事关卫生机构是否能向社会提供公正数据，为卫生监督部门提供科学依据，满足社会需求，得到社会的认可，因此有必要进行卫生信息传递成果的评价。

不同形式的卫生信息传递成果评价有着不同的评价规范，但一般都会从及时性、准确性和完整性等三方面入手，部分情况还需要考虑到数据来源的覆盖率和利用率。及时性一般通过测量数据采集时间到报告发布时间之间的时间差得到，例如患者从体检后到能登录健康档案系统查询体检结果的时间。但传染病直报系统的及时性多数以疫情爆发时间和预警发布时间的时间差为准。准确性通过重复测量或事后追踪调查的方法进行评价，同时包含内容是否清晰、易于理解的评价项目。完整性则是审查报告内容是否包含全部标准规范中指明的元素。

2. 循证医学评价

循证医学方面的评价包括两方面，一方面是临床证据的质量评价，另一方面是循证指南的质量评价。临床证据评价首先考虑研究执行方法的严谨程度，将研究划分为 Meta 分析、随机对照研究、前瞻性研究、回顾性研究、横向研究、测量研究、流行病学研究、遗传学研究、临床总结、病例报告等 10 种类型，根据牛津大学循证医学中心的证据水平量表，这些文献类型可分别对应于 4 级证据水平：1 级(最高级)，证据来自高质量随机对照试验，并有显著的统计学意义($P<0.01$)，所得出的阳性结果是正确的，样本量合适；2 级，证据来自没有采用盲法的低水平随机对照试验，样本量不适当，方法学不合适，只是简单的样本分析；3 级，证据来自于病例研究基础上的系统分析、单个病例研究、非随机试验而同期对照；4 级，证据属于病例总结，建立在病例研究、分析及低质量研究的基础上，不是随机对照而是历史对照；5 级，证据来自专家意见、实验研究、动物研究或病例序列报告。

循证指南一般按照内在真实性、实时性、可靠性和适用性等 4 个方面进行评价。内在真实性指循证指南的制定应由多学科人员(如临床专家、相关医务人员等)共同参与，系统全面地收集文献，并严格评价文献质量，根据证据的质量评价结果并结合指南应用背景等因素谨慎提出推荐建议。实时性指循证指南应以最新最佳证据为基础，所以指南应收集所有最新的有关证据(12 个月内)，确保推荐意见为当前最佳。可靠性反映指南的建议强度应根据证据强度调整，当证据明确显示干预措施利大于弊时为强烈推荐，当弊大于利时为强烈不推荐或反对应用，当证据显示利弊不确定或无论质量高低的研究证据均显示利弊相当时可为弱推荐。适用性指患者临床情况是否与指南目标人群相似，该指标评价根据具体应用情景确定，因此指南应明确适用的人群特点，包括年龄、性别、病程、病情、并发症以及医疗费用的社会经济学因素。

(三)卫生信息应用技术成果评价

由于卫生信息应用技术成果多数以信息系统的形式出现，因此卫生信息应用技术成果的评价实质上是卫生信息系统的评价。信息系统的评价，是对一个信息系统的性能进行估计、检查、测试、分析和评审，包括实际指标与计划指标进行比较以及评价系统目标实现的程度。

1. 卫生信息系统指标评价体系

卫生信息系统按部署环境总体上可分为三类：医疗保险信息系统、医院信息系统、消费者健康管理系统。不同的系统有着不同的功能应用需求，因此在评价中有着不同的评价指标体系。这里概要描述指标体系设计的原则：①指标体系科学性和先进性原则，它应有效地反映信息系统的基本特征；②系统性原则，指标体系应能全面地反映被评价对象的综合情况，从中抓住主要因素，既能反映直接效果，又能反映间接效果，以保证综合评价的全面性和可信度；③可测性原则，指标含义明确，数据资料收集方便，计算简单，易于掌握；④定性分析与定量分析结合原则，为了进行综合评价，必须将部分反映信息系统基本特点的定性指标定量化、规范化，为采用定量评价方法打下基础；⑤指标要有层次性，这为衡量信息系统的效果和确定指标权重提供方便；⑥指标之间应尽可能避免显见的包含关系，对隐含的相关关系要在模型中以适当的方法消除。

一般来讲，对系统进行评价需从技术、经济、社会影响和环境等方面去综合考虑。指标体系的设计不能用一个固定的模式。在实际操作中。信息系统的指标体系视具体情况而定，据此确定指标体系设计原则，评价指标体系一般包括系统技术水平、性能、效益、科技投入水平、价值及操作等6个准则。其中，技术水平包括卫生信息系统的技术先进性、技术首创性和开发效率等评价项目；性能包括系统运行效率、系统故障率、功能可扩展性等评价项目；系统效益包括经济效益和社会效益两部分，可按效益类型(如直接/间接、近期/远期)、利益相关者(如医疗机构/管理部门/患者)等因素分别测量；科技投入水平，又称系统成本，包括开发成本、运行成本、维护成本等评价项目；系统价值包括系统利用率、用户满意度等评价项目；系统操作，又称为系统可用性，包括用户友好程度、用户文档完备程度、跨系统通信等评价项目。

2. 卫生信息系统评价方法

评价方法是在完成对指标体系中各项指标的测量之后，将数据综合起来对医疗机构做出评价的方法。由于卫生产业的信息系统评价方法与一般信息系统评价方法不存在显著差异，此处以一般信息系统评价方法展开：

(1)模糊评价法

模糊评价法是一种对信息系统进行综合指标评价的方法，它能对由多种指标制约的对象做出全面的评价，所得到的结果清晰、系统性强，能较好地解决一些难以量化的、模糊的问题，尤其适合于多种非确定性问题的解决，如进行质量评估、风险决策等。这种方法对各项指标设定权重，明确指标之间的等级关系，在此基础上进行综合计算，最后比较各个评价对象的得分。其特点在于综合计算中采用了隶属函数(评价值与评价因素值之间的函数关系)的模糊集合。

(2)成本效益分析法

又称为费用效益法，用于确定系统开发所需要的成本及分析系统投入运行后可能给组织机构带来的预期经济效益，通常用于开发信息系统之前对经济可行性进行分析，即判断开发信息系统的效益是否大于开发成本，也可以用于系统开发的成本控制。其基本原理是：针对信息系统的建设成本，提出若干系统部署方案，运用一定的技术方法，计算出每种方案的成本和收益，通过比较方法，并依据一定的原则，选择出最优的部署方案。

(3)关联矩阵法

关联矩阵法是常用的系统综合评价法，它主要是用矩阵形式来表示每个替代方案有关评价指标及其重要度和方案关于具体指标的价值评定量之间的关系。应用关联矩阵法的关键，在于确定个评价指标的相对重要度(即权重 W_j)以及根据评价主体给定的评价指标的评价尺度，确定方案关于评价指标的价值评定量(V_{ij})。

它的应用过程是：根据不同类型人员，确定不同的指标模块(又称一级指标)，然后将指标模块分解获得二级指标(有些复杂的量表还包括三级指标)，建立起具有层次结构的评估。这是它与一般的因素评分法的相同之处，而显著不同之处在于指标确定的同时赋予权重，即对其各评估要素依据其对于被评估者的重要程度的差异进行区别对待，从而使得定性指标的量化更加科学可靠。

关联矩阵法的基本出发点是建立评价及分析的层次结构，在权重的确定上，关联矩阵法要来得简单，操作性强，它是根据具体评价系统，采用矩阵形式确定系统评价指标体系及其相应的权重，然后对评价系统的各个方案计算其综合评价值——各评价项目评价值的加权和。

(4)人工神经网络评价方法

也称为神经网络或连接模型，是一种模仿动物神经网络行为特征，进行分布式并行信息处理的算法数学模型。这种网络根据系统的复杂程度，通过调整内部大量节点之间相互连接的关系，从而达到处理信息的目的。根据信息系统评价的特点，可以采用误差反向传播算法(BP 算法)。将指标作为输入层节点输入神经网络，利用之前的评价样本作为输入数据和期望输出训练 BP 网络，便得到可根据评价指标自动计算信息系统综合表现的等级。

第三节　卫生信息人才的培养与继续教育

卫生信息人才主要指医疗卫生机构，包括卫生行政部门、医疗机构、卫生防病机构、公共卫生机构、医疗保险机构、药品、卫生材料生产、供销及管理机构、医学科研及教育机构等，从事各类信息活动相关的服务、分析、管理等工作，促进卫生服务的实时提供和健康相关的决策制定的人员。

医疗卫生行业肩负着预防、医疗、康复保健和医学科研的重任，而且现代医学科学、生物学、社会学、管理学等学科相互交叉影响，使得卫生信息资源极其丰富。现代网络通信技术的发展和管理艺术的提升极大地促进了卫生系统与组织的服务能力与效率，以计算机技术、通信技术和网络技术三大支柱技术为主的信息技术产业，为卫生信息的采集、加工、存储、传递、利用创造了有利的条件，同时也为医疗卫生领域信息化的发展带来了契机。与此同时，医疗业务、临床研究、卫生行政管理、医学教育、药品开发与利用、卫生数据的统计分析、医疗机构的经营管理等各个方面都产生了大量的、各种类型的卫生信息，迫切需要大批卫生信息人才。因此必须加强卫生信息人才的培养，为医药卫生事业的发展提供合格的、有力的信息保障，加快卫生信息化发展的进程。

一、卫生信息人才培养的原则

卫生信息是一个新兴的学科领域和产业领域，多学科的交叉融合大大提高了对卫生信息人才的素质要求。卫生信息事业作为卫生事业的重要组成部分，涉及卫生信息产业的各个方面，其人才队伍是一个多系列、多层次的动态综合体，应根据社会的实际需要确定人才的组成和结构，培养不同层次、多元化的卫生信息人才，同时卫生信息人才的构成也必须符合人才结构的四个最优化原则：

一是多样原则。即人才的背景专业和业务水平是多样和多层次的，要使各方面的人员有一个合适的比例。卫生信息事业涉及财务、统计、档案管理、行政管理、计算机、药品供应和监管、医疗保险等多方面的工作，是多种高新技术的综合应用，合理配置卫生信息人才队伍不仅是现代信息管理的需要，也是为全体人民提供及时、准确、全面的信息支持，维护群众健康权益，提高人民健康水平的根本保障。

二是精干原则。即卫生信息人才队伍应“少而精”，培养高、精、专的人才，提高人员的整体素质和工作效率。

三是协调原则。卫生信息化的发展依赖于医疗卫生领域合作各方人员的互补和协调程度，也依赖于医疗机构内部人员的密切配合。为促进卫生信息化的发展，人才队伍的培养应做到知识互用、能力互补、职能协调。

四是动态原则。即卫生信息人才的结构不是一成不变的。随着信息技术的发展及其在卫生工作各个专业领域的广泛应用、卫生信息资源的深入开发利用、卫生信息服务产业的大量兴起，卫生信息化进一步发展，卫生信息人才的培养必须根据卫生信息化的发展趋势以及卫生信息需求的变化，随时进行调整。

二、卫生信息人才的业务类型

卫生信息事业的业务工作至少涵盖了卫生管理、信息技术和信息管理等三个领域，一般来说，卫生信息人才可分为以下几类：

(1)信息技术方面：包括卫生信息的采集、处理、分析以及卫生信息系统的设计与开发等人才。

(2)卫生管理方面：包括医疗卫生机构管理人才(包括卫生决策的制定、财务管理、人力资源管理等)、卫生项目管理及服务管理人才(包括医院质量管理、临床路径、绩效管理等)。

(3)信息管理方面：包括卫生数据管理人才(数据的结构、内容、获取、质量评估与控制等)，卫生信息资源管理人才(卫生信息模型、卫生信息标志、卫生信息资源规划等)以及卫生信息组织、隐私保护、档案管理等人才。

三、卫生信息人才的业务素质要求

1. 卫生信息人才的知识结构

卫生信息人才的知识结构取决于卫生信息业务工作的需求，不仅要具备一般信息人才的基础知识，还应了解医疗卫生领域的医学知识，具备较广泛的知识面。一般来说，其核心知识包括以下 4 个方面：基础知识、医学知识、信息科学知识和管理科学知识。

(1)基础知识：即具备一般信息专业的数理化基础知识，具备合理的、科学的基础理论知识和基本技能，为以后吸收新的知识、进行卫生信息及管理实践打下良好的基础。具体包括数学、物理、化学、外语、哲学等知识。其中通过哲学的学习，以建立正确的世界观、人生观、历史观，具备辩证思维的能力以及良好的职业道德和行为规范；通过建立数学、物理基础，有助于理解和应用计算机程序的设计、数据库的管理以及信息分析等所需的数学语言、物理原理和模型；外语的学习可以促进日常生活和工作沟通，并有助于理解专业文献，拓展知识面。

(2)医学知识：基于医疗卫生领域的专业性和特殊性，卫生信息人才应具备相关医学知识，如基础医学知识，学习人体的基本结构和功能、疾病的发生和演进等知识；临床医学，包括诊断学、治疗、干预的相关知识以及临床服务的环节和路径；公共卫生知识，学习流行病学、卫生统计以及疾病与健康的检测方法和系统、人群健康干预项目的计划、组织和实施。

(3)信息科学知识：卫生信息人才应具有信息业务的相关知识，包括信息理论、信息管理、信息研究方法、信息用户和心理、信息技术、信息系统等。同时为满足组织或工作的需要，根据不同的专业方向应具备相应的专业知识，如从事卫生信息系统设计的人员应具备现代信息技术的应用、整个卫生信息系统开发的生命周期以及系统、设备、网络的安全管理知识；从事卫生信息管理、卫生信息分析服务的人员则要具备数据分析、统计处理、研究设计知识。

(4)管理科学知识：卫生信息化已经成为卫生管理和服务的重要支撑和保障，卫生信息人才还应具备一定的管理知识，包括管理学理论、概念、原理和方法等管理学的基础知识；同时还应具备卫生系统与服务管理等的专业知识，以确保信息技术的使用能促进质量和改善绩效。

2. 卫生信息人才的核心能力

卫生信息人才主要是面向各级各类医药卫生事业单位、企业单位的信息管理部门以及卫生信息软件的开发公司等，职业要求决定了卫生信息人才应具备以下核心能力：

(1)卫生信息管理技能：掌握电子病历技术、疾病与手术分类、电子健康档案管理、病案的质量监控、医院统计等基本技能，熟悉医疗卫生机构的信息系统、现代化设备的应用等以及健康档案管理、慢性病管理、健康教育与健康促进等公共卫生服务项目等，具备分析影响人群健康的各种因素和疾病流行规律及制定预防疾病和增进人群健康的措施和规则的能力，为医疗、管理、科研、司法、社会保险等提供服务。

(2)卫生信息技术技能：掌握信息采集、组织、检索和分析的方法，具备卫生信息管理系统的操作、管理、维护技能，能够在卫生信息系统的开发和使用过程中，充当信息技术人员和医疗卫生专业人员之间沟通的桥梁；掌握各类卫生信息系统的结构和功能，能够从事计算机相关设备的采购、部署、运行、维护等方面工作。

(3)医疗卫生管理技能：了解卫生事业管理的政策和法规，熟悉卫生系统环境，理解临床服务和公共卫生服务的环节、流程以及相应的规范，掌握卫生信息与组织的关键特性及卫生服务管理的相关知识，具备同信息活动相关的沟通、组织、计划、协调、决策等管理技能，具有一定的领导能力。

卫生信息人才需要具备多元化的知识组合，在实际工作中，从事不同卫生信息工作的人才其核心能力的侧重点有所不同，但除了应具备以上医疗卫生管理、信息管理等专业技能外，还应具备良好的思想政治素质和职业道德素质，树立全心全意为病人服务的态度和为医学科学事业奉献终身的信念，具有独立获取知识、分析解决问题、进行人际交往和与患者沟通的能力以及具有继续学习的能力和适应职业变化的能力，具有创新精神和实践能力、立业能力。

思考题

1. 试述卫生信息事业管理的研究内容。
2. 卫生信息业务管理包括哪些方面？
3. 试述卫生信息业务计划的研究内容。
4. 什么是卫生信息标准化？主要的国际卫生信息标准有哪些？
5. 卫生信息工作成果管理的具体内容有哪些？
6. 卫生信息人才的培养有什么原则？卫生信息人才应具有哪些核心知识？
7. 简述我国卫生信息本科生教育的发展历史。

主要参考文献

1. 金新政．医院管理信息系统[M]. 北京：人民卫生出版社，1998.
2. 金新政．管理决策综合集成[M]. 武汉：武汉大学出版社，1999.
3. 金新政．医疗保险信息系统[M]. 北京：人民卫生出版社，2000.
4. 金新政．医药信息分析教程[M]. 北京：中国科学文化出版社，2003.
5. 金新政．信息方法概论[M]. 北京：科学出版社，2004.
6. 金新政．软科学教程[M]. 武汉：华中科技大学出版社，2009.
7. 金新政．现代医院信息系统[M]. 北京，人民卫生出版社，2009.
8. 金新政．中国医院管理理论与模式[M]. 中国科学文化出版社，2010.
9. 金新政．中国医院管理标准化作业流程[M]. 中国科学文化出版社，2010.
10. 董焱．信息文化论——数字化生存状态冷思考[M]. 北京：北京图书馆出版社，2003.
11. 曼纽尔·卡斯特．网络社会的崛起[M]. 北京：社会科学文献出版社，2001.
12. 叶继元．信息检索导论[M]. 北京：电子工业出版社，2003.
13. 肖晓旦，张士靖．医学文献主题标引[M]. 北京：高等教育出版社，2008.
14. 中国图书馆分类法编辑委员会．中国图书馆分类法[M]. 第5版．北京：北京图书馆出版社，2010.
15. 娄策群．信息管理学基础[M]. 北京：科学出版社，2005.
16. 莫振轩．大学生信息需求研究综述．图书馆学研究，2006(9).
17. 严丽．信息伦理析义[J]. 情报科学，2006，24(6)：823-824.
18. 胡昌平．信息服务与用户[M]. 武汉：武汉大学出版社：2008.
19. 乌家培，谢康，肖静华．信息经济学(第2版)[M]. 北京：高等教育出版社，2007.
20. 桂学文，娄策群．信息经济学[M]. 北京：科学出版社，2006.
21. 李包罗，傅征．医院管理学：信息管理分册(第2版)[M]. 北京：人民卫生出版社，2011.
22. 查先进．信息政策与法规[M]. 北京：科学出版社，2004.
23. 罗爱静．卫生信息资源管理概论[M]. 北京：人民卫生出版社，2009.
24. 杨春荣．加拿大政府信息公开制度研究[M]. 重庆：西南政法大学出版社，2012.
25. 王芳．网络环境中医学信息用户信息需求研究．中国医院，2008(2).
26. 王伟．医学信息学[M]. 北京：高等教育出版社，2006.
27. 濮小金，等．信息管理学[M]. 北京：机械工业出版社，2007.
28. 曹高芳．临床医师的信息需求特点及其影响因素．情报杂志，2001(8).
29. 刘红军．信息管理概论[M]. 北京：科学出版社，2008.

30. 黄祎．美国信息产业证词及其对中国的启示．生产力研究，2013(8)．
31. 王学东，唐军荣．论信息产品向信息商品的转化．特区经济，2005(12)．
32. 马费成．信息经济学[M]．武汉：武汉大学出版社，2012.
33. 王健．信息经济学[M]．北京：中国农业出版社，2008.
34. 靖继鹏．信息经济学[M]．北京：清华大学出版社，2004.
35. 陶长琪．信息经济学[M]．北京：经济科学出版社，2001.
36. 王顺富，郑淑萍．病历质量评价探讨．中华医院管理杂志，2004，20(zl)．
37. 武新颖，张新庆，白勇涛．电子病历质量信息化管理模式探讨．中国医药导报，2014(1)．
38. 高辰光，等．医院信息系统评价分类及方法．医学信息学杂志，2011(4)．
39. 王伟，王丽伟，潘玮．医学信息教育的中国特色与国际化趋势．中国高等医学教育，2013(8)．

本书关键词

信息(Information)
信息环境(Information environment)
信息社会(Information society)
信息管理(Information management)
信息资源管理(Information resources management)
知识(Knowledge)
知识管理(Knowledge management)
知识型组织(Knowledge organization)
知识转移 SECI 模型(SECI model of knowledge transfer)
信息流(Information flow)
信息交流(Information communication)
信息交流过程(Information communication process)
信息交流障碍(Information communication disorders)
信息收集(Information collection)
信息处理(Information processing)
信息存储(Store of information)
信息检索(Information retrieval)
信息利用(Information use)
信息反馈(Information feedback)
信息用户(Information consumer)
信息需求(Information needs)
用户信息行为(Behavior of information consumer)
需求调查(Needs survey)
行为规律(Behavior law)
信息服务(Information service)
文献信息服务(Literature service)
网络信息服务(Network information service)
信息系统(Information system)
信息系统生命周期(Life cycle of information system)
信息经济(Information economy)
信息资源(Information resources)

信息产品(Information products)
信息市场(Information market)
信息产业(Information industry)
信息产业结构(Information industry structure)
信息产业政策(Policy of information industry)
信息安全(Information Security)
计算机系统安全(Computer system security)
医院信息安全(Hospital information security)
网络安全制度(Network security system)
计算机病毒(Computer virus)
加密认证(Authenticated encryption)
信息政策(Information policies)
信息法规(Information rules)
政府信息(Government information)
政府信息公开制度(Rules of the openness of government information)
个人隐私(Personal privacy)
网络隐私(Network privacy)
信息伦理(Information ethic)
卫生信息化(Health informatization)
卫生信息管理(Health information management)
卫生信息教育(Health information education)
业务管理(Business management)
成果管理(Results-based management)
卫生信息标准(Health information standards)
区域卫生信息平台(Regional health information platform)
信息技术(Information technology)
信息技术管理 (Information technology management)
信息技术标准 (Information technology standards)
人口健康信息 (Demographic health information)
信息技术政策(Information technology Policy)

21世纪经济学管理学系列教材

- 政治经济学概论
- 政治经济学（社会主义部分）
- 技术经济学
- 财政学
- 计量经济学
- 国际贸易学
- 管理信息系统
- 国际投资学
- 宏观经济管理学
- 跨国企业管理
- 信息管理概论
- 运筹学高级教程
- 统计学
- 经济预测与决策技术
- 会计学
- 人力资源管理
- 物流管理学
- 管理运筹学
- 经济法
- 消费者行为学
- 管理学
- 生产与运营管理
- 战略管理
- 国际企业管理
- 公共管理学
- 税法
- 组织行为学